第二卷 | 乌兰牧骑专题

赤峰记忆

刘淑华 刘锦山 主编

文化艺术出版社
Culture and Art Publishing House

《赤峰记忆》编委会

主 任

黄 河

副主任

吴立新

主 编

刘淑华　刘锦山

编 委

黄 河　吴立新　薛 瑞　刘淑华　刘锦山　陈晓洁　方向灵　鞠红耘
乌云高娃　邢小兰　刘锦秀　周明璇　祁鹏莉　刘罡宇　张艳玲　刘剑英
罗显伟　陈 荣　刘 聪　杨玉婷　刘 敏　刘 帅　周 岚　白嘎力
李卫东　刘 昊　刘锦丽

速 写

刘 敏

"赤峰记忆"项目网站首页

朱嘉庚

乌国政

刘玉琴

张树德

王秀琴

道日娜

钱伟臣

萨仁高娃

孙普

莫德格

吴恩

李宝祥

乌兰牧骑标志

1969年2月，翁牛特旗乌兰牧骑孙普在去往呼和浩特的列车上为旅客演出笛子独奏

20世纪70年代，行进在大漠里的翁牛特旗乌兰牧骑

1972年8月，翁牛特旗乌兰牧骑为其甘嘎查的草原牧民演出

1974年，翁牛特旗乌兰牧骑在为牧民演出

1975年，赤峰市乌兰牧骑演出的表演唱《大寨亚克西》

1979年9月，曹朋导演（中）在辅导乌兰牧骑学员基本功

2003年3月,王秀琴编剧的话剧《我的爸爸戴成钧》在喀喇沁旗乌兰牧骑排练厅排练

2012年,翁牛特旗乌兰牧骑下基层举办展览

2016年，宁城县乌兰牧骑文化惠民走基层专场演出（流动舞台车）

2018年，克什克腾旗乌兰牧骑在牧区演出（孙国树摄）

目 录

前　言	001
朱嘉庚：一路鲜花一路情	001
乌国政：扎根泥土育芬芳	033
刘玉琴：与时俱进写春秋	049
张树德：宁城评剧山花香	073
王秀琴：时代画卷妙笔绘	100
道日娜：辽阔草原歌飞扬	128
钱伟臣：千锤百炼出真章	142
萨仁高娃：大漠歌舞动地诗	154
孙普：艰苦奋斗谱芳华	168
莫德格：辽远旋律对天唱	198
吴恩：不忘初心得始终	216
李宝祥：草原艺术著华章	240
后　记	259

前言

习近平总书记高度重视文化遗产保护，指出"历史文化是城市的灵魂，要像爱惜自己的生命一样保护好城市历史文化遗产"。党的十八届五中全会提出了"构建中华优秀传统文化传承体系，加强文化遗产保护"的要求。2015年12月，国家图书馆牵头发出《全国图书馆界共同开展记忆资源抢救与建设倡议书》，提出图书馆应成为记忆资源的汇聚之地、创造之地和传承之地。而早在2012年，国家图书馆就已经启动了"中国记忆"工程建设。

2015年，在赤峰市文化新闻出版广电局（现赤峰市文化和旅游局）领导下，赤峰市图书馆开始组织实施赤峰历史文化遗产长期保存口述历史数字工程——"赤峰记忆"，旨在以赤峰名人口述影像资料为基础，通过数字技术等手段对赤峰市近百年来有重要价值的人物、事件进行深度挖掘保存，为区域文化保存和传承做出积极贡献。

在项目论证阶段，得到了赤峰市委宣传部、赤峰市文化新闻出版广电局（现赤峰市文化和旅游局）、赤峰市发展和改革委员会、赤峰市财政局等有关部门的大力支持，有关领导对"赤峰记忆"的宗旨、目标、摄制思路以及人物遴选原则都给予了很好的指导，使"赤峰记忆"立项之初就对标"世界记忆"与"中国记忆"，视野开阔，立意高远。立项之后，有关部门在项目资金方面给予很大的支持。

为使项目尽快推进，"赤峰记忆"项目采取与文化企业合作的方式，赤峰市图书馆发挥地方文献和人物遴选方面的优势，合作企业发挥技术优势，于2016年年初完成了第一期的招标工作，确定由北京碧虚文化有限公司承担项目的摄制工作，正式拉开"赤峰记忆"项目建设的序幕。为使"赤峰记忆"项目能够全面、切实反映和记录赤峰市多姿多彩的历史文化风采，建立了由赤峰市文化新闻出版广电局（现赤峰市文化和旅游局）领导担任顾问，赤峰市图书馆与合作公司人员担任制片、导演、监制、摄影、字幕、场务等职务的领导、生产组织体系；制定了《"赤峰记忆"人物遴选标准》和遴选程序，并由赤峰市文化新闻出版广电局（现赤峰市文化和旅游局）向各区（县、旗）文旅系统主管部门下发通知，开展"赤峰记忆"项目推进工作。

为取得良好的传播效果，项目组制定了详细的传播策略。在拍摄过程中通过各种新媒体进行宣传推广，提前预热，吸引人们观看，还剪辑精彩花絮进行传播推广。为适应不同媒体，取得良好传播效果，制作了演播室访谈片、演播室访谈精粹片、文化专题片等形式多样、时长不等的作品，并通过会议、展览、报刊、电视台、网站、即时通信软件和短视频平台等多种媒介渠道对"赤峰记忆"项目进行宣传推广。专门开设了"赤峰记忆"网站，读者可以通过该网站观看视频。2017年9月，赤峰市图书馆举办"赤峰记忆"发布仪式，向社会公众推广第一期文化专题的成果，引起很大反响。2021年春节期间，"赤峰记忆"第三期非物质文化遗产专题在赤峰市广播电视台播出，在社会上引发了新一轮有关"赤峰记忆"的讨论和追捧。

截至2022年4月，"赤峰记忆"已陆续完成了六期的摄制工作，分别是第一期"文化专题"，第二期"乌兰牧骑专题"，第三期"非物质文化遗产专题"，第四期"杰出女性专题"，第五期"图书馆专题"，第六期"文化旅游专题"，共对相关领域90多位人物进行了访谈，制作了320多集5700多分钟的视频资源。此外，还拍摄制作了"烽火草原鲁艺人""清格尔泰"两个特别专题，以纪念在赤峰昭乌达草原创办的冀察热辽联合大学鲁迅艺术文学院和赤峰知名人士、我国著名语言学家、蒙古语言研究开拓者和奠基人清格尔泰先生。

随着"赤峰记忆"各专题的陆续制作完成和发布，有不少朋友建议推出"赤峰记忆"的相关书籍，以便随时品读。在赤峰市文化新闻出版广电局（现赤峰市文化和旅游局）的领导下，2021年10月，赤峰市图书馆与北京碧虚文化有限公司合作启动了"赤峰记忆"图书的编写工作。

《赤峰记忆》是在"赤峰记忆"项目的基础上进行的二度创作，力求全面、具体、系统地保存赤峰地区各领域发展变迁情况。本次出版的《赤峰记忆》共包括6卷，分别为：第一卷"文化专题"，第二卷"乌兰牧骑专题"，第三卷"非物质文化遗产专题"，第四卷"杰出女性专题"，第五卷"图书馆专题"和第六卷"文化旅游、烽火草原鲁艺人、清格尔泰专题"。

本书为《赤峰记忆》第二卷"乌兰牧骑专题"，收录整理了"赤峰记忆"项目第二期"乌兰牧骑专题"12位人物的访谈内容。这12位人物或者曾经在乌兰牧骑工作过，或者采访时正在乌兰牧骑工作，他们分别是原赤峰市文化局副局长朱嘉庚、原赤峰市文化局局长乌国政、赤峰市作家协会副主席刘玉琴、宁城县乌兰牧骑队长张树德、内蒙古戏剧家协会副主席王秀琴、克什克腾旗乌兰牧骑队长道日娜、原昭乌达盟赤峰市乌兰牧骑队长钱伟臣、巴林右旗乌兰牧骑队长兼编导萨仁高娃、翁牛特旗乌兰牧骑原队长孙普、翁牛特旗乌兰牧骑原队长莫德格、翁牛特旗乌兰牧骑队长吴恩、赤峰市群众艺术馆原馆长李宝祥。

本书所配图片，除了"赤峰记忆"项目组拍摄所得之外，还由各位被采访者提供。本书尽可能将每幅图片的摄影者一一注明，但由于时间久长，来源各异，不少图片的提供者亦不能说明每幅图片的摄影者，因此本书未能将一些图片的摄影者一一注明，特此说明。

《赤峰记忆》的出版,是"赤峰记忆"项目二次创作的成果。希望本书的出版,能够帮助广大读者了解赤峰历史,讲好赤峰故事,弘扬北疆文化,坚定文化自信,铸牢中华民族共同体意识。

刘淑华
2023年12月1日

朱嘉庚
一路鲜花一路情

采访时间： 2018 年 4 月 26 日
初稿时间： 2022 年 6 月 24 日
定稿时间： 2023 年 10 月 24 日
采访地点： 赤峰市图书馆"赤峰记忆"拍摄现场
版　　本： 文字版

朱嘉庚速写

　　朱嘉庚　汉族，1942 年 1 月出生于四川省万县（今重庆市万州区），1959 年 8 月考入上海戏剧学院戏剧文学系，1961 年 1 月加入中国共产党。1963 年 7 月毕业后支边到内蒙古工作，先后任区文联《草原》编辑部编辑、区文化局秘书、区革委会文教组干事。1971 年 2 月调到翁牛特旗革委会工作，先后任宣传组副组长、文化局副局长、宣传部部长、旗委常委、革委会副主任。1978 年 5 月调到昭乌达盟委宣传部工作，先后任宣传处副处长、文教处副处长、办公室主任。1984 年 3 月调任赤峰市民族歌舞团团长兼党支部书记。1991 年 8 月调任赤峰市文化局党组成员、副局长。2002 年 5 月退休。

　　历任内蒙古乌兰牧骑全国巡回演出一队秘书，内蒙古"乌兰牧骑全国行"演出团副团长，内蒙古乌兰牧骑学会常务理事、副会长，内蒙古乌兰牧骑协会副主席。两次参与组织策划乌兰牧骑全国巡回演出活动，受到周恩来总理、陈毅副总理接见。三次参与全区乌兰牧骑经验总结调研和重要文件起草工作，带队参加全国乌兰牧骑先进团队表彰大会。先后担任长春电影制片厂、中央电视台国际频道、辽宁电影制片厂、内蒙古电视台摄制的四部乌兰牧骑影视纪录片特邀撰稿人。多次参加全区乌兰牧骑艺术节和乌兰牧骑理论研讨会筹办工作，主持或参与编写《乌兰牧骑赞》《玛奈乌兰牧骑》《周恩来总理与乌兰牧骑》《乌兰牧骑发展史》等著作。为乌兰牧骑全国巡回演出和各地乌兰牧骑创作了一批优秀节目，其中，《草原故乡》被选入北京电视台1984年春节联欢晚会现场演唱，《乌兰牧骑之歌》被长春电影制片厂选定为乌兰牧骑大型艺术纪录片主题歌，《生命树》等被评为新中国成立五十周年进京演出优秀作品。2007年，被内蒙古自治区党委宣传部、文化厅、广电厅联合授予"乌兰牧骑事业奉献大奖"。

历任中国少数民族戏剧学会常务理事，内蒙古戏剧家协会常务理事，赤峰市戏剧曲艺家协会主席。带领赤峰市民族歌舞团挖掘研制9种28件民族乐器，荣获全国文化科技成果奖。该团被选调进京示范演出，并赴加拿大开展文化交流演出，受到时任国家副主席乌兰夫接见、题词和国家民委、文化部联合嘉奖。分管赤峰市"五个一工程"戏、歌、舞三项工作12年，组织带领全市文艺队伍，创作演出《红石山》《赖宁》《太阳契丹》《彩虹》《大漠绿海》等优秀剧目，荣获中国评剧艺术节、中国京剧艺术节、全国优秀儿童剧展演、全国舞剧新剧目调演优秀剧目奖和全国少数民族戏剧创作银奖，为赤峰市荣获自治区"五个一工程"奖六连冠做出了贡献。1999年，被评为内蒙古自治区宣传文化战线先进工作者和赤峰市劳动模范。

退休以来，协助内蒙古乌兰牧骑协会做调研、编写和展览工作，应邀参与全区乌兰牧骑创作策划、国家艺术基金申报策划、内蒙古草原文化节和赤峰红山文化节创意策划工作，成为资深学者型创意策划人。

一、到祖国最需要的地方去

刘锦山：各位朋友，大家好！今天是 2018 年 4 月 26 日，这里是"赤峰记忆"拍摄现场，今天我们邀请到的嘉宾是朱嘉庚老师。朱老师曾经在内蒙古自治区文化局工作过，担任当时自治区文化局党组书记布赫的秘书，后在赤峰市文化局担任副局长，主管乌兰牧骑工作。朱老师也是原内蒙古自治区乌兰牧骑协会副主席。

朱老师，您好！非常高兴您能接受我们的采访。首先请您给大家谈谈您的个人职业发展情况。

朱嘉庚：大家好！我是四川人，出生在四川万县一个店员家庭。我们全家有 10 口人，我父亲是店员，母亲是家庭妇女，兄弟 8 个，当时叫七龙八虎。我是 1942 年出生的，当时家庭非常穷苦。我刚开始上不了小学，只能在我们村里头的一个私塾念书。1949 年四川解放以后，我们这些穷苦人家的孩子才有机会上

图 1　朱嘉庚（左）接受"赤峰记忆"采访

学。在上小学、上中学的时候，老师就非常喜欢我。我有点文艺细胞，就让我参加学校的文艺宣传队和县里头的文艺宣传队，就是寒暑假期间，编一些配合现实的节目，到城镇和乡村去演出，宣传党的路线、政策，很受欢迎。

1958年的时候，掀起了创作诗的高潮。我当时根据父亲所在的水电站的情况写了一个剧本，叫《乡村繁星》。乡村夜晚有很多星星，实际上是电灯亮了，写了这么一个基层的群众自建水电站的故事。所以1959年上海戏剧学院到重庆去招生的时候，重庆市话剧团就推荐我，说是让小朱考考，他有点这方面的才能。我在西南区的考试当中是优等生，被上海戏剧学院录取了。当时咱们国家艺术院校招生是很少的，像我们那个班，全国才招30个人，我考上的是上海戏剧学院首届戏剧文学系。这样我就去了上海。因为家里穷，买不起火车票，从重庆经西安到上海要绕一大圈，所以我就坐船。坐船坐了个统舱，就是装货的舱，特别便宜，然后自己背一个行李卷，到统舱把行李打开，因为要走三天才能到上海，就这样到了上海。

进入上海戏剧学院后，当时学校的教育是德智体全面发展，我们第一学期的前两个月下乡劳动，到上海市的青浦县参加秋收劳动，跟青浦县农民一块收割庄稼。因为我家庭出身比较苦，从四川来的能吃苦，经过一段时间的表现，我被选为班级的团支部书记。我们班参加劳动回来以后，因为是首届戏剧文学系，要自编教材。原来戏剧文学系没有教材，有一部分教材是从苏联那边过来的，咱们结合中国的实际，老师和学生共同编教材。在编教材过程当中，我又受到了系统的党的文艺方针路线的教育，从《在延安文艺座谈会上的讲话》学起，一直学到新中国成立后我们党的文艺路线方针政策，这样我在政治上和专业上有了很大的提高。到了1961年1月，上海戏剧学院的党委决定在学生当中发展党员，我就成了我们系第一位学生党员。我们学校学生党员只有两名，一名是我，一名是表演系的祝希娟，就是《红色娘子军》的主演。

成了学生党员以后，就要担负更多的工作，所以我和祝希娟就进入了学院团委的宣传部。学院团委宣传部部长是王昆，我和祝希娟是学生兼职副部长，在学校搞团的基层工作，既学习又做团的工作。当时我们大专院校的团委工作很活跃，一是组织共青团员学习政治，一是全心全意带领学生为群众服务，所以当时我们团支部也被学院评为先进团支部。我们在学院还组织了文艺小分队，艺术学院的学生多才多艺，能唱、能跳、能演，我就是学生小分队里头的乐队队长。我在四川的时候会拉二胡，表演系就是唱歌、跳舞、演戏，舞美系的帮忙搞舞美灯光，我们就组织了一个 30 人的小分队，经常到上海市的各个工厂、街道，还有农村演出，寒暑假都去。我们的演出队还跟上海音乐学院的小提琴乐团一块下乡演出。像首演《梁山伯与祝英台》小提琴协奏曲的小提琴家俞丽拿，《梁祝》的作曲陈钢、何占豪老师，我们都很熟悉。这使我们在音乐方面也有所提高。

后来到了 1963 年快毕业的时候，团的工作要求做得更加深入细致，就是要让毕业生更好地填报志愿。当时正好 1963 年 3 月毛主席发出了"向雷锋同志学习"的号召，全国各地掀起学雷锋的高潮，大专院校的毕业生更要好好学雷锋。学习雷锋"毫不利己，专门利人"的精神，我们班思想工作做得比较好。做到什么程度呢？我们全班 30 人，填的毕业志愿统一三句话：到边疆去，到基层去，到祖国最需要的地方去。全班没有一个人填别的志愿，就填这个志愿。当时热血青年，20 世纪 60 年代初为了党的事业、为了祖国的建设，愿意到基层、愿意到边疆，所以我们班也就成为优秀的毕业班。我是团支部书记，可以到北京参加全国的毕业生动员大会。周总理在动员大会上做了重要讲话，鼓励我们到边疆去，到基层去，到祖国最需要的地方去。1963 年的 7 月，我就从上海来到了内蒙古。

二、到边疆去

刘锦山：朱老师，您分配到内蒙古具体从事什么工作？

朱家庚：来到内蒙古以后，开头分配我做秘书工作，我还有点想不通。我就跟布赫局长说，他是党组书记，我说，布局长，我是戏剧学院戏剧文学专业毕业的，我还是想做专业工作。他说那秘书应该是哪个专业毕业？我说秘书找人民大学毕业的。布局长就笑了，小朱，你是不是共产党员？我说，是啊。共产党员就要服从组织安排。一说到共产党员服从组织安排，我就绝对服从组织安排，高高兴兴当秘书。但是布局长知道我是搞创作的，最早内蒙古文工团创建的时候，他当过内蒙古文工团的团长，他自己也搞过创作，布局长写过《慰问袋》，写过小戏，写过歌曲，他是一个很喜欢创作的文化局的领导。他说考虑到专业，每年我给你 10 天的创作假。这样我更高兴了，这是让我既当好秘书，又参与全区乌兰牧骑事业的管理工作。

1963 年，全区乌兰牧骑管理属于社会文化处，但人手有限，就 4 个人。全区乌兰牧骑很多队，忙不过来就让我协助，因为我是专业艺术院校毕业的，又是秘书，做这方面工作正合适，乌兰牧骑应该怎么发展，让我去做这个。做这个工作时正好是 1963 年到 1964 年，1964 年我们乌兰牧骑首次进京，1964 年 11 月，全国少数民族文艺会演，这样组织就抽到我了。让我做乌兰牧骑的宣传工作，因为我的文笔比较好，秘书嘛，做宣传工作。我就编了一本《乌兰牧骑简介》，因为要到北京去演出，北京的观众不了解乌兰牧骑，北京的媒体也不了解乌兰牧骑。就编了这样一个小册子，介绍乌兰牧骑是个什么样的队伍，它发挥什么作用。把小册子带到北京，很受观众和媒体的欢迎，因为马上就能了解了嘛，演出的时候不能详细介绍，只能演节目。

在北京演出之后一炮打响，受到毛主席、周总理接见。回来后我们主要做三件事：一是组织内蒙古三支乌兰牧骑的全国巡回演出；二是要拍一部乌兰牧骑的艺术纪录片，通过这个艺术片，向国内外宣传乌兰牧骑，因为巡回演出只能在国内，通过这个影片可以向国外宣传；三是让内蒙古宣传部和文化局认真地总结乌兰牧骑的经验，写成一篇比较有分量的、全面总结乌兰牧骑经验的文章，在《人民日报》发表，让全国各地进一步学习推广乌兰牧骑经验。就这样，我参与了这三项工作，一直干到 1966 年的 1 月。1966 年 1 月，我们全国巡回演出也完成了，我们的经验总结被《人民日报》于 1965 年 6 月 11 日全文发表，对全国有很大影响。纪录片拍摄开头我参与了，但是我没执笔，我参加全国巡回演出去了。回来以后长春电影制片厂看了看这个本子，这个本子是我们内蒙古一位作家写的，就觉得这个本子好像不太好拍，镜头感少，那个作家是个写散文的。最后党组根据"长影"的意见，选来选去，说小朱在戏剧文学系学过话剧创作和电影创作，让小朱过来。就让我过来，又给我分配了一个内蒙古电影制片厂编剧的工作。我们俩又弄了三个月，把本子赶出来了。赶出来以后自治区文化局、自治区宣传部通过，然后又报到文化部、中宣部，林默涵部长看了以后认为可以了，报告总理可以开拍了。这样一直到1966年的6月，乌兰牧骑的艺术纪录片就拍完了，是实景拍的，可是"文化大革命"开始了，这个片子后来就没有放。

我完成这个任务后"文化大革命"就开始了。我们一些领导当时都成了"走资派"，被打倒了，我也就成了黑笔杆子，做检查。到了1969年的时候，我成家了。成家以后，我爱人在翁牛特旗乌兰牧骑，她是全国巡回演出跳顶碗舞的宋正玉，她在翁牛特，我在呼和浩特。成家一年以后有了孩子，她在乌兰牧骑长年下乡，她的父亲又在翁牛特旗的乡下，没人带孩子，我就把孩子搁在呼和浩特。一看，这不行，我一下乡，孩子一有点毛病，奶母照顾她，就着急，有时候影响工作。后来我就提出了我要深入基层，到基层去。

当时领导不放，领导说不行，你这么了解乌兰牧骑，你不能走。我说我要下基层，扎根基层。后来我就到了赤峰翁牛特旗。翁牛特旗对乌兰牧骑很重视，我又熟悉乌兰牧骑，后来就把我从翁牛特旗调到昭乌达盟委宣传部，担任宣传处副处长，分管文艺，还是分管乌兰牧骑。

1982年，我被调到了歌舞团。到了歌舞团以后，第一年我学习乌兰牧骑精神，不搞大团，把整个团分成三个小分队：民族歌舞一队、民族歌舞二队，还有一个话剧队。下去的时候就三个小分队，每个队100场任务，深入基层。等冬天回来的时候，三个队合起来排大节目，完成文工团任务，就是有分有合。因为我做乌兰牧骑工作多年，我知道这个。市委一看真不错，老百姓也欢迎，为什么呢？三个小分队一年就300场，在基层，乌兰牧骑一个队才100场，我那个团一年300场。另外集中搞民族歌舞的优秀节目，我就组成了一个乐器研制组，挖掘研制蒙古族古代民族民间乐器。20世纪80年代，刚刚改革开放，国外的东西冲击我们民族的东西，当时各民族东西就已经不受重视了，也没有市场，怎么办？我想越在这个时候越要搞民族的，就挖掘研制了蒙古族古代民族乐器，一共是9种28件。其中有胡笳，胡笳是骑马民族传统的代表性的著名乐器，咱们汉代有蔡文姬的《胡笳十八拍》。在国内研制了胡笳、研制了筚篥、研制了雅托克，一共是9种28件，组成了蒙古族民族乐队。

1986年，在我们内蒙古自治区也好，在全国也好，我们是基层文艺团体第一个民族乐队，建制比较齐全，而且用的是自己挖掘研制的乐器。文化部、国家民委非常重视，就把我们这个团调到北京。我们组织了一台演出，非常成功。北京汇集了31位艺术专家、音乐专家评审，我们一次通过评审，获得了全国文化科技进步奖。在这个基础上，文化部、国家民委上报中央，让我们给党中央汇报。1987年，文化部就派我们到加拿大，作为内蒙古第一次到北美演出的文艺团体，参加中加民航首航通航仪式，在那儿活动了12天，反响非常好。在当时民族艺术不景气的情况下，中国音乐家协会副主席李凌评价我们是给民族乐队建设和民族音乐的发展打了一针强心剂。英国皇家音乐学院教授带着他的研究生到加拿大专门看我们演出，北美地区的艺术团体都纷纷来观摩我们的演出。越是民族的，越是世界的，本民族东西不要丢，要发展。当时我算是完成了任务。

后来领导问我是回宣传部还是回文化局，我说回文化局，我还要抓乌兰牧骑。这样我就到文化局，从1990年一直抓乌兰牧骑，到2002年我退休。我还没退休呢，领导就说你退休还得接着干。就让我进入内蒙古乌兰牧骑协会，担任副主席，还得把乌兰牧骑的工作做好。就这样从2002年起我担任内蒙古乌兰牧骑协会副主席，有一个副厅长担任主席，我们两个负责日常的工作。2002年，我们就再一次组织了乌兰牧骑全国巡演，另外根据内蒙古改革开放以后的形势，进一步加强乌兰牧骑建设，一直到2017年习近平总书记给我们写了回信。

乌兰牧骑协会就要改选了，自治区民政厅就说上级有规定，社会团体的领导干部年龄不能超过70岁，因为我去年已经是75岁，我就光荣"下岗"，光荣退休了。但是退休以后自治区乌兰牧骑协会的新一届领导和自治区党委宣传部、文化厅领导说，你身体还挺好的，能不能给我们当内蒙古乌兰牧骑协会特聘专家组的副组长，专家组的组长是艺术处的处长。这样我现在还在内蒙古乌兰牧骑协会工作，作为专家组的副组长。

我就是这么走过来的，我这一生是党把我教育培养成人的。我家庭出身很苦，没有共产党，我不可能上大学；没有乌兰牧骑，我也不可能在这方面做工作，所以我觉得乌兰牧骑事业就是我一生的事业。乌兰牧骑既是我工作的事业，又是我永远学习和实践的团体，是我心目当中的榜样，我就是乌兰牧骑的一个老兵。

三、扎根基层吐芳华

刘锦山：朱老师，您刚才也提到了 2017 年 11 月 21 日习近平总书记给锡林郭勒盟苏尼特右旗乌兰牧骑队员回信，对乌兰牧骑成立 60 年扎根基层，丰富群众文化生活做出的贡献给予了非常高的评价和肯定。您当时在内蒙古自治区文化局工作，对乌兰牧骑的发展过程是相当清楚的，也参与了其中的很多工作。下面请您谈一谈内蒙古自治区乌兰牧骑的发展历程。

朱嘉庚：乌兰牧骑是活跃在内蒙古自治区基层的民族文化工作队，被党和国家誉为社会主义文化战线上的一面旗帜。实际上乌兰牧骑的创立和发展，是从 1957 年开始的。1957 年的时候，农牧民在政治上得到了翻身、经济生活上有所改善，但是牧区和偏远地区的农牧民精神文化生活比较贫乏。当时我们自治区的党委第一书记、自治区主席乌兰夫同志下乡检查工作的时候，就发现牧区和偏远地区的农牧民看不到电影、看不到演出、听不到广播、看不到图书、看不到展览，文化生活相当贫乏。这个事让乌兰夫同志非常牵挂，他到北京开会的时候，就跟周总理说到这个事，我们边远牧区农牧民的文化生活特别贫乏，得想办法解决。总理就给他提示，要探索适应牧区分散生活生产的文化活动形式，建立相应的队伍。

乌兰夫同志非常高兴，回来就向自治区党委、政府做了传达，要求咱们的宣传文化工作部门探索适应农牧区，特别是边远地区农牧民文化生活需要的这种文化活动方式和办法。当时自治区的文化局党组书记是布赫同志，按照自治区党委政府的要求，就派了几个调研组下去调研、调查。结果一调查真是这么一个情况，那怎么解决呢？找基层干部群众商量，群众说建立一支流动性的文化工作队。因为当时牧区的牧民是以游牧为主，春天在这儿、夏天在那儿，夏天到夏营场、秋天到秋营地，是流动的，不固定，那文化服务就要跟着牧民走，就是流动性的服务。文化馆建在旗县里面，偏远地区去不了，而且文化馆人手有限，当时就四五个人，一个人管图书、一个人管文艺室、一个人管文物，下不去。根据牧民群众和基层干部的意见，应建立一支流动性的文化工作队，深入到牧区去为他们服务。

当时自治区文化局党组商量，这支文化工作队名字就叫乌兰牧骑，乌兰是"红色"的意思，牧骑是什么呢？牧骑就是"树上的嫩芽"，乌兰牧骑是"革命文艺大树上一棵嫩芽"，结果后来就翻译成"红色文化工作队"。这个形式定了以后要报自治区党委，乌兰夫同志认为这个思路不错，先试点，试点成功以后再逐步推广。因此在1957年5月，自治区文化厅就组织了试点工作组，组织了7个人到苏尼特右旗那个地方去创建。创建的时候是以文化馆为基础，把文化馆馆长抽出来，再抽一个懂文艺的人，然后是旗里面的机关单位团委、文教科，把凡是喜好文艺的都集中起来，再加上牧民的业余文艺骨干，组成了12人的乌兰牧骑。他们是1957年6月17日建队，建成后就下去活动。给他们配了一辆马车，弄了几件乐器，排了一些节目到牧区去巡回演出，深受牧民欢迎。因为他们排的节目都是小节目，牧民比较喜欢，像民歌、民间舞蹈，还有曲艺、好来宝这些，都是牧民喜欢的东西。

乌兰牧骑规定了四项任务，第一个是演出，第二个是宣传。他们带了幻灯机、幻灯片。幻灯片是乌兰牧骑队员自己画在玻璃板上，两个玻璃一夹，用幻灯播出去。另外一个队配了一台收音机，听中央的广播和内蒙古的广播，就是把党的方针政策宣传出去。还有就是搞小型展览，自己画的，内容多数是党的中心工作，还有当地的先进人物、劳动模范先进事迹。画好后贴在硬纸板上，挂在蒙古包外面，老百姓看演出的时候就把展览看了，专门有队员给讲。老百姓一看，我们队里面的劳动模范上展览了，非常光荣，他们觉得就像咱们现在上了中央电视台一样，说这个我们得好好看，我们都上了乌兰牧骑的展览了。老百姓说乌兰牧骑的展览、幻灯就是我们的光荣榜，那就鼓舞了干劲，我们都要争当劳动模范，我们要把生产搞好。这是宣传。

第三个是辅导的任务。因为一年只能转这么一圈，旗县太大了，一个旗县东西好几百里、南北好几百里，转这么一圈一年都转不完。那怎么办？要留下不走的乌兰牧骑队员，把喜欢文艺的这些小孩、青年人，组成一个文艺小组或者文艺宣传队，把乌兰牧骑的节目教给他们，这样乌兰牧骑走了以后他们自己还能演，没事自己搞搞活动，这样文艺生活就活跃了。

图2　乌兰牧骑给马倌演出

第四个是服务的任务。牧区的条件比较艰苦，乌兰牧骑一来演出，各家各户都把你的背包抢走了。乌兰牧骑下乡要自带行李的，乐器、服装大车上搁着，背包自己背着。到了那儿以后，小孩来抢背包，就和现在粉丝追星一样，谁抢了两个背包，这两个人就到他们家去住，哪个小孩抢了一个背包，那个人就到他们家去住，就到各家各户去住，都是蒙古包。不像现在乡镇还有招待所，那会儿没有，就是住各家各户，吃也在各家各户。然后你在人家住、在人家吃，就要帮助人家干活。当时我们有一个口号叫"进谁家门，是谁家人，干谁家活"。乌兰牧骑队员到那儿，你不是当客人，在人家住、在人家吃，就要帮人家干活，放羊、捡牛粪、起羊圈、挤奶、剪羊毛、捯羊绒、打草、挑水，扫院更不用说。当时咱们乌兰牧骑有一个"三不走"规定，就是在这儿活动三四天以后，我们要到另外一个村、去另外一个营子演出的话，走之前：第一，房东家的水缸不挑满不能走，当时没有自来水，都是在河里面挑水；第二，院子不扫干净不走，你走之前得把院子收拾得干干净净；第三，粮票、钱不交齐不走。当时实行粮票，我们乌兰牧骑下乡一天的伙食补贴是3毛钱，你在人家家里面住了3天，就要交9毛钱、交3斤粮票，一天一斤粮票。老百姓不要，老百姓非常喜

图3 乌兰牧骑全国巡回演出队在哪里演出，就在哪里参加劳动。图为五好队员巴达玛在兰州市雁滩人民公社和社员一起在田间拔草

欢乌兰牧骑，说孩子们在我们家里住了3天，又帮干活、又演出、又辅导，不能收。不收怎么办？悄没声地，走的时候，塞在炕席下面、被垛子里面，晚上一睡觉就翻出来了，粮票、钱都在，粮票、钱必须交齐才能走。

这一路的演出，老百姓都特别高兴，党和政府把我们农牧民都想到了，又给我们演出、又给我们放幻灯、又给我们办展览、又给我们辅导文艺小组，还帮我们干活，太好了！特别欢迎。走的时候老百姓都跟着走，一直送出老远老远。当时我们下乡的时候都是用的解放军的挎包，老百姓还悄悄地给我们队员挎包里面塞奶豆腐、牛肉干，说孩子们这一走好几十里地，半路上饿了垫补垫补。有的小年轻要是农活不忙，牧区不忙，干脆跟着，没有看够。到下一个营子，几十里地，他们也有马，就是骑着马跟着，再演的时候，再看，看够了再回来。所以乌兰牧骑试点就成功了。

纯牧区是以苏尼特右旗为试点的，半农半牧区就选了昭乌达盟的翁牛特旗为试点，就是咱们赤峰市的翁牛特旗。但是当时内蒙古因为人手少，苏尼特右旗派去了7个人的试点工作组，这儿就不派人了，就委托昭盟文教处自己搞试点，也算我们内蒙古的试点。昭盟文教处有一个叫朱国镇的人，是文教处的负责人，就到了翁牛特旗搞乌兰牧骑试点。根据自治区党委政府、自治区文化局的意见，翁牛特旗就开始搞试点。翁牛特旗搞试点，因为没有工作组来，自己干，就特别快，很快把人组织好了。他们组织了9个人，由文化馆的馆长担任队长，从文化馆抽人，从其他部门抽人，加上农牧民文艺骨干，一共9个人。给他们配了一辆小胶轮车，带一点乐器、收音机、幻灯机下去。他们演得也挺快，回来以后说成功了，老百姓特别高兴。然后就打报告，正式建队。他们打了报告以后，现在叫政府了，当时叫人民委员会，审批晚了，6月25日才批下来的，人家苏尼特右旗是6月17日，比他们早8天，人家是牧区，你是半农半牧区。所以最后内蒙古定的第一个乌兰牧骑就是苏尼特右旗的，翁牛特旗是第二个乌兰牧骑，实际上是同时成立，翁牛特旗活动还早，但是批文下来得晚了8天。两个试点都获得了成功。

试点成功以后，把情况汇报到自治区党委。乌兰夫同志到北京开会的时候，就和周总理汇报了。总理非常高兴，认为这是为农牧民服务的好形式，应当认真总结乌兰牧骑的经验，并且加以完善发展。乌兰夫回来给自治区党委、政府传达，可以正式推广了。1958年，内蒙古人民委员会下达文件，在内蒙古牧区和半农半牧区全面建立乌兰牧骑，乌兰牧骑就在内蒙古各地旗县区逐渐建立起来了。

乌兰牧骑建立起来以后，老百姓欢迎，到1963年的时候15个旗县都建立了乌兰牧骑，反响特别好。1961年，咱们中央召开了全国文教群英会，文化战线和教育战线先进个人和先进集体到北京开会，内蒙古在文化方面就派了两位同志，一位同志是苏尼特右旗乌兰牧骑的首批试点队员，叫伊兰；还有一个是鄂尔多斯市鄂托克旗的指导员，叫热喜。他们两个作为内蒙古文化战线的代表参加全国文教群英会，而且热喜在会上被指定发言，就讲他们是怎么建队的，建队的时候房子是自己盖的。他们是1959年建队的，到1961年才两年多。

热喜原来是一个供销社的售货员，共产党员，20世纪50年代就入党了。他那个时候才20多岁，让他当乌兰牧骑的指导员和队长。没房子怎么办？他说我们自己盖，找各个单位捐木材、捐砖瓦，自己盖了七间房。他们一块儿吃饭要建食堂，他去供销社找了一个炒米的锅，那个锅已经裂了纹了，这么大一个锅，供销社说不要了，把锅借来，让补锅匠给补补，算是他们做饭的一个大锅。自己做服装，自己找乐器，找老百姓借来乐器，就把乌兰牧骑建立起来了，而且很快就排节目下乡。

他们排了一个节目叫《一切献给党》，根据鄂托克旗乌兰牧骑了解到的一个烈士的事迹编排。鄂尔多斯靠近陕北，是抗日战争时期的根据地，蒙古族的一名地下党员，收养了两名孤儿，一名是回族的孤儿、一名是汉族的孤儿。新中国成立后，这两个孤儿长大了，要找自己的亲人，最后还真找到了。他们就搞了一个小戏，演出很受欢迎。咱们内蒙古是民族地区，增强民族团结，所以老百姓非常喜欢。因为是真人真事，非常轰动，老百姓看了以后都说真是好，乌兰牧骑让两个孤儿找到了自己的生身父母。他就把这个在北京文教群英会上讲了。中国《戏剧报》的记者采访热喜，写了一篇报道，刊登在1961年1月份的《戏剧报》上。

这以后内蒙古进一步加强对乌兰牧骑的建设，到1964年，乌兰牧骑就发展到37支，在基层服务影响比较好。1964年全国少数民族文艺会演，各个省区少数民族都要组成文艺代表团到北京参加会演，当时文化部就派了两位同志来内蒙古了解乌兰牧骑的情况。他们到了锡盟正蓝旗的乌兰牧骑，跟着乌兰牧骑下乡走了一个月，被乌兰牧骑这种全心全意为农牧民服务的精神感动、被农牧民对乌兰牧骑的这种热爱感动，回去以后就写了一个报告给文化部，说这个队伍应该被选调参加全国少数民族文艺会演，这才是真正受农牧民喜爱和欢迎的队伍。文化部批准了。1964年的11月，全国少数民族文艺会演，内蒙古代表团一个是群众业余代表团，一个是乌兰牧骑代表队。

乌兰牧骑代表队是从各旗县乌兰牧骑抽的人，不能拿一个队走，你拿一个队走，这个队就活动不了了，这个旗县的老百姓起码半年时间看不到乌兰牧骑的活动。所以就一个队抽几个人，组成了一个代表队，到北京去。当时就抽了15个人，乌兰牧骑上台演出有12个人，其中就有我们翁牛特旗乌兰牧骑6个人，队长就是咱们翁牛特旗的副队长乌国政。到北京一演出轰动了，既演出、又宣传、又辅导、又服务，别的文艺团体没有。另外它是小队伍，演员一专多能，12个人演四五个晚会，又会跳舞、又会唱歌、又会乐器，还要会讲解展览、会画幻灯、会辅导。另外，演的节目特别接地气，都是反映农牧民的，碰到了农牧民的先进事迹就采访，采访完马上就编节目。节目轰动了以后，他们受到毛主席、周总理接见。我们根据周总理的要求回来宣传乌兰牧骑经验，带动全国的文艺团体，同时拍乌兰牧骑艺术纪录片，搞乌兰牧骑的经验总结。

这样从整个内蒙古抽调了3支乌兰牧骑，都是各个旗县抽调的，不影响底下的活动，3支乌兰牧骑到全国巡回演出，走遍了27个省区市，活动了7个月，演出了600多场，观众人数达到了100万。因为有的地方不在剧场演出了，就在广场演出，到了农村就在农村广场演出，所以观众很多。到了大庆、大寨、"南京路上好八连"、延安、井冈山、遵义、西藏、新疆……全国都走遍了。当时因为全国都在学雷锋，对乌兰牧骑这种雷锋式的文艺团体更欢迎。

乌兰牧骑到全国巡回演出，有很多生动的事例。像到了大庆，11月，冰天雪地，在大庆的打井队的井台演出，那天专门到王铁人在的井队——英雄钻井队演出。演出的时候钻井队员坐在荒原里头，我们的演员就在前面演。我们有一个独唱的演员，第一首歌唱的就是《我为祖国献石油》，王铁人他们都非常高兴。唱完以后又连着唱了9首歌，《北京的金山上》《内蒙古好地方》《草原上升起不落的太阳》等。石油工人特别高兴，一个劲鼓掌，鼓一次掌唱一首，最后唱到第10首王铁人站起来了，说："工友们不要再鼓掌了，让我们草原的孩子们歇口气吧。"这样我们的演员才能下来喝口水。特别的热情，这是在大庆。

到了大寨，大寨人在狼窝掌劳动，建梯田。乌兰牧骑的传统就是到哪儿就必须唱哪儿，边劳动我就边写了一个好来宝，叫"大寨人硬骨头，人人有双钢铁手"。当时是边劳动边写的词，来不及背，就想了一个办法，我把写好的好来宝词，弄成一个纸条贴在四胡的杆上，演员能看见，观众看不见，就这样演。好来宝是一种曲艺说唱形式，非常自由。大寨的郭凤莲、贾承让高兴得不得了，乌兰牧骑唱我们大寨人，刚来就唱我们大寨人。

到了"南京路上好八连"，也是头天晚上我们先把"好八连"的材料拿来，然后组织全队学习，学习完就要创作。创作一个什么呢？创作一个内蒙古特有的叫四块瓦说唱，一个手两块板，边说边唱。那个词当时也是我给写的，就是"毛泽东思想来武装，好八连事迹传四方，乌兰牧骑在草原，也听见八连的军号响。听见八连军号响，我们学习八连好榜样，学什么，学什么，学八连的艰苦奋斗，学八连的在霓虹灯下站岗。永不变色，学什么，学什么……"八连的指导员王经文非常高兴，说乌兰牧骑这个节目我们要学，对我们将来好八连的战士们也是一种荣誉和教育鼓励。

走到哪儿唱到哪儿，到了西藏唱西藏的英雄、到了新疆唱新疆的英雄、到了延安我们唱《草原儿女爱延安》。最后延安的观众，演出完了不走，说你们把这个歌教给我们，当场我们演员就得教，一直到教会。《草原儿女爱延安》，跟着乌兰牧骑在延安11天的演出传遍了延安城，最后回到北京。

乌兰牧骑在全国巡回演出，一是宣传了毛主席的文艺思想，文艺为人民大众服务、为社会主义服务；二是增强了民族团结，让国内各省区了解内蒙古、熟悉内蒙古，内蒙古不是解放前的那种情况，现在是欣欣向荣的祖国边疆；三是全国巡回演出还起到一个作用，就是使我们全国的文艺团体更加深入基层，为基层群众服务。所以说通过乌兰牧骑演出、介绍和宣传，很多地方出现了乌兰牧骑式的演出队伍。像总政这些团体都分小分队下基层；广州出现了海上文化工作队，坐一个小艇到海岛上给守岛战士演出，就是学乌兰牧骑。这是在文化上。在财贸战线也出现了乌兰牧骑式的流动货郎车，过去就在供销社卖，群众要来买，现在学乌兰牧骑弄一个小推车，装上各种货到各个村去卖，送货上门。在教育战线上学习乌兰牧骑，开办马背小学，就是老师骑着马、带上书、弄个黑板，到各个放牧点、群众聚集点去教学。小孩有5个就教5个，不管是哪个年纪的都教，因为牧区上学很困难，太远了，小孩又小，所以就流动教学，当时叫马背小学。卫生系统，巡回医疗队下乡，进各家各户给老百姓看病。所以说全国各条战线都掀起了学习乌兰牧骑的热潮，对全国文艺战线如何坚持为社会主义服务的方向、为人民群众服务是一个极大的推动。

全国巡回演出回来不久，"文化大革命"开始了，乌兰牧骑在前期受到了相当大的冲击，但是到后期，中央还是进一步宣传乌兰牧骑，乌兰牧骑恢复了活动，一直到1976年。从1957年到1976年，这20年实际上是乌兰牧骑发展的第一个阶段，叫创建阶段。等到1976年粉碎"四人帮"以后，1977年到1996年，这20年属于全区乌兰牧骑的巩固阶段，因为经过"文化大革命"的冲击，要恢复巩固。这20年乌兰牧骑由过去的37支，逐步发展到49支。1983年，邓小平同志给乌兰牧骑题词："发扬乌兰牧骑作风，全心全意为人民服务。"这一阶段乌兰牧骑得到了恢复，又受到了一定的干扰，什么干扰呢？就是市场经济。有的人说把乌兰牧骑全面推向市场，从内蒙古农村牧区的情况来看，还没有形成文化市场，乌兰牧骑下乡就是公益性演出，一分钱不收，让它市场化，肯定养活不了自己，肯定下不了乡。所以这段时间受到一定的影响，但是大多数的乌兰牧骑还是坚持公益性为牧民演出，再困难都要下乡为农牧民服务。

　　第三个阶段是从1997年到2016年，这个阶段属于乌兰牧骑事业的发展阶段。中央和自治区党委政府进一步加强对乌兰牧骑的建设，所以乌兰牧骑在这个阶段得到了较快的发展，从原来的40多支，发展到了75支，而且深入基层，在服务的方向上坚持、在服务的内容上拓展。原来是演出、宣传、辅导、服务四项任务，现在又拓展了创作和创新。在服务的方式上进行探索，比如过去乌兰牧骑下乡，走到哪儿演哪儿，老牛赶山跟着走，现在有了网站，就把一年要到哪些地方演出都排出来，征求群众意见，群众想看什么节目，就排什么节目，叫订单服务。这下老百姓高兴了，有的地方想看点戏就给排点戏、想看歌舞就多排歌舞，有的地方还想看杂技，就演点儿小杂技、变魔术、变脸。另外，在这个阶段通过与国内外文化团体的交流，扩大了乌兰牧骑的影响，也扩大了中国和自治区在国外的文化影响。现在国外很多人不知道赤峰市，但是说乌兰牧骑他就知道。习近平总书记的回信对乌兰牧骑事业发展做了重要指示，我个人认为从2017年开始到下一个20年，是乌兰牧骑的提高和创新阶段，按照习近平总书记的要求提高创新，推动乌兰牧骑的发展。

　　自治区乌兰牧骑就是这么走过来的，全自治区的乌兰牧骑为什么受人民群众欢迎，得到各级党委政府的重视，得到中央领导的多次肯定，它发挥了四大作用。第一，加强了基层文化建设。原来基层文化活动很少，通过乌兰牧骑的宣传、辅导、服务和演出，加强了基层的文化阵地建设。第二，乌兰牧骑的节目宣传促进了当地的社会经济发展。宣传好人好事，宣传怎么脱贫致富奔小康，宣传新的产业、新的人物，促进了当地的社会经济发展。第三，乌兰牧骑的很多节目贯穿了民族团结的内容，增强了民族团结。第四，通过这些工作，它还有一个作用，就是维护了边疆稳定。我们是边疆地区，边疆稳定才能保证我们国家长治久安、稳定发展这个作用是不小的。它不是一般的文艺团体，它是我们党在边疆民族地区的一个宣传队，是在边疆民族地区意识形态领域的哨兵、尖兵，又是农牧民的演出队、红色文化工作队，还是边疆稳定的一支宣传队。乌兰牧骑的作用不是单独的文艺团体所能概括的，它起的作用深远、独特。所以我们一定要把乌兰牧骑事业进一步推向前进，更好地建设亮丽内蒙古，共圆伟大中国梦。

刘锦山：朱老师，十多年以前，文化体制改革使有些文化事业单位市场化了，当时应该对乌兰牧骑的发展也有一些影响，您介绍一下这方面的情况。

朱嘉庚：2007年到2009年期间是开始推行文化体制改革的时候，文化部就下了一个文件，除了西藏、新疆县一级的文艺团体保留外，其他省区的县级文艺团体都走向市场。这就给我们内蒙古提出了一个很大的问题，乌兰牧骑本身就是公益性的文化事业单位，我们内蒙古的农村牧区还没有形成比较完备的文化市场，所以要它靠自己去打食吃，它肯定活不了，弄不好就完全失去了为基层人民公益服务的作用。它得哪儿挣钱往哪儿跑，对吧？自治区党委宣传部、自治区文化厅就考虑怎样解决这个问题，就是在文化体制改革当中不但不能削弱乌兰牧骑这个公益性的、为基层服务的文艺队伍，反而应该在文化体制改革当中进一步发展它。

这样自治区党委宣传部、文化厅就集中了几位对乌兰牧骑比较熟悉的、笔杆子比较硬的同志，其中包括咱们内蒙古文化厅原副厅长达·阿拉坦巴干、我，还有乌国政局长，集中到内蒙古开始调研乌兰牧骑存在的问题、面临的困境、我们怎么解决，以及乌兰牧骑的历史、它的作用等，通过广泛的调研，把它们集中起来，向中央写了关于内蒙古自治区乌兰牧骑的调研报告，强调乌兰牧骑是在毛主席《在延安文艺座谈会上的讲话》精神指引下建立起来的，它的根本任务是公益性的，为农牧民提供文化产品和多种服务，它有宣传、演出、辅导、服务等这些功能。在内蒙古自治区将近50年的历史当中，它发挥了独特的作用。为什么这么重视呢？就因为它起到的作用是加强基层文化建设，促进了基层的经济社会发展，增强了民族团结，维护了边疆稳定。我们的意见是保留乌兰牧骑，并且发展乌兰牧骑。

我们内蒙古的党政领导都非常支持，把这个报告报到中宣部和文化部。中宣部、文化部反复商量以后，认为这个队伍相当重要，因此又单独给内蒙古下了一个文，就是在文化体制改革中，将内蒙古牧区和半农半牧区的乌兰牧骑全部保留为公益性文化事业单位，为建设中国特色社会主义文化再立新功。当时我们报的是47支，后来又增加到49支。党的十八大以后，我们进一步发展，现在发展到75支。所以乌兰牧骑在那个情况下生存下来、发展起来，为建设中国特色社会主义文化再立新功，我觉得是内蒙古的一个幸事，也是内蒙古文化建设的一个重要的成果。

四、赤峰市乌兰牧骑

刘锦山：您刚才介绍，在创建乌兰牧骑的时候，自治区文化局在两个地方做了试点，一个是锡林郭勒盟的苏尼特右旗，另一个就是咱们赤峰市，当时叫昭乌达盟的翁牛特旗。因为申报的时间不同，昭乌达盟翁牛特旗的报告比苏尼特右旗的晚了8天，所以现在咱们自治区第一支乌兰牧骑就是苏尼特右旗。但是昭乌达盟翁牛特旗的乌兰牧骑发展也是非常有影响力的，所以接下来就请您再向大家介绍一下赤峰地区的乌兰牧骑发展历程。

朱嘉庚：好。赤峰市乌兰牧骑就是过去的昭乌达盟乌兰牧骑，它在全区12个盟市乌兰牧骑里头具有比较重要的地位，也发挥了独特的作用。它的重要地位可以概括为五个方面：第一，赤峰是内蒙古自治区乌兰牧骑首创试点地区之一；第二是坚持和发扬乌兰牧骑的优良传统，这个优良传统是什么？就是植根基层、情系群众、艰苦奋斗、无私奉献的精神；第三，通过深入基层，锻炼和培养了一大批优秀的艺术人才，形成了德艺双馨的文艺队伍，也涌现出了一部分优秀作品；第四，它在艺术上跟别的盟市不一样，昭乌达盟北部是牧区，南部的这几个旗县是农区，它是农牧结合的民族艺术风格；第五，各级党委、政府对乌兰牧骑高度重视和热切关怀。

第一，赤峰市是内蒙古乌兰牧骑首创试点地区之一。当时的试点是两个地方，一个是纯牧区试点，就放在锡林郭勒盟的苏尼特右旗，半农半牧区试点就放在了昭乌达盟的翁牛特旗，所以翁牛特旗的这个试点，为整个内蒙古的半农半牧区乌兰牧骑探寻了道路。它跟纯牧区不一样，既要兼顾牧区，又要兼顾农区，既要有牧区的民族歌舞，又要有农区的农牧民喜欢的节目，它在这一方面是进行了探索开拓。翁牛特旗乌兰牧骑试点，为咱们整个内蒙古半农半牧区乌兰牧骑发展开了一个好头，起了表率的作用。

翁牛特旗乌兰牧骑于1957年6月25日建立，根据内蒙古文化局的要求，由昭乌达盟文教处和翁牛特旗一块来抓。当时也是按照怎么方便农牧民群众生产生活，为群众提供更多的、优秀的精神文化产品，多做文化服务来考虑的，就是一个轻骑队。开头就是由翁牛特旗文化馆的馆长包文儒担任队长，把固定的文化馆改为流动的乌兰牧骑，由乌国政、宝音等9位同志，组成了翁牛特旗的乌兰牧骑。有一辆马车，然后有几件乐器，有十几身服装，还有收音机、幻灯机、展览等。开展了3个月的活动，也是走到哪演到哪，演出、宣传、放幻灯、搞展览，宣传党的方针政策，又辅导牧民的文艺小组、牧民业余文艺宣传队，把乌兰牧骑的节目教给他们。另外又从农牧民的民族民间歌舞里头吸取营养，这样通过双向交流，为农牧民留下一支"不走"的乌兰牧骑，同时参加劳动。就是演出、宣传、辅导、服务、参加劳动，不光是给农牧民做家务劳动，还要参加集体的大型劳动。

1957年6月25日，旗人民委员会正式下了批文。翁牛特旗乌兰牧骑是先试验后批准，人家苏尼特右旗是先批准再试点，所以说咱们就晚了8天。但是内蒙古也承认，咱们是内蒙古自治区乌兰牧骑首创试点单位之一，20世纪90年代专门重新挂牌，全区乌兰牧骑首创试点单位。首创试点成功以后，我们根据自治区党委、政府的要求和文化厅的要求，就逐步在赤峰开始普及推广乌兰牧骑。当时我们赤峰叫昭乌达盟，有12个旗县区，建立了11支乌兰牧骑，除元宝山区外，一个旗县区一支乌兰牧骑，翁牛特旗乌兰牧骑、巴林右旗、克什克腾旗、阿鲁科尔沁旗、巴林左旗、林西县，往南边有红山区乌兰牧骑、松山区乌兰牧骑、宁城县乌兰牧骑、敖汉旗乌兰牧骑、喀喇沁旗乌兰牧骑。

11支乌兰牧骑建成之后，有一个很重要的问题，就是如何加强对乌兰牧骑的领导。昭乌达盟在这个方面又先走了一步，在乌兰牧骑队伍当中建立党团组织，加强思想政治工作，加强党对乌兰牧骑的领导。1971年10月，翁牛特旗乌兰牧骑就建立了党支部，是全自治区最早建立党支部的乌兰牧骑。这是由旗委专门组织，1971年叫作整建党，专门派了一个整建党领导小组到乌兰牧骑，蹲了大半年做了各种工作以后，选拔优秀的队员入党，派了指导员，形成了翁牛特旗乌兰牧骑的党支部。党支部建立以后就加强了全队的思想政治工作，当时是学习解放军，加强思想政治工作，开展毛主席著作的学习，乌兰牧骑主要学习毛主席《在延安文艺座谈会上的讲话》，还有老三篇——《愚公移山》《为人民服务》《纪念白求恩》。这使队员明白乌兰牧骑要坚持什么方向，就是为人民大众、为工农兵服务；我们要走什么道路？就要走与工农兵相结合的道路；另外，我们要成为一个什么样的乌兰牧骑队员？我们要成为像白求恩、张思德那样的人，为人民服务。队员的思想觉悟有了一个比较大的提高。

　　在底下开展"一对红""一帮一"。比如让一名党员或者团员，带一名普通群众队员，结成"一对红"，帮助这名队员提高思想业务水平，这样就不是队长一个人管了，发挥了党团作用。同时学习部队"三八作风"，半军事化管理，早上5点钟就起来练功，因为乌兰牧骑是一个轻骑队伍，条件比较差，练功的排练室不大，也就三间房子大，没有暖气，就生炉子，"一对红"轮流值班，早上5点钟要练功，值班的人4点半就要起来。我们两个"一对红"，今天轮我们俩值班，早上4点半就起来了，起来之后把炉子生着，炉子不生着房子太冷，练功服没法穿，太单了。早上起来生炉子、收拾屋子、扫地，到5点队员们都起来了，洗漱完毕，5点到6点、6点到7点练两个小时；练完功以后一个小时，7点到8点是早餐时间，回去换一换练功服，洗一洗、涮一涮，吃早饭；8点钟又开始排练节目了。乌兰牧骑就12个人，少一个人这台节目就演不了。因为一专多能，一个人担任了很多节目，必须集体行动，要加强集体观念。

　　另外学部队的拉练。比如说下乡，就一辆马车，车上装上乐器、装上收音机、展览的东西等，加上行李，一个人一个行李，自己的服装都打着行李，这个车就堆满了。如果是平地还行，到了坑坑洼洼或者是沙地、沙漠的地方，根本就走不了。当时就是女队员、身体不好的平坦的地方可以坐一下马车，男的没有一个坐的，跟着走，就像部队一样拉练，今天是60里地，男队员基本上走60里地。我跟他们一块下过乡，一天走60里就是走60里，女同志稍微身体不好的可以平地上到大车上那个辕杆旁边，两边坐一坐，走一走，歇歇脚。

党支部加强了队员的思想工作以后，还加强了家属的思想工作。乌兰牧骑一年到头在下乡，过去说有7个月下乡，实际上不止7个月。一下乡到遥远的牧区回不来，你要想回来，人家还有没看的，老乡们来找你，说我们那个村就想看，我们等了好几天了。你说7个月到了我回旗里头，不行吧，就得演。所以说有的时候基本上一年8个月、9个月在乡下。什么时候才能回来？换季的时候，没辙了，那必须回来。比如春天下去穿的皮大衣、棉大衣、棉袄这些衣服，你到夏天怎么办？夏天的衣服又不能从家里头带出来，到了盛夏五六月的时候要赶紧回去一趟，跟老乡说我们得赶紧回去，把棉衣换成单衣服。这样回去待个三五天把衣服弄好又下去了，这一下去就到九十月。九十月又冷了，又要跟老乡说我们赶紧回去再换季，把棉大衣、皮大衣、皮帽子都带上再来。

什么时候能回来休整呢？一般都是十月底、十一月初能够回来休整两个月，这两个月叫作集中冬训。一是集中学习政治思想，中央有什么政策、有什么要求，要集中进行政治学习。二是业务培训，请老师来指导练功，功夫要上去。另外排节目，排下一年下去的新节目，不能年年老是这个节目，要排新节目。就这两个多月能够在旗里面待着。这样的话家属就有意见了，有些是女同志、男同志都下乡了，家里头就剩老人和孩子，真要有急事怎么办？党支部就给家属做工作，就是家属互相帮助，都是乌兰牧骑的家属，互相帮忙、互相照顾，使队员下乡免去一点后顾之忧。当时党支部的工作做得很细，所以队员的思想、业务素质就提高得比较快。

这样在那一段时间，赤峰各个乌兰牧骑相继建立了党团组织，赤峰市乌兰牧骑在全区都比较突出，我们一直坚持要建立党团支部，配备政治指导员，有队长指导员，有副队长，是这么组成的。指导员主要是抓好政治思想工作，要不然这么艰苦的环境，人们思想上容易起波动。做好政治思想工作，队员就能够坚持深入基层下乡去。所以在这一点上，赤峰市乌兰牧骑在全区还是走在前头的，是自治区乌兰牧骑首创试点单位，又是自治区最早建立党团支部的乌兰牧骑，我觉得这是第一个特点。这个特点真正从政治上保证了乌兰牧骑队员思想的革命化，同时从业务上保证了乌兰牧骑队员互相帮助，共同提高，一专多能。

第二，赤峰市的乌兰牧骑，发扬和弘扬了乌兰牧骑的优良传统，就是习近平总书记在回信里头说的，希望我们弘扬乌兰牧骑的优良传统。乌兰牧骑的优良传统是什么？就是植根基层，扎根基层，情系群众，艰苦奋斗，无私奉献，各个乌兰牧骑都做得比较突出。赤峰地区过去交通不便，从旗县到乡镇苏木，有的要走好几天才能到达，特别是边远地方，交通不便，居住又分散，当时人们的生活水平也不高，吃穿都比较艰苦。所以说乌兰牧骑如果没有一种吃苦耐劳的精神、没有一种长期坚持植根的基础，那这个队伍就坚持不下去了。乌兰牧骑这个精神体现在几个方面。一是坚持下乡活动。他们提出一个口号：哪里最偏僻，哪里最困难，哪里最需要，就先到哪里去。这是我们赤峰市乌兰牧骑最早提出来的。赤峰既有草原，要在草原上跋涉；又有沙漠，要爬沙窝子；还有山，要跋山涉水。

刘锦山：这个环境相当于野外地质队的环境。

朱嘉庚：跟野外地质队差不多，走到半道上，前不着村后不着店，就得露宿。我举几个例子。有一年我跟着他们，下乡到翁牛特旗。翁牛特旗的东部牧区和西部的农村，中间被一道沙漠隔开了，东部牧区是草原，西部是山地丘陵，中间是一块沙漠。旗的所在地正好在西部，属于丘陵山地这一带，他们要到牧区去必须穿过这个沙漠，不穿沙漠也可以，就是得绕过这个沙漠。绕过沙漠要走多远？要走三天甚至四天才能绕到第一个草原的村落乡镇。后来他们就想，农牧民很需要，我们能不能节省时间，干脆穿过去。穿过去也行，因为有老百姓的勒勒车，有捡柴火的、运柴火的，也走这个90里地宽的沙漠。头一天还行，刚进入沙漠这马还有点劲，开头能拉一拉车。那个沙窝子不用说马，人走一步退半步，一蹬沙子就往后挪，非常累人。马着急，它不像骆驼，骆驼知道沙漠，就慢慢悠悠地走。马着急，一到沙窝子里使劲地跑、使劲地蹬，一会儿马的体力就不行了,等到下午四五点钟就走不动了。

把车卸了,让马拉空车再走。又走了一段,马连空车都拉不动了,天也快黑了,没辙了,住下来了,露营。沙漠里头没有水,看着远处沙漠是波浪,实际上进去以后是沙山,两三层楼房那么高的坡。没水就得找最低洼的地方,低洼地方有点草,就得自己挖井。我们用铁锹挖个一米多宽快两米宽的井,慢慢往下渗点水,就用搪瓷缸子,舀到水桶里头喂马,马都不喝,我这才发现马最爱干净,一闻、一舔,打两个响鼻走了,不喝。因为沙窝子中的水总是带有一点草或者是虫子,还有牛粪、马粪的那个味。挖好以后我们人得喝,捡点牛粪、马粪,点着了,在水桶里头烧开了,一人喝半碗。

解决了这个以后,晚上住宿怎么办呢?东西都卸下来,我们把马车叫"二层楼",这个车的上头有一个板,用来搁东西,这个板和车底下住女同志。女同志把自己的行李打开,一个一个,就挤在马车上面。马车有轱辘,再有一部分女同志住车底下。男同志在外头围一圈,铺上行李,就是保证女同志的安全,怕狼。还有值班的,捡点牛粪、捡点沙漠里头的干树枝,点上两堆火,车这边点一堆火、那边点一堆火。到了晚上沙漠里头特别冷,白天又特别热,点上火,一是大伙儿好烤烤火,另外有火狼就不敢来。就这么在沙漠里住了两宿,因为马跑回旗里面了。旗里面知道乌兰牧骑陷在沙漠这一块儿了,赶紧跟附近的各个乡镇、公社打电话,赶紧就去找。后来牧民赶着勒勒车,他们每一个乡镇都有供销社,供销社卖不出去的月饼装上、炒米装上、水装上,把我们找着了,这才把我们救出去。当天下午到了草原上的苏木、村、嘎查,当天晚上就给他们演出。老百姓说歇一歇,在沙窝子里走路,饿了两天两宿了。

没有艰苦奋斗的精神,扎根不了、坚持不了。有一次翁牛特旗乌兰牧骑下乡,走到半道上,草场着火了。秋天草场着火很危险,也不知道啥原因着火的,周围没有人,乌兰牧骑正好路过。队员全下来了,女的就把头巾解下来打火,男的就找柳条子,把上衣脱了以后打火,经过两个小时把火打灭了,有的头巾都被燎了,衣服也被燎了。后来老百姓发现冒烟赶过来以后,一看是乌兰牧骑把火给灭了,高兴得不得了。老太太最后说,哪个灭火的?是不是乌兰牧骑的那帮孩子们？老太太说赶紧给他们杀羊。

有一次到西拉木伦河旁边的一个公社里演出，路上正好下来洪水，老百姓的马、牛、羊都在河道旁边饮水，一下裹到洪水里面了。乌兰牧骑队员跳下车就帮助牧民拽牛、拽马、赶羊，那个水都是齐腰深，最后和乡亲们一块儿救出来七八头牛、不少羊和马。牛和马是老百姓的财产，相当金贵的，要是被洪水冲走了，就完了。老百姓、牧民非常感谢，说这些孩子们真不容易，杀个猪。因为乌兰牧骑队员要到下一个点去演出，衣服都没换，湿的就是湿的了，悄没声地拿起行李就走了。把当时那个大队干部感动得追出老远，说给你们杀猪呢。队员说本来你们就洪水遭了灾，我们不能吃这个，留给你们自己吃，我们要赶到下一个点演出。

艰苦奋斗，情系群众，扎根基层，赤峰市的乌兰牧骑在这一点上做得比较好。一直到现在，好多老百姓还念叨乌兰牧骑，有的老乡把乌兰牧骑的孩子认作自己的干女儿；有的老百姓听说乌兰牧骑孩子们喜欢吃牛肉干，自己杀牛的时候，专门留下一筐牛肉干，晾在那儿，就等着下一年乌兰牧骑来，给乌兰牧骑的孩子们吃。小孙子就瞅着那个篮子，就想吃，奶奶不让，说不行，这是给乌兰牧骑的那些姐姐们留的。有的老乡进城办事或者看病，不住旅馆，说我就到孩子们家去，就是乌兰牧骑的队部。乌兰牧骑有集体宿舍、有伙房，伙房有大炕。平常队员们冬天就在炕上吃饭，十几二十个人，一个一个小炕桌，都在那儿盛上饭然后吃。老乡来，不让老乡住招待所、住旅店，就到乌兰牧骑来，说你们就像回到孩子们的家一样。乌兰牧骑帮他们联系治病，帮他们联系买东西，甚至有一些来住院治病的需要输血，乌兰牧骑队员全部跑到医院去，给病号输血。乌兰牧骑已经真正成为农牧民的儿女。

这种作风就是以人民为中心，全心全意为人民服务，农牧民需要什么，我们就为他们服务什么。这种优良作风，在赤峰市的乌兰牧骑队伍当中，得到了弘扬和传承。直到现在，我们很多农牧民念念不忘乌兰牧骑。去年翁牛特旗海拉苏镇的镇政府和牧民自发建立了一个乌兰牧骑纪念馆，把乌兰牧骑当时的乐器、服装、马灯放在里面，还找乌兰牧骑要了一些照片。因为翁牛特旗乌兰牧骑是在海拉苏牧区成立的，牧民说乌兰牧骑是我们的光荣，乌兰牧骑这些孩子们的精神值得永远传扬，办乌兰牧骑纪念馆是给下一代孩子们讲，宣传乌兰牧骑精神，让下一代的孩子们知道乌兰牧骑是一个什么样的队伍。所以说赤峰市乌兰牧骑在坚持弘扬乌兰牧骑优良传统方面还是做得不错的，在全区里面是比较突出的。

第三，通过基层的锻炼，乌兰牧骑培养造就了一大批各民族的青年人才。乌兰牧骑能够坚持到现在，和它的人才战略是分不开的。乌兰牧骑队员基本上是从农村、牧区，最基层选来的，十四五岁、十五六岁就选来了，乌兰牧骑再加以培养。通过实践培养，下乡、冬训，甚至送到内蒙古艺术学校学习提高。

乌兰牧骑队长是领导，还是老师，要教队员的思想、带队员的业务，他还是家长。队员都是十四五、十五六岁来的，正是懵懂时候，晚上睡觉蹬被子感冒了怎么办？队长晚上要起来查夜，盖盖被子。半大不小，十七八岁，要谈恋爱，队长像当家长似的管着，告诉他们不能谈恋爱，得过一段时间，你们还没有到法定

图4　巴林右旗乌兰牧骑指导员巴达玛（第一排右三）与演员们交谈

年龄，得好好地钻研业务，好好地工作，现在不是谈恋爱的时候。队长得管着，因为他一年都在乌兰牧骑，队长就是家长。队长还得是医生。下乡演出，有一点小毛小病，就得队长来管，都在乡下，没有医院。有的队长就学会了针灸，学会了小的卫生常识。他们都有卫生箱、医药箱，孩子们有一点毛病，针灸针灸就好了，吃点小药就好了。另外他们的医药箱也带下乡，老百姓有个头疼脑热，他们也给针灸，也给一点小药品，老百姓挺欢迎。最后队长还是保姆。今天这个孩子吃饭吃得少了，那得告诉他多吃一点，因为下一顿不知道啥时候吃，还有几十里地，你得吃饱了；衣服穿少了不行，变天了，赶紧穿厚一点。我原来说过，我当过旗县的宣传部部长，也当过副局长，但我当不了乌兰牧骑队长。乌兰牧骑队长细到什么程度呢？当时我们下去演出，最早是马灯，后来给配了汽灯。汽灯是亮，可是汽灯不好管，它有纱罩，另外喷气管子容易堵。喷油的管子烧热了以后，蒸气喷到纱罩里面才发光。队长就必须把扎喷气管的针带在身上，要不然到牧区找不到扎喷气管子的东西了。工作就做到这么细。

乌兰牧骑既加强思想政治工作，又像家长一样培养这些孩子们。孩子们远离自己的父母，到了这个群体当中，既有政治思想教育，又有家庭的温暖，他才能安心在这儿，所以乌兰牧骑培养了不少人才。像辽宁人民艺术剧院的院长宋国锋，是三度"梅花奖"的获得者、党的十八大代表，就曾经是我们红山区乌兰牧骑的队长，后来调到辽宁人民艺术剧院。咱乌兰牧骑队员像巴达玛、宋正玉等，都是全区有名的舞蹈家、艺术家。我们还出了不少长调歌手，像翁牛特旗的莫德格等，都在全区的长调比赛中获得过第一名。我们还培养了不少作家，像红山区的刘玉琴，乌兰牧骑队员出身；编剧有喀喇沁旗的王秀琴，作曲的内蒙古音乐家协会副主席呼格吉夫（汪景仁），都是咱们乌兰牧骑培养的，还有道尔吉仁钦，等等。现在年轻的也出了不少艺术人才，像巴林右旗的萨仁高娃、张文刚，宁城的张树德，敖汉旗的马文波，等等。

乌兰牧骑还培养了一批基层文化骨干。很多乌兰牧骑队员到年龄以后，他们回到乡镇文化站承担乡镇文化的工作，成了乡镇文化站的骨干；还有很多到了其他战线。内蒙古自治区的原主席巴特尔，现在是国家民委主任、中央统战部副部长，他就是乌兰牧骑出身。乌兰牧骑培养的人才，在基层锻炼，知道群众的苦、知道群众的喜乐，他的心就和群众贴得比较近，他今后不管是做文艺工作也好，还是做其他工作也好，始终是想着群众，在他世界观树立的初期，就扎下了以人民为中心的根，这对他今后的成长就很有好处。

第四点，艺术上有特色。我们北部是草原，南部是农村，乌兰牧骑的艺术就是一种综合性艺术。北部有民族歌舞艺术，草原歌舞；南部有戏剧、小品、曲艺。所以它的艺术特色就比较多样，比较丰富。像咱们北部区，翁牛特旗也好、巴林右旗也好，包括阿鲁科尔沁旗、克什克腾旗，以民族歌舞为主，出了不少优秀作品，像《顶碗舞》《巴林蒙古女性》《巴林·德布斯乐》等等这些舞蹈，在全国获奖，在全区获奖，很有影响，流传比较广。

歌曲有《我是草原小骑手》，全国都唱遍了，中小学的音乐教材里头就有。《草原儿女爱延安》，我们到延安去创作的；还有《姑娘抡锤多气派》，歌颂修水

图 5 《顶碗舞》

坝、修水库农民的；还有一些像《内蒙古赞歌》等在全区都很有影响的歌曲，都出自赤峰乌兰牧骑。

在戏剧方面，赤峰乌兰牧骑既有评剧，又有话剧。我们的评剧，像宁城县乌兰牧骑和敖汉旗乌兰牧骑都在中国评剧艺术节上获过奖。敖汉旗的《大漠绿海》获中国评剧艺术节剧目金奖，跟辽宁、唐山、天津一块儿比，咱们乌兰牧骑拿了剧目金奖；宁城县的评剧《红石山》反映生态建设、经济建设，到天津参加全国评剧新剧目调演，也获奖了，高占祥部长特意为咱们宁城县评剧题词"塞外茅台美酒醇，宁城评剧山花香"。这两个乌兰牧骑，一年演出300场以上，老百姓喜欢看，因为它不像歌舞演一场就走，老百姓看大戏要看三天，有时候一天演两场，有时候一天演三场，在一个地方得演八九场才能走。

喀喇沁旗乌兰牧骑排的话剧《小村总理》，获得全国话剧金狮剧目奖，县级乌兰牧骑排的话剧，能在全国话剧的最高奖金狮奖里面有一席之地是非常可贵的。辽宁人民艺术剧院的院长，原来我们红山区乌兰牧骑队长宋国锋，退休以后回到我们这儿指导排话剧。辽宁的话剧相当有名，像过去的《甲午海战》《父亲》等。宋国锋来了以后，给我们指导，把乌兰牧骑的话剧弄出来了，接着《小村总理》以后排《热土》，话剧这枝花在我们赤峰也是盛开了。现在年轻人喜欢看话剧，不愿看评剧，评剧是戏曲嘛，节奏慢一点，话剧节奏快一点，又新鲜一点。

所以说农牧结合，品种多样，更适合老百姓，这是赤峰市乌兰牧骑在艺术方面的一个特色，和别的盟市还不一样。在乌兰牧骑创建时期，他们为乌兰牧骑的全国巡回演出是出了力的。我们赤峰有12名队员参加了全国巡回演出。

第五，我们赤峰市各级党委、政府，包括宣传、文化、编委、财政等各个有关部门，包括各基层乡政府非常支持和重视乌兰牧骑。你看刚才我举的例子，老百姓和乡政府自发建立了一个乌兰牧骑的纪念馆，这不是上头下的命令，老百姓自己都说是对乌兰牧骑的感激和重视。另外咱们的市委、市政府还有旗县政府一直重视乌兰牧骑，我举个例子，1960年困难时期，精兵简政，旗县单位都说乌兰牧骑怎么办？有的就提出把乌兰牧骑精简掉，翁牛特旗的旗委政府说不要精简，让他们到旗委政府的机关农场去，边劳动边渡过难关，还可以演出。他们在那儿跟农场的职工完全一样,就不拿工资了,自己在那儿种地、种菜、自力更生,还利用劳动闲暇时间演出,还是宣传、演出、服务都搞。过了一年,经济形势好了,旗委政府又把他们调回来了。所以说旗委政府非常保护他们,遇到困难我们不能把他们砍了。

到冬天的时候,旗委政府领导专门到乌兰牧骑去检查工作,皮大衣、棉大衣配齐了没有,水靴配上没有,孩子们的伙食怎么样,回来这两个月的伙食怎么样……一看他们比较困难,旗委政府单独给他们批大米、批粮食,演员劳动量大,那点粮食不够吃。有一年过节,那时我还在翁牛特旗,过节演出完了回不了家了。因为必须跟老百姓一块过节演出,从三十到初五没有班车了,因为三十到初五没人出门,所以班车不开。队员们家都在牧区或者农村,几百里地,有的一二百里地,没法走,路上都没有行人,都回家过节去了。旗委政府就赶紧调一个大卡车,当时最好的只有大卡车,把乌兰牧骑队员挨个送到家。大伙儿都坐上车,到这个村把你搁下,再往前走到那个村把他搁下,这样把队员送回家。因为他们演出任务已经完成了,但是正好初五还没完全过,旗委专门派车把他们送到家。

旗委政府还多次在旗的党代会上宣传乌兰牧骑经验,让乌兰牧骑的党支部书记在党代会上发言,号召全旗各级党组织学习乌兰牧骑党组织。党的领导、人民群众的支持,还有各级政府的扶持,是乌兰牧骑长盛不衰的一个根本保障。没有党和政府的重视关怀、没有各级领导的支持、没有农牧民的支持,乌兰牧骑生存不了。就跟咱们战争年代一样,有了群众我们就能生存下去,乌兰牧骑也是这样。

五、牢记嘱托,推动创新

刘锦山:习近平总书记给苏尼特右旗乌兰牧骑队员回信以后,乌兰牧骑迎来了一个新的发展阶段。自治区党委和政府也非常重视这方面的工作,请您再谈谈最近这半年多以来,内蒙古自治区党委和政府对进一步发展乌兰牧骑事业有哪些新的举措或者规划。

朱嘉庚：2017年11月21日，习近平总书记给苏尼特右旗乌兰牧骑队员回信，是我们内蒙古各族人民的一件大喜事，也是我们乌兰牧骑的一件大喜事。习近平总书记的回信对乌兰牧骑的60年历程做了充分的肯定，也为我们在新时代如何贯彻党的十九大精神指明了前进的方向，注入了强大的动力，所以自治区上下欢欣鼓舞。自治区党委常委会进行了认真的学习讨论，并做出决定，一共要抓这么几件事儿。

一是在第二天就要发一个关于学习贯彻习近平总书记对乌兰牧骑事业发展重要指示的通知，当天下午就开始起草，第二天以自治区党委的名义下发。二是在第二天就召开了全区电视电话会议，从自治区党委政府的领导，一直到各盟市旗县的主要领导，包括宣传部门全部参加这个电视电话会议，在会议上传达了习近平总书记的指示，同时内蒙古的领做了讲话。第三个就是出台了《关于深入贯彻落实习近平总书记重要指示精神，进一步繁荣发展新时代乌兰牧骑事业的意见》，这是以自治区党委和政府名义共同下达的文件。这个文件是集中了自治区所有乌兰牧骑队长到呼市参与讨论，大家集思广益的结果。当时把我也请去参加这个文件的起草、修订，集中了大家的意见。文件包括习近平总书记回信指示的重要意义、新时代乌兰牧骑的历史责任、新时代乌兰牧骑的六项任务、新时代乌兰牧骑建设的配套措施、加强党对乌兰牧骑工作的领导这么几个部分。就是既要贯彻习近平总书记的指示精神，又要解决实际问题，写得非常好，然后就发布了、传达了。下面各个盟市根据自己不同的情况，再来深化这个通知里面的精神要求。

赤峰当时就开了市委常委会，决定抓好四件大事儿。第一就是要传达贯彻好习近平总书记的指示，落实好自治区加强乌兰牧骑工作的意见。第二是要壮大乌兰牧骑队伍，把赤峰市民族歌舞剧院扩大为一个单位两个牌子，叫赤峰市直属乌兰牧骑，补充红山区、松山区、元宝山区没有乌兰牧骑的空白，让他们承担乌兰牧骑的任务，这样乌兰牧骑就全覆盖了。第三是在全市掀起大学习、大练兵、大宣传、大演出的热潮。全市的乌兰牧骑从2017年12月开始到现在，全部在基层落实习近平总书记的指示，同时展开为民服务的六项任务。到目前为止，9支乌兰牧骑演出了500多场，深受群众欢迎。第四是市委政府决定，给每一支乌兰牧骑每一场下乡演出再补贴2000元。原来是自治区每场补贴2000元，一年100场就是20万元，然后市委市政府再给补贴20万元，市委还建议旗县政府再给补贴20万元，一年下乡的补贴就是将近60万元。现在至少自治区的20万元和咱们赤峰市的20万元都已经落实了。这样四个措施下达后，还在赤峰市搞了誓师大会。

　　从现在来看，要落实自治区党委、政府的决定，我们还有一些工作要做。第一，乌兰牧骑的人员老化问题。文艺团体特别是轻骑队，人员年龄段最好是20至30多岁，40岁、50岁再下去，一是体力不行，另外在艺术形象上也老了。这是队员的更新问题，需要进一步地解决。第二，我们有些设施还达不到自治区标准，像硬件设施排练室、琴房、演出剧场，我们赤峰大部分解决了，但是还没有完全解决，这个要进一步解决。第三，还要进一步解决如何在深入基层的过程中，多创作接地气、传得开、留得下的优秀艺术作品。这不是一天两天就能出来的，作品需要有一段酝酿时间、有一个积累时间，我们在这方面要按照习近平总书记的指示做。我们一是要发扬乌兰牧骑的优良传统，二是要深入基层，扎根生活，创作更多接地气、传得开、留得下的优秀作品，在这方面我们要下很大的功夫。弘扬优良传统，深入基层，扎根基层，全心全意为农牧民服务；我们要拿出乌兰牧骑特色的、无愧于时代的优秀作品。用这几个方面向习近平总书记汇报，交一份让党和人民满意的答卷。这个任务还很艰巨，我们要继续努力。

乌国政

扎根泥土育芬芳

采访时间：2018 年 4 月 27 日
初稿时间：2022 年 6 月 24 日
定稿时间：2023 年 10 月 5 日
采访地点：赤峰市图书馆"赤峰记忆"拍摄现场
版　　本：文字版

乌国政速写

　　乌国政　蒙古族，中共党员。1934 年 10 月出生。原赤峰市文化局局长。1995 年 4 月，获评"全国文化系统先进工作者"（省部级劳模）。自 1953 年参加工作开始，到 1995 年退休，在文化战线工作了 40 多个春秋。全区乌兰牧骑创始人之一。首次进京向党中央和首都文艺界汇报演出，受到了毛泽东、周恩来等国家领导人的亲切接见。1977 年，组建赤峰市艺术学校，设立了蒙古语电影译制科，编辑出版《昭乌达民歌选集》。组织创作演出了一批蒙古戏，如《沙格德尔》及小戏《赖宁》《银海红花》等。

一、乌兰牧骑的诞生

刘淑华：各位朋友，大家好！今天是 2018 年 4 月 27 日。这里是"赤峰记忆"的拍摄现场。今天我们邀请到的嘉宾是原赤峰市文化局局长乌国政先生。乌局长好！欢迎您来到"赤峰记忆"拍摄现场。

1957 年，内蒙古自治区在全区范围内选择乌兰牧骑的试点，当时选了两个盟，一个是锡林郭勒盟的苏尼特右旗，另一个是昭乌达盟也就是现在赤峰市的翁牛特旗，选了这么两个试点。当时您正好在翁牛特旗工作，请您给我们谈一谈您的这段经历。

乌国政：大家好！1957 年，咱们内蒙古当时的书记是乌兰夫，他很重视如何满足农牧民群众文化生活的问题。当时牧区和半农半牧区的经济相对而言比较落后，交通不便，文化也不发达，很多牧区特别是偏僻地区，不通汽车、看不着电影、看不着图书。群众要想走出去，到一个城市或者到哪儿去看的时候，都得

图 1　乌国政（左）接受"赤峰记忆"采访

几百里，都得骑骆驼走，当时公路也不通，骆驼就是交通工具。骑骆驼有的时候去远处也得走两三天，差不多一天到一个放牧点，一个放牧点到另一个放牧点也得一天多的时间才能赶到。因为那个地方沙漠比较多，除了骑马、骑骆驼以外，汽车看都看不着。

这样的地方怎么样满足群众的文化生活需求呢？乌兰夫同志曾经到农村牧区调查过，群众对文化的需求非常迫切。乌兰夫书记到北京去的时候，向周总理汇报过，说我们这个地方，文化生活比较贫乏。周总理也非常关心，让我们找一个适合我们地区的路子。

刘淑华：这个最早应该是周总理提出来的。

乌国政：嗯，周总理提出的。因为乌兰夫主席向他汇报以后，周总理是这么说的，所以乌兰夫主席从北京回来以后，就在常委会上传达了周总理的指示。这样必须要搞调查研究，特别是内蒙古文化局（那时候叫文化局，现在叫文化厅）要下去，到牧区，到偏僻地区搞调查研究，看怎么解决这个问题。根据乌兰夫主席的指示，内蒙古文化局组织了文化局的一些关键领导，特别是处长一级的干部，还有一些群众艺术馆、文化馆的领导，组成小组到下边调研。选了两个地方，一个是纯牧区，要搞一个调查；另外半农半牧区怎么搞，也要做一个调查。

文化局组成小组以后，先到苏尼特右旗。在当时来说，虽然那个地方比较落后，比较偏僻，但是相对而言苏尼特右旗还是比较好的。怎么去调查，马匹还不行，还得弄一个车，那时候叫轱辘车。为什么弄一个车呢？下去就要搞一些活动，给群众要带一点东西，所以带上图书、幻灯这些东西，还有一些乐器；还有一些骨干的演员，都是业余的，都带过去。一方面给群众送歌舞、送图书、送幻灯，这样下去宣传，征求群众意见。经过一个多月的调查，走了三四个苏木，群众非常欢迎。当时连幻灯都看不着，他们带了一台幻灯机，汽灯点着了以后都非常惊讶，这是怎么回事儿、汽灯是什么灯、怎么这么亮……看不着嘛，有的浩特①就两三个人，住也住不下，就得分好几个地方住。

刘淑华：当时都是住在农民家里，对吧？

乌国政：都住在农民、牧民家里，在那儿吃、在那儿喝，还得分好几个地方，一个地方装不下，装不下十几个人。

刘淑华：蒙古包？

乌国政：蒙古包。有的浩特就是一个蒙古包，就是这么困难。所以他们带去的小型节目，如好来宝、民歌这些东西是非常受欢迎的。说你们这样来，算我们过年了。你们来，这都是党和政府对我们的关心，到这儿来送文化，让我们学到这些知识。这是在苏尼特右旗搞的调研，搞了一个多月。另外内蒙古文化局又根据布赫局长的指示，同时要在半农半牧地区搞一个试点，选来选去就选到昭乌达盟翁牛特旗。昭乌达盟文化处说半农半牧地区也挺困难，也挺偏僻，文化也非常需要，这儿的半农半牧地区有汉族，也有少数民族。所以指定昭乌达盟文化处的一个处长带队到翁牛特旗。翁牛特旗相对而言是一个比较发达的地区，所以在那儿搞。乌兰牧骑得调几个人，当时我在旗文化馆。1957年6月25日，算是正式成立乌兰牧骑。

刘淑华：乌兰牧骑那就属于独立建制了。

乌国政：对。

刘淑华：有编制，有专职人员。

乌国政：刚成立的时候我们才6个人。文化馆的、连我算上有5个人，还有当时从妇联调了一个文艺骨干。

刘淑华：当时它的编制是全额拨款事业编吗？

乌国政：全都是事业编，12人的编制。乌兰牧骑成立了以后才正式定的12个人的编制。

刘淑华：一开始就给定12个编制了，很重视的。

---

① "浩特"是蒙古语词汇，意为宽广、辽阔，通常指的是人们在水草丰茂之地聚居的地方，后演变为"固定的城堡"或"城市"。

乌国政：刚成立的时候我们一共 6 个人。6 个人怎么下去活动啊，我们主要是先搞群众业余文艺骨干的辅导，教他们唱歌、教他们跳舞、在一起活动。到一个苏木就把这里的业余文艺骨干集中起来搞训练班。一个地方搞 20 天或者一个月，教给他们一些基本知识，歌啊、好来宝啊这些曲艺的东西。搞完了以后，乌兰牧骑这几个人和业余的一起，连搞训练班带搞演出。实际上乌兰牧骑才开始成立时是和业余的结合起来搞的。

刘淑华：那会儿乌兰牧骑的主要功能就是宣传、辅导、演出？

乌国政：那时候不以演出为主，以辅导为主。要不没人，6 个人，怎么给人家演出？和业余演员结合起来，给他们搞辅导，把他们的骨干培养出来。

刘淑华：主要是培养农村的一些文艺积极分子。

乌国政：对。这样办起来以后，20 天或者一个月以后，乌兰牧骑和业余演员一起在各个公社、各个生产队巡回演出。

刘淑华：当时的乌兰牧骑是融入老百姓当中的。

乌国政：对。乌兰牧骑和业余演员，向群众学习，像好来宝，都是向他们学习，然后和他们一起演出。这算是乌兰牧骑第一次和群众演出，12 个人里有不少是从业余里头选的。

刘淑华：就是培养出来成熟之后，再把他们纳入编制里头。

乌国政：纳入这 12 个人的编制。

刘淑华：扩大了乌兰牧骑的队伍。

乌国政：对。乌兰牧骑一开始不是以演出为主，是以辅导为主，没人你怎么去演出？最后走来走去，群众也非常欢迎这个演出，旗里也非常重视，又给配了一套马车。

刘淑华：乌兰牧骑最早的交通工具就是马车吧？

乌国政：就是马车，3 套马车。这样逐渐有了五六件乐器。12 个人一个人一身蒙古袍，演出服嘛。那时候演出服还不够，就 12 个人，别的怎么整啊，搞一些曲艺节目，演一些戏怎么办呢？就和当地牧民借。夏天演出的时候，凳子、桌子、道具都去农牧民家里借，自己上台演出没有凳子，你不能带着凳子走，所以就去牧民家借来用，用完再给他们送回去。我参加乌兰牧骑，最早的时候弄了一块幕布，就一块幕布，就在那儿弄一根绳一拉，在前面演出就得了。把汽灯一点，就在那儿演出。群众一听说演出，都是挤完奶以后马上就往那儿跑，有的是十几里地，远的四十多里地，骑着马、骑着骆驼，赶着去看演出。

刘淑华：我小的时候就经历过这种场景。农村一说唱戏的来了，唱评剧，周边应该说是几十公里的，都开始走亲串户、拖家带口地看戏去。

乌国政：对，到亲戚家住下。那时候牧区更是那样。这些牧民都去了以后就给他们演出。演出的时候，就光乌兰牧骑排的这些节目满足不了要求，怎么办

图2　乌国政用蒙古语表演说书

呢？把业余的，其他的农牧民歌手请台上来，一起演出，一起唱。

刘淑华：那就跟群众融合到一起了。

乌国政：融合到一起了。

刘淑华：群众也是积极参与。

乌国政：也参与演出，特别是年轻的，也非常愿。像老年歌手，年龄大的，主动上去和你一起演出。这样的活动进行了一年多以后，才能自己单独演出。

刘淑华：就是建立起一支乌兰牧骑专业演出队伍了。

乌国政：建立起专业演出队了。群众业余演员不参加的时候，自己也能演一两个小时、两三个小时。那么这些节目从哪儿来？乌兰牧骑五六个人也没几个节目，有的也不会，乐器也不会，啥也不会，主要还是向群众学习。群众里头说书的、拉四胡的、说好来宝的、唱民歌的，那就多了，就和他们一起学、一起唱、一起跳。

刘淑华：那才叫真正和群众打成一片。

乌国政：嗯，打成一片。所以说群众也非常欢迎。

刘淑华：这两个试点成功之后，开始在全区推广？

乌国政：嗯。1963年内蒙古开了少数民族文化工作会议，各旗县都去了，没成立乌兰牧骑的也都去了。会议把两个试点的经验进行了介绍，各旗县都可以成立，但是限制在牧区和半农半牧区，那时候农区没有乌兰牧骑。

刘淑华：咱们七旗、二县、三区，七旗当时就都成立了？

乌国政：对，都成立了。巴林右旗是1958年成立的，有的是1959年成立，最晚的是1961年成立，全部都起来了，就是模仿这两个试点队怎么演出、怎么服务。

刘淑华：后来农区也都成立了，是吧？红山、松山、元宝山区也都有了？

乌国政：后来都成立了。

刘淑华：每一个旗县都有一支公立的乌兰牧骑队伍。

乌国政：嗯，都有了。宁城也很早就成立了，他们主要以演小戏为主。这样以后陆续地，到1963年的时候，可能是有35支乌兰牧骑。

刘淑华：就是全自治区有35支。当时咱们赤峰市，那会儿还叫昭乌达盟，当时咱们昭乌达盟有多少支乌兰牧骑队伍？

乌国政：那时候昭乌达盟旗县都有，全部推开了。这样一直发展到60多支。

刘淑华：乌兰牧骑规模最大的时候，自治区一共有多少支乌兰牧骑队伍？

乌国政：全区63支。才开始是三十几支，开完会，普遍推广了以后是63支了。现在是70多支。乌兰牧骑成立是成立了，但是困难不少。虽然是开着工资，管吃管住，但是那个时候工资才多少钱，我们翁牛特旗一个月才18块钱。到乡下以后，你还要在老乡家吃住，你还得给人家粮票，还得给人家钱。

刘淑华：在老百姓家吃住，不白吃白喝。

乌国政：不。一个人每天掏3毛钱，我们都掏过。这样和群众在一起时间长了，就和群众比较熟悉。有的群众，老太太、老大娘不要你的钱，你要给钱她就给你奶豆腐。

刘淑华：我听说那会儿的乌兰牧骑队员吃住在老百姓家，同时给老百姓家搞卫生、打水、收拾院子，是吧？

乌国政：和社员一样，和他家里人一样。到他家里以后首先是扫院子，给老乡挑水。那时候，特别是牧区，井很远的，到那儿给他挑水，要把缸子挑满了。另外帮助他们接羊羔、挤牛奶。因为我们乌兰牧骑大部分都是蒙古族，就在半农半牧区吸收一些汉族成员，所以演员基本上都会牧区的活儿。在牧民家住，出门回来都背着柴火，打的干柴火。老百姓干啥，我们干啥。

刘淑华：那会儿的乌兰牧骑真正是深入群众，深入基层。

乌国政：深入群众，住在一起，有的牧民老太太和乌兰牧骑在一起住着，她成宿看着，不睡。

刘淑华：感情非常深。

乌国政：说这些孩子真好，真像我们自己的孩子一样，所以感情非常深。有一个老太太，我们有一帮女队员在她家住，待了两天，这个老太太就看中一个丫头了，就是宋正玉，朱嘉庚的对象，朝鲜族。她相中这个姑娘了，然后就找我，说我有事跟你商量商量，我说啥事？她说你这些姑娘给我一个行不？我说干啥？

她说当干丫头。

刘淑华：就是相中咱们乌兰牧骑队员了，认干女儿。

乌国政：嗯。我说行。我就跟小宋说，老太太相中你了，你同意不？小宋说，她要相中了就行。那会儿感情就那么深。后来第二年我们就搬到旗所在地了，原来是在公社。第二年老太太去离家70多里地的沙窝子，赶着小驴车，到了旗所在地，专门看她的姑娘来了，还带着两块奶豆腐，那时候也没有什么东西，到那儿还住了好几天。

刘淑华：这真是走亲戚呢。

乌国政：嗯，真是走亲戚了。然后小宋再路过她家的时候，也给她带点吃的。那时候有什么吃的呢？带点饼干，再不就是留点月饼，就是这么一个意思。

刘淑华：就是互相走动。

乌国政：嗯。群众和乌兰牧骑队员关系很好，真是感情深。那时候群众邮个信都不找别人，就找乌兰牧骑队员，你把这封信给我邮走了。

刘淑华：信任这些乌兰牧骑队员。

乌国政：对，都是这样。

二、哪里最困难，就先到哪里去

刘淑华：您哪一年调到盟文化局的？

乌国政：我是1977年。

刘淑华：当时调到文化局的时候您任什么职务？

乌国政：我任副局长兼党组成员。

刘淑华：哪年当的局长呢？

乌国政：李凤阁走了以后我当的局长，那是1979年吧，可能是。

刘淑华：担任的是昭乌达盟文化局局长？

乌国政：嗯，昭乌达盟文化局局长。

刘淑华：那您就谈谈您当了一把手以后全盟乌兰牧骑的发展状况。

图 3 《艺苑轻骑》

乌国政：我在乌兰牧骑待了 20 多年，待的时间长了，我就是干别的活，也关注着乌兰牧骑的事。那时候我主要分管专业文艺团体，正好是乌兰牧骑。所以当了局长以后我每年最少下去一个月，主要到乌兰牧骑，到文化馆、图书馆等文化单位，但是侧重于乌兰牧骑。这个感情始终没有断，一直到退休也没有断。要不我写《艺苑轻骑》那本书干啥。

刘淑华：您出了很多关于乌兰牧骑的书。

乌国政：我出了 4 本图书。

刘淑华：都是什么书呢？

乌国政：就是《艺苑轻骑》，就叫这个名，一、二、三、四期。

刘淑华：是一套丛书？

乌国政：丛书。我退了以后，李宝祥、朱嘉庚我们 3 个人办了一个刊物，也叫《艺苑轻骑》。

刘淑华：就是您说的一年出一本，出了 13 年？

乌国政：出了 13 年。我退了以后出的，什么报酬都没有，连个办公桌都没

图 4　退休在家的乌国政（右）

有，就在自己家里写的，写了 13 册了。后来我年纪大了，跟文化局说再找人吧，我写不动了。

刘淑华：乌局长，请您谈谈翁牛特旗参加 1963 年内蒙古乌兰牧骑会演的情况？

乌国政：1963 年，内蒙古搞一个乌兰牧骑的会演，我们翁牛特旗乌兰牧骑带的一些歌舞节目，这些节目有学的，也有自己编的，很受欢迎，像《顶碗舞》。

刘淑华：《顶碗舞》第一人就是宋正玉，朱局长的爱人，她是顶碗舞的发明人。

乌国政：宋正玉，实际上她是朝鲜族，她来时汉语也不懂、蒙古语也不懂，连汉字也不懂，我每天早上起来帮助她，教她学汉字。慢慢地，我们这不是半农半牧区嘛，除了蒙古族为主以外，还有汉族、朝鲜族、回族，好几个民族，以蒙古族为主。因为是半农半牧区，要到农村演汉语节目，有的蒙古族的队员就学汉语，后来有很多人都是蒙古语、汉语兼通。陶娅是乌兰牧骑骨干演员，她是蒙古语、汉语兼通，节目最多也最累，一天节目都是十四五个，除了跳舞、唱歌以外还演戏，她演《白毛女》，蒙古语也演过。

刘淑华：当时乌兰牧骑面临的最大困难是什么？

乌国政：最困难的时候是三年困难时期。困难到什么程度呢？没有吃的，老乡都吃苦麻菜那类东西，乌兰牧骑主食就是窝窝头，还有糠炒面，别的没有。小米、大米根本见不着。

刘淑华：在那种最困难的情况下，乌兰牧骑队员们也始终坚持深入基层。

乌国政：始终坚持深入基层。在那种困难的情况下我提出个口号，那就是"哪里最偏僻，哪里最困难，哪里最需要，就先到哪里去，为农牧民群众服务"。这是乌兰牧骑的行动口号，这口号已经十几年了。在那么困难的时候，群众也困难、队员也困难，吃不饱，吃那糠炒面，说句不好听的话，都拉不出屎。就糠炒面、窝窝头，没有别的，菜就吃这苦麻菜。撕一块布，队员在家也不会做针线活，在乌兰牧骑都自己做衣服，非常朴素，但是演起节目来非常精神。当时走路，跋山涉水那都不在乎。

刘淑华：那在那种特别困难的情况下，政府是怎样解决这些困难的？

乌国政：那时候政府也是非常关心的。怎么关心呢？起码演出的道具、衣服这类东西帮助点，给点钱做点衣服。那时候没有几套衣服，现在一个演员好几套衣服呢。

刘淑华：那会儿下去演出，资金都是政府给的？

乌国政：都是政府财政拨款。有的时候实在困难了也给点补贴，过年过节的时候给点补贴，有的时候旗长、书记、宣传部部长到乌兰牧骑给送点肉，慰问一下，别的就没有了。队员也不在乎，也能吃苦，群众都这样，我们有什么说的。

刘淑华：当时是物资极其匮乏的时候。

乌国政：嗯。特别是有的老乡饿得吃苦麻菜，肚子都是青的了。

刘淑华：水肿是吧？

乌国政：水肿。那是最困难的时候。在这种情况下怎么办呢？国家政策要精简机构，减掉人员。有的主张把乌兰牧骑砍掉吧，这么困难，养这十几个人也不好办，但是旗里通不过。

刘淑华：在那么艰苦的环境下乌兰牧骑保下了。

乌国政：这么困难的情况下，乌兰牧骑也宣传着党的政策，你把它砍掉干什么？那也不行，那也得走形式，于是采取了一个临时措施，下放到农场参加劳动锻炼，参加半年。劳动锻炼，不砍掉。但是要砍掉的这个传闻，群众听说了。为什么要砍掉？因为困难，养不起了。群众提出来，特别是花都石农场场长王占奎，他们提出来，你们养不起送我们这，我们养活，当年拨了15亩好地给乌兰牧骑种粮食，种高粱、种谷子，平时给他们群众演出。

刘淑华：这就属于企业把乌兰牧骑接管过去了。好像松山区有一年也是，整个松山区的乌兰牧骑由糖厂接管过去了。

乌国政：是，我知道，那是松山区。那时候实在困难，没办法，养不起了就往外推。所以翁牛特旗始终坚持着，实在不行就让他们参加劳动去。

刘淑华：后来12个旗县区还是有一部分把乌兰牧骑解散了。

乌国政：解散的有，元宝山、红山、松山的解散了。

刘淑华：其他的，像林西、宁城呢？

乌国政：没有，他们一直保存着。特别是宁城要改成评剧团，但群众不乐意，人大也通不过，我们原来就叫乌兰牧骑，凭什么要改成评剧团呢？一直坚持到现在。

刘淑华：现在老百姓也非常欢迎乌兰牧骑。

乌国政：那肯定。我们去了以后，交通不便，群众到了以后，在那两三天不走，你们没节目演了，把原来演的再演一遍，都是这样的，那得演啊。另外乌兰牧骑队员们也非常艰苦，非常朴素，也和群众有深厚的感情。所以回到旗里以后，原来正常情况下乌兰牧骑下去6个月，还不算冬天，冬天还有一两个月到下面辅导去。因为天冷，不演出就辅导，就是这样的。所以乌兰牧骑始终想着群众，群众也始终想着乌兰牧骑。

刘淑华：队员从小就参加演出，上小学的时候，还没有受过多少教育的时候就去演出了。

乌国政：你看小宋（宋正玉）、陶娅，都是十四五岁。下乡路过她们家的时候，有的时候都不到家，怕耽误演出，都是这样的。

三、牢记嘱托，不负使命

刘淑华：乌局长，咱们乌兰牧骑获得了很多荣誉，当时也受到了很多国家领导人的接见，您围绕这方面给我们谈一谈。

乌国政：在内蒙古得了不少奖，演出奖、十佳乌兰牧骑、五好乌兰牧骑这些奖都得过，有国家民委的、文化部的，还有自治区的，得了不少的奖。

刘淑华：还得到国家领导人的接见，您也受过接见，我看照片您那会儿还很年轻。

乌国政：那时候才20多岁。接见最多的就是1964年，乌兰牧骑代表队去北京演出。一共有18名乌兰牧骑队员受接见。台上限制12个人，还有几个人是候补，就是有病了顶上去，在台上始终是12个人。

刘淑华：当时无论哪个旗县的乌兰牧骑都统一是12个编制？

乌国政：统一12个编制。旗县自己增加的编制有四五个的。

刘淑华：也有个别旗县自己增加编制。

乌国政：也有多的。实在不够怎么办，就添两个，自己解决编制。

刘淑华：那时候毛泽东、周恩来、刘少奇等中央领导都接见过乌兰牧骑。

乌国政：是的，毛主席等领导人都接见过，拍过照片。

刘淑华：周总理请你们吃饭那次有您吗？

乌国政：有啊，全国巡回演出一直到进北京会演我都在。那是在中南海，我们不知道，我们演员知道什么，不知道。来通知说领导要接见，上哪儿接见也不知道，后来来辆大轿车一拉，拉到中南海去了。

刘淑华：直接进中南海了。

乌国政：我们第一次进中南海，总理亲自接见，还有陈毅副总理，还有一些部长，像宣传部部长、文化部部长，那些知名的人一起接见。一开始我们队员们想，总理请我们吃饭，吃什么好饭呢？（笑）都是这么想的。端上来一看，菜是大烩菜。

刘淑华：周总理非常朴实，自己也吃这些。

乌国政：饭是什么饭呢？窝窝头。而且这顿饭是周总理自己掏的钱。

刘淑华：周总理自己掏钱请你们吃饭？

乌国政：自己掏钱的，太惊人了。后来大家吃完饭，搞联欢，跳舞。后来我们给他唱《草原儿女爱延安》，全国巡回演出的时候，到延安之前在火车上写的。

刘淑华：这是乌兰牧骑队员自己创作的歌曲？

乌国政：词是朱嘉庚写的，我们的辅导员谱曲，一晚上在火车上写完了词，谱上曲子会唱了，到了延安第一场就演，群众太欢迎了。周总理听了以后说这歌好，让我们教教他。大家就围着他，教给他。教了两三遍周总理就差不多会了，记忆力真强。

刘淑华：那会儿乌兰牧骑就受到了国家领导人的接见和关怀。2017年，习近平总书记给苏尼特右旗的乌兰牧骑队员回了一封信，乌兰牧骑队员受到了极大的鼓舞。您作为文化系统的老领导、老专家，您怎么看这个事情？

乌国政：习近平总书记给乌兰牧骑写这封信，我们乌兰牧骑这些老同志，相互打电话告知，到一块儿聚齐，还有苏尼特右旗的，都哭了。这些老队员说，我们退了这么多年了，六七十岁了，我们没有白活，没白到乌兰牧骑。

刘淑华：国家最高领导人对乌兰牧骑给予了高度的肯定。

乌国政：也包括我们这些老同志，对大家的鼓舞非常大。习近平总书记让我们不要忘记过去，要回顾历史。这个意义是非常深的，意思是让我们别忘本。要求我们回到马背上去，不要忘了蒙古包。

刘淑华：要不就说被誉为是草原上的红色轻骑兵。

乌国政：所以大家都非常感动，提出新的时代乌兰牧骑怎么走。进入新时代了，乌兰牧骑老是和过去一样，能行吗？

刘淑华：要与时俱进。

乌国政：与时俱进，你要创新，你老是这样也不行。所以习近平总书记这些话非常深远，要创新，这个问题是乌兰牧骑根本的方向问题、将来怎么走的问题。你不能老是唱旧歌、老歌，进入新时代了，得要向前进，往前走，所以这是一个方向性的东西。另外，我感觉习近平总书记这封信不单纯是给乌兰牧骑写的，也是给全国的文艺战线的同志写的。

刘淑华：对，号召全国文艺战线的人向乌兰牧骑学习。

乌国政：号召全国文艺战线全心全意为人民服务，就应该像他们一样服务，以人民为中心，全心全意为人民服务。

刘淑华：现在国家从中央到地方非常重视，给乌兰牧骑批编制、批资金，都有专项的预算资金，国家级、省级、市级、县级都批了。

乌国政：对。内蒙古现在给增加编制、增加经费、提高待遇。所以归根到底，乌兰牧骑之所以到现在存在60年，从党中央到各级党委、政府都重视，没有党的领导不行，所以乌兰牧骑更应该进一步加强党的领导，现在各乌兰牧骑都建立了党支部。业务当然要加强，业务好了思想不加强不行。所以乌兰牧骑今后在党的领导方面、在服务群众方面更应该加把劲，全心全意为群众服务。

刘玉琴

与时俱进写春秋

采访时间：2018 年 4 月 28 日
初稿时间：2022 年 6 月 15 日
定稿时间：2023 年 10 月 12 日
采访地点：赤峰市图书馆"赤峰记忆"拍摄现场
版　　本：文字版

刘玉琴速写

　　刘玉琴　汉族，1953 年生，内蒙古赤峰人，中共党员，笔名文心。1984 年辽宁大学中文系函授毕业，1997 年内蒙古大学汉语言文学系新闻专业本科结业。中国作家协会会员，现任赤峰市作家协会主席、红山区作家协会主席、赤峰学院客座教授。

　　1970 年 1 月参加工作，任昭乌达盟赤峰市乌兰牧骑演员、创作员、副指导员。创作了表演唱《周总理来到俺大寨》、歌舞剧《响铃公主》、儿童歌舞剧《台湾儿童的心愿》等歌舞曲艺作品，由本队和外地文艺团体演出；男女声二重唱《欢迎您到赤峰来》被选入"赤峰经典歌曲"，在赤峰的列车上播放了 20 多年；女声二重唱《摇铃曲》等歌曲被电台录制播出；创作排练演出的三场四幕神话舞剧《战雪妖》，被誉为"昭乌达盟有史以来第一部成功的舞剧"；儿童歌舞剧《堆雪人》，被辽宁人民出版社出版的《群众歌曲演唱》收录刊登后，辽宁省各地的许多学校争相排演。

1986年7月，任赤峰市红山区广播电视局副局长。创作和编排电视专题片、电视文艺晚会、电视连续剧、电影、歌舞剧本150多部（台/集），其中有30多部（台/集）获得过赤峰市、内蒙古自治区、国家级奖励。编著广播电视作品选《红山麓畔》。1999年8月，任《红山晚报》副总编辑。

迄今，已出版中短篇小说集《那白的粉的花》；散文集《琴音集》《琴心集》《山水琴韵》《花香满径》《予人玫瑰——刘玉琴序跋评论集》《色彩与空灵——雪山·古道·戈壁·草原》；长篇纪实文学集《超越梦想——范文军与水》；长篇小说《女儿如水》《女儿入画》《萨日娜影集》《嫁接》《那红红的萨日朗》。小说、散文、评论、报告文学等文学作品，在《人民日报》《光明日报》《文艺报》《农民日报》《长篇小说选刊》《中国作家》《民族文学》《草原》等报刊发表。1996年，长篇小说《女儿如水》由山西北岳文艺出版社出版发行。获山西省第十一届图书节优秀图书一等奖，并被改编成20集同名电视连续剧和40讲同名广播小说。

刘锦山：各位朋友，大家好！今天是2018年4月28日，这里是赤峰市图书馆"赤峰记忆"拍摄现场。今天我们邀请的嘉宾是原昭乌达盟赤峰市乌兰牧骑副指导员，现中国作家协会会员、赤峰市作家协会副主席刘玉琴老师。刘老师，非常高兴您能接受我们的采访。

刘玉琴：好。谢谢你们！

一、走进乌兰牧骑

刘锦山：刘老师，首先请您给大家谈谈您的家庭、个人工作经历方面的一些情况。

刘玉琴：我出生于一个工人家庭，从小在城市里长大。祖籍是山东，闯关东

图1 刘玉琴（左）接受"赤峰记忆"采访

过来的。据说爷爷是个读书人，在县里当过师爷。父亲原来是八路军十九分区[1]炸弹工厂的技工，因为日本投降前夕在赤峰撒下生化武器、细菌，还有鼠疫，我父亲得了伤寒病，他就没能跟着部队走，部队转移以后他就留在赤峰，后来参加了工作，在赤峰水泵厂[2]。他聪明，很勤奋的一个中国工人阶级代表，父亲得过省级劳动模范荣誉，所以我们家家教是很好的。

我从小就喜欢读书，因为我父亲是省级劳动模范，他有借书证，我读书不像一般孩子那么困难，我书的来源，不全是自己家里买的书，多数是用父亲的借书证上图书馆借书读。我是1970年赤峰五中首届毕业生，赤峰五中是1966年建校的，我在学校文艺队，具备了乌兰牧骑队员的基本素质。后来因为我在学校是学生干部，担任学生连长和校革委会常委，就是现在的学生会主席，校长姚杰

---

[1] 十九分区，冀察热辽军区十九军分区。
[2] 赤峰水泵厂，该厂建于1948年，坐落在赤峰市红山区解放路，是机械工业部生产水泵的定点厂之一，1965年改为水泵专业厂。（参见国务院东北经济区规划办公室编《中国东北经济》（第3卷），中国计划出版社1987年版，第222页）

图2 1978年，刘玉琴（右一）与奶奶（二排中）、父亲（三排右二）、母亲（三排左二）、大姐（三排左三）、三妹（三排左一）、四妹（二排左一）、小弟弟（二排右一），还有小外甥（一排）合影

就让我给低年级代课，因为是新建校，缺老师，师资不足，这样，我就离开了文艺队。我虽然爱好文艺，但是当了代课老师就觉得与文艺失之交臂了。突然有一天，姚杰校长把我叫到办公室，说咱们赤峰市乌兰牧骑要招收新队员了，向咱们学校要一个能当团支部书记的人，所以学校推荐了你。这样，我根本没经过考试就进了乌兰牧骑。

进了乌兰牧骑以后正好赶上拥军，当时是1970年1月20日。那时候赤峰市乌兰牧骑跟其他的旗县乌兰牧骑不一样，它的演出属地不全在赤峰市这个地方。因为当年是"备战备荒为人民"的时候，赤峰市部队驻军特别多，有沈阳军区的野战部队、有北京军区的守备军，赤峰市是全国21个要塞城之一，一进入腊月，我们赤峰市乌兰牧骑就上北部旗县去拥军慰问演出，慰问演出的地方，还有军马场和军垦兵团。有时候各个旗县都要走，还要到锡林郭勒盟去慰问军垦战士。我自己就经历过七八个春节不在家里过，就在拥军演出的路上过。因为全盟

图3　1970年，刚进乌兰牧骑时的刘玉琴

乌兰牧骑每年都要会演，而且要求每年新创作的节目要达到50%左右。我们的老队长，就是杨福增老师，他是个非常优秀的创作人才，是全国优秀大队辅导员，受过毛主席等党和国家领导人的接见。因为我们要到部队演出，所以他就"旧瓶装新酒"，用过去一个《送南瓜》的曲子，一宿就创作了一个小歌剧形式的拥军节目。因为我在学校就刻钢板印教材，所以拿来让我刻。他一宿就写出来一个节目，我刻钢板时就特别激动。因为我小时候就有两个梦，一个梦是当女兵，一个梦是当作家，对写作特别感兴趣。杨老师这么好，这么能创作，从那以后我就开始走向创作这条道路。

对乌兰牧骑队员的要求是"一专多能"，分给我的任务，"一专"：舞蹈，"多能"：我会表演，器乐里我会打扬琴，打锣鼓镲。有一次演出，当时是12名老队员，再加上我们从学校来的几名队员，共17个人。17个人要演出一场节目，时间最少一个半小时，"一专多能"，就要每个人承担六七个节目。这样有时候需要换服装,比如说你刚穿乐队服在演奏,下面就是一个藏族舞《洗衣歌》,或者是新疆舞《库尔班大叔您上哪儿》,这样就需要给下场的人争取换服装的时间。我们那时报幕是分着报的,不规定谁就是主持人或报幕员,只要你嗓子好一点,形象好一点就能报幕。当时我担任报幕员,为了给同伴们、同事们赢得换服装的时间,就即兴创作了 8 句报幕词,合辙押韵;我下来以后,我们的老队长杨福增表扬我说,玉琴你写得挺好,合辙押韵,挺好。就这样鼓励了我的创作积极性。后来演出时我就开始写歌词、写报幕词(现在叫串词)。一开始写的《欢迎您到赤峰来》,在赤峰的列车上传唱,作为赤峰市的男女声二重唱经典歌曲,传唱了 20 多年,凡是进赤峰的列车都播我们的歌曲。

二、难忘的岁月

刘锦山:刘老师,您刚才谈到您刚进乌兰牧骑后赶上拥军演出,请您谈谈这方面的情况。

刘玉琴:1971 年之前,三十八军、三十九军、四十军带着部队来。来了以后我们乌兰牧骑跟着部队去,他们野营拉练,我们就跟着演出,这样有时候一天要演出 7 场。晚上在大俱乐部演出,中午到连队演出,或者到他们打靶场射击点演出,有的要演全场,有的就演几个不化妆的独唱、独奏、独舞、相声、快板,还有小表演唱节目。

有一次我们在部队演出,野外零下 40 多摄氏度,那时候天气比现在寒冷,战士们都坐在背包上,我们拉上幕布,点上两盏灯就开始演出。当时,我们演员的激情特别高,部队那种训练的艰苦,我们当时是看到了,也是非常崇拜解放军的。演员都很有激情,我们女演员都是穿着单衣服,把自己打扮得漂亮一点,因为很多战士,像高山部队的战士终年驻守在山上都下不来,见不到部队之外的人。那时候我们的思想很纯洁,大伙儿都想把自己的美献给部队,献给部队指战员。下场以后,部队战士就把用篝火烤热的皮大衣给我们披上,给我们包上;演出结束,给我们喝姜汤。那么冷的天演出,我们没有一个队员感冒,但是也非常苦。比如说我当时打小镗锣，演出《找亲人》，宋国锋演山东柳琴戏里的一个老大爷，其实就是一个表演唱，那个节目在台上一待就是 15 分钟，等我下来的时候，那个捏着小镗锣的手啊，往下一揭，三个手指头都揭下一层皮。我们是非常苦的，但是我们还是坚持完成每年的演出任务。

我们赤峰市乌兰牧骑跟其他旗县的乌兰牧骑不一样，是城市的乌兰牧骑，有很多曲艺节目，还有些汉族节目。比如说当时我们划归辽宁[①]以后，崔修范是辽宁省革委会副主任、中央候补委员，他带着辽宁的 10 个大轿车领团来昭盟慰问演出。因为新划归辽宁，要慰问地方政府、慰问驻军部队，所以，辽宁的芭蕾舞团、辽宁的人民艺术剧院、辽宁歌剧院、辽宁京剧团等来了那么多人。当时我在乌兰牧骑是团支部书记，而且是第二小分队的副队长，我们赤峰市乌兰牧骑 22 个人被划成了两个小分队，我们负责接待，但是接待演出当中就出现了问题。赤峰市区的红旗剧场是最大的剧场了，省慰问团一个合唱队就 200 人，比如说演交响音乐《沙家浜》，当时红旗剧场就没有合唱凳，我们就临时动员人们找赤峰木器厂，木器厂到腊月也放假了，那时候没有电话，就找文化局的司机，开着小吉普车到处把工人找回来，现打 200 个合唱凳供省慰问团演出。

他们演芭蕾舞《万泉河水清又清》，舞台小，48 个人根本跳不开，当时盟委书记周明就着急了，慰问团团长崔修范也着急了，说这怎么办？赤峰市都演不开，到旗县就更演不开了。那时的旗县政府所在地就是个镇子，当时 1971 年 1972 年的镇子太小了，10 辆大轿子车的演员根本就下不去。师部都住在镇子里，住在旗县，团部就住在当时叫公社、现在叫苏木政府的所在地。根本就没有大剧场，顶多是个电影院。后来我们盟委书记周明就说，我给你们找两个乌兰牧骑队随你们下去吧，一个是赤峰市乌兰牧骑，一个是敖汉旗乌兰牧骑。我们因为是城区的，有小话剧节目、有汉语节目，也有三分之一的蒙古族节目。只找旗县的乌兰牧骑是不行的，他们全演蒙古族节目，除了歌就是舞了，部队战士都是来

[①] 1969 年 7 月 5 日，昭乌达盟从内蒙古自治区划归辽宁省。1979 年 7 月 1 日，昭乌达盟由辽宁省划回内蒙古自治区。

自祖国的四面八方，全是蒙古语的节目听不懂，也看不懂。敖汉旗乌兰牧骑也有很多北京知青、天津知青，这样节目就有相声、快板、曲艺等，还有当时的样板戏学唱和移植这些节目。就这样，带了我们两支乌兰牧骑下去了。

他们省团的下到旗县，就演点小节目了，比如说独唱、钢琴伴唱，交响乐都不能演，乐团没地方坐。当时李默然老师演小话剧、独幕话剧《为革命修路》，这样人少、布景少的节目才能在镇子里的小剧场演出，然后配上我们两支乌兰牧骑。因为旗县很多，11个旗县市就分成两支队伍跟着演出，等最后回来的时候就去"空一师"，就是土城子飞机场，喀喇沁旗那个地方，现在改成赤峰玉龙机场了。白天在"空一师"的飞机跑道上演出，这才让省歌舞剧团演了一场完整的节目，因为在跑道上场地大，她们可以穿足尖鞋，没有硬的地面是不能穿足尖鞋的。

赤峰市乌兰牧骑在练功方面抓得比较紧，人才也比较多，所以这些年在完成拥军演出任务、慰问部队方面做了突出贡献。我们跟其他旗县乌兰牧骑不一样，抓业务培训抓得特别严格。我们从沈阳音乐学院请来鞠玉鹏老师，还有原来归内蒙古的时候内蒙古艺校请的老师王立章，教我们古典舞和各种民族舞的组合——蒙古族舞、朝鲜族舞、东北秧歌等。我们跟其他旗县乌兰牧骑最不一样的地方，就是我们上长春艺校学了芭蕾舞，这在当时赤峰市是没有的，因为内蒙古地区主流的文艺，就是蒙古族节目。蒙古族舞跳得非常有范儿，动作特别美，但是舞蹈演员在训练当中缺乏一点，就是芭蕾舞讲究的脖子直、腰直，而这一点对演员训练形体这一块还是有很多好处和科学的地方，另外它也算是"洋为中用"，我们提倡"洋为中用，古为今用，百花齐放，推陈出新"。当时我们上长春艺校学习，演员除了几个身体条件实在不行和专业不对口的，都要学芭蕾。像我们都是学芭蕾的演员，人家应该是从12岁小学四年级就开始训练了，身体的软度好，可我们当时都十七八岁了，所以穿足尖鞋是非常辛苦的。当时教我们芭蕾舞的是周仲元老师，他是北京舞蹈学院毕业的学生，对我们的要求特别严格。他说这么多年的课程，4年的课程或者6年的课程，让你们一个学期完成，你们必须付出比别人更大更长久的代价，所以腿要"三肿""三消"。另外我们芭蕾舞训练,就是先把动作练上两小时,后一个小时就得穿上足尖鞋,我们大脚趾的指甲盖全都掉了,缠着纱布的脚,一伸进坚硬的足尖鞋里,就是钻心地疼痛,真是鲜血浸透了红舞鞋。但是我们确实学会了,能立足尖且能肢体旋转,训练上比较标准化,对我们将来舞蹈的创作有益,脱离了过去本地舞蹈这种"手工业"(手的动作多)。对于之前腿和身上的动作不多的缺点,这也算是改革的一个新标杆了。

当时人家讲开门办学,就是我们学习芭蕾舞是无偿的,也不要学费,但是我们也做了突出贡献。长春有很多大军工厂,每家军工厂都是5万多名职工。"五一"时候要搞庆祝慰问演出,长春艺校的演出就是老师们独唱、独奏,学生们顶多演一个像芭蕾舞《红色娘子军》中《常青指路,奔向红区》的片段,没有其他节目。要担任这么长时间的演出任务,长春艺校的校长说:你们乌兰牧骑来得太及时了,得帮我们大忙!我们赤峰市乌兰牧骑担任了演出的主力,一下子拿出15个节目。开场、结场都是长春艺校的管弦乐队伴奏,学校老师说我们别的帮不了你们,我们给你们配器、给你们伴奏。一支17个人的队伍,当时我们最多

图4　1972年,刘玉琴(右二)与乌兰牧骑女演员在天安门广场合影

图 5　1973 年年末，赤峰市乌兰牧骑全体队员欢送副队长蔡虹（前排中间）回原总政歌舞团时合影（前排右三为队长杨福增，二排右二为刘玉琴）

的一个节目也就 12 个人上台，总得留下几个伴奏的；这次我们上了 16 个人，大灯光、大舞台，突然感觉到放开了，动作大，不用担心一个大跳跳出场外，演出非常受欢迎。但是后来也给赤峰市乌兰牧骑埋下了一个隐患，就是追求大舞台、追求亮灯光、追求舞台上人多。容纳 1 万多人的大剧场大舞台，你想舞台有多大？我们就是再使劲跳也显得台上人少。

三、乌兰牧骑里的读书生活

刘锦山：经过在长春艺校的专业学习，赤峰市乌兰牧骑的专业水平提升了不少。

刘玉琴：是的。学习回来以后对我们的创作确实有好处。我们创作了足尖舞《田头练兵忙》，因为当时"备战备荒"，需要慰问解放军，我们还排演了芭蕾舞剧《白毛女》选段《大红枣儿送亲人》、芭蕾舞剧《红色娘子军》选场《常青指路，奔向红区》等，确实使赤峰舞台焕然一新。另外我们在蒙古族舞的动作里面加进了芭蕾，比如说大跳、倒踢紫金冠这些舒展动作。小舞剧《草原小牧民在成长》，是以龙梅、玉荣"草原英雄小姐妹"为原型创作的，我们有两个版本：一个版本是在老牧民的指导下，小牧民得以成长，我们参加会演得奖，因为它要评蒙古族节目；我们拥军时候就换成了另外一个版本，加上了两个军人，比如我

图6　1977年2月6日，昭乌达盟春节慰问团留念（由敖汉旗和赤峰市两支乌兰牧骑队员组成，二排右五为盟委书记周明，三排右五为刘玉琴）

原来没当上兵，当兵是我从小的心愿，但是我在舞台上跳上了女军医，也算圆了自己的儿时梦。剧情是解放军巡回医疗队遇着了在风雪中挣扎着保护羊群的小牧民，最后把两个小牧民姐妹救了。在这个蒙古族小舞剧中，我们就加入了许多的诸如大跳、剪式变身跳、倒踢紫金冠等芭蕾舞元素。

我们根据需要随时创作，这期间我自己创作了很多的节目。比如说所有演出的报幕词；创作了小舞剧《台湾儿童的心愿》，原来我们学过一个越南的小魔术剧《两个游击队员》，我们就借鉴当中的魔术桥段，通过放风筝，把传单放出去，把魔术的东西加进去，芭蕾的动作也加进去。长春艺校的学习确实是很好，不但是舞蹈、器乐，我们很多人，比如说副队长张景瑞学单簧管，还有李喜章学作曲、依热乎学琵琶、黄春海学笛子、麻树国学男高音独唱，我们女队员嗓子好的，学京剧样板戏选段……艺校还赠送我们一把琵琶。就是通过这些最基本

刘玉琴：与时俱进写春秋

图7 1979年春季，刘玉琴（左二）为新入团的乌兰牧骑队员戴团徽

的、最正规的训练，使赤峰市乌兰牧骑的人才成长远远高于其他乌兰牧骑。

另外我自己也确实是从小爱学习，没事的时候我就拿本书在后台学习，读书很成癖吧。有一次我们去慰问演出，盟委书记周明在后台看见我读书，就问："小刘，你读什么书？"我说我读《辽史》呢。后来他就问我为什么读《辽史》呢？我说昭盟归辽宁嘛。他说你这么个小孩就会读《辽史》，于是对我非常欣赏。我当时是乌兰牧骑的团支部书记，还不是副指导员，一般慰问演出完了，部队上要招待我们晚宴，他就说："小刘，出征！"就带着我出征，去给部队首长们敬酒。

1980—1984年，我读了辽宁大学中文系函授。

刘锦山：您刚才谈的在赤峰五中是初中毕业？

刘玉琴：初中毕业。我们延期一年，到1970年9月毕业，发给我们的是高中毕业证。1968年"复课闹革命"才开始正规地学一点东西，我在学校刻"复课"教材嘛，就先睹为快，先学为快嘛。

刘锦山：当时是小学毕业，后来念了初中？

刘玉琴：对，其实就是小学毕业，我是1966年小学毕业，1966年上初中时，就开始了"文革"，1968年"复课"才开始学习中学的课程。有些课程我是自学的，因为我后来在乌兰牧骑当副指导员，那时抓青工（青年职工）"补课"，才开始认真学点数学，学点古代汉语、现代汉语等课程，但是那个东西对我们来说是特别的难。我在辽宁大学学先秦文学的时候，有个老师叫高越峰，他是中国古典文学教授，1957年曾被打成"右派"，那时是1980年，他刚回到教授的岗位不长时间。他说古典文学你要读进去，那就香啊，就像吃一口肥肉一样解馋。

图8 1981年，刘玉琴在昭乌达盟全盟团代会上发言

图9 1983年，刘玉琴和女儿（4岁）

那时候确实是物质贫乏，教授说像吃肥肉一样解馋，我心里就记住了这句话，我读书就特别刻苦，也真的品尝到了学到知识的"解馋"之感。

这时候我们乌兰牧骑已经扩大了，1978年就已经扩大到45人，最后达到48人，成立了声乐队、器乐队、舞蹈队、创作组、舞美组，还有后勤组，成为一个机构齐全的文工团建制的团队。这时候就演一些大戏了，一个是队伍大了，舞台是以城市为主的舞台，就像我刚才说的，也算是当时城市发展的需要。城市确实需要大舞台，需要人多，小的舞台一般演不了经典节目、大节目，小节目只适合农村、厂矿、学校或者部队。城市要大场子，要拿精品、大作品，必须要演大节目。当时我们排了《枫叶红了的时候》《于无声处》《新来的副官》等很多大话剧，以及曲剧《王老虎抢亲》《泪血樱花》，还有评剧《小二黑结婚》。那是刚开始，就算又一次的文化复兴吧。

当时我正在读书，因为我的孩子是1979年出生的，我得争取读书时间，一般情况下我就不上台了，把演出的机会让给年轻的队员。比如说这个舞蹈节目我不上了，我喜欢的表演剧目我也不上了，就争取时间读书。我揽了一个活，当演员，不演出不工作不行，我说我拉大幕，那时候大幕不是电动的，都是用手拉的，因为一场戏至少有三四十分钟，就可以坐在大幕旁边读书，再开场又可以读三四十分钟。有一次我正读《郑伯克段于鄢》，台上正演着《小二黑结婚》，小二黑和小芹结场都已经造型了，但是我还没拉幕，把人家晾在台上，锣鼓镲一遍一遍地敲，我就根本听不见、看不到，还沉浸在母亲疼儿子的情节中，读得特有滋有味。后来我们钱伟臣队长从幕后跑过来了，指着我的鼻子吼："刘玉琴，你干什么呢？"我一惊，从书中醒过腔了，赶紧拉幕，第二天我做了深刻的检查。但心里却是美滋滋的，在锣鼓喧天的大幕边，我能全神贯注地读古典文学。

我确实是认真读书，后来在我的带动下，赤峰市乌兰牧骑有很多人都读了辽宁大学函授，或到大学里脱产进修。我们赤峰市乌兰牧骑的文化水平还是比较高的，出了很多人才。

四、《战雪妖》创作记

刘锦山：刘老师，您创作排练演出的三场四幕神话舞剧《战雪妖》，被誉为"昭乌达盟有史以来第一部成功的舞剧"，请您谈谈《战雪妖》的创作过程。

刘玉琴：1977年，内蒙古遭受了一场50年不遇的白灾，我们赤峰市北部旗县，像巴林右旗、克什克腾旗、阿鲁科尔沁旗，包括再往北边的锡林郭勒盟全是大雪覆盖。当时党中央派部队去抗灾。这样就把我们乌兰牧骑划成小分队，跟着抗灾的车队走。因为当时那儿没有路，全被大雪覆盖，一天也走不了五六十公里，最后就让推土机在前面开路，我们的车队才能走得快一些。这样，我们的演员就在车楼子里跟开车的战士说说话，给战士唱唱歌，就怕战士困了，我们就起这么个作用。

停下来的时候，我们就可以给战士们演点小节目。比如说当时我们把石头堆起来，上面浇点汽油就是篝火，然后我们就演出，穿蒙古袍跳《草原女民兵》这样的舞蹈。首长就说：你们不要换蒙古袍了，你们就穿着皮大衣跳吧。那……哪儿行啊，再冷我们也要穿蒙古袍，穿演出服，因为蒙古袍鲜艳，粉的、绿的、红的，我们要拿出最鲜艳的、最好的艺术表演，给辛苦的解放军战士演出，演员们都是这样想的。我们真是认为演一出戏比天大，演出是我们最高的任务。比如说家里老人去世了，那你该演出还得演出，也没人替你，就是有人能替你，自己也要坚持演出，除非自己病倒！该笑也得笑，该哭也得哭，不能出戏！尽管那个笑不是发自内心的，但是也得笑。不忘初心，忠于职守，我们演员是神圣的职业。

后来走到克什克腾旗的时候正好是大年三十，那天，阴沉沉的天空突然就晴了，当时浩特里头就是死的羊架子搭的甬道，我们进去以后活的羊就啃着我们的棉裤腿，把棉裤腿的棉花当草咬。牧民见到我们就哭了，因为我们车上拉着牧草、木炭、汽油、粮食；这时，天上就传来了轰鸣声，一抬头，天上就出现了直升飞机，在往下撒东西，牧民们围上去，接到手里一看，原来撒下来的是冻饺子。当时牧民都哭了，喊着：解放军万岁！共产党万岁！因为牧民在困苦当中都要活不下去了，没有粮食、没有柴草，牧民和牲畜怎么活？这真是雪中送炭啊。

回到城里，一想起来这些图景，我就特别感慨。当时因为这场抗灾很多乌兰牧骑也排了节目，像文工团有火不思弹唱，巴林右旗的乌兰牧骑有好来宝，前面也放段舞蹈。但是我觉得这么大的题材总是表现不出来，太轻了！有一天，我正往办公室走，好像下了一场雪，正好有一只鸽子从我的办公室窗前飞过，突然地，我就有灵感了：鸽子——飞机，我找到了创作的突破口，这是形象思维。我就想创作一个舞剧，把飞机设计成凤凰，凤凰是信使，把党中央的关怀传达到牧民心中。当时鼓励革命英雄主义和革命浪漫主义相结合的创作方法。我还设计了草原上的百花仙子、百草仙子、万泉仙子、百鸟仙子；草原上的生灵，小动物有小鹿、小兔、小羊羔、小牛犊，这还是不够，再把白灾设计成"雪妖"……就开始设计这样的情节：草原上的百花仙子与勇士举行婚礼，勇士是草原人民的代表。仙子和小动物们都来祝贺。

写歌词的时候，我吸取《诗经》中的比兴创作方法：

九十九条清泉淌喜歌，
九十九条红柳搭喜帐，

美丽的姑娘要成亲哟,
采来鲜花扮新娘。

牧笛声声情意长,
百花低头望新郎,
献上妹妹一颗心,
结成连理梳春妆。

牧笛声声情意长,
勇士抬头望新娘,
献上哥哥一颗心,
并肩比翼射虎狼。

我觉得我创作得很有激情,不吃不喝,一天的时间,就创作完成了三场四幕舞剧《战雪妖》的剧本:雪妖来了以后作法,把众生都压在大雪之下,掠走了百花仙子。这时候,一只凤凰飞来,用琼浆救活了勇士,指引他去寻找太阳神。这块我写的歌词也很有情绪:

插上雄鹰的翅膀,
穿过雾壑雪障,
要战胜那凶猛的雪妖,
勇士他奔向太阳升起的地方。

因为是三场四幕舞剧,"勇士"一角,不可能由一个演员跳。就找了两个基本功特别好的男演员,其中的一名男舞蹈演员,平时跳舞只有技巧没有表情,他最后通过我的歌词,突然就有了表情,有了心灵的触动,才有了"勇士"的感觉。他演的那场,是寻找太阳神,那场舞蹈都是大动作,特别是这时候,我们就用上芭蕾。后来寻找太阳神，太阳神给他一块神炭（取自"雪中送炭"的成语），勇士用神炭打败雪妖，最后皆大欢喜，太阳神来到草原……大致就是这么一个情节。当时写了以后我就投给了内蒙古的《草原》编辑部，《草原》编辑部在 1978 年 6 月给发了，主编陈广斌还给我加了两段歌词；之后，邮来了 16 块钱，还有 6 本样书。

我们乌兰牧骑当时就决定排演这部舞剧。指导员（党支部书记）米月岭、队长钱伟臣、副队长张景瑞，还有我，我们四个人的领导班子就决定排这个舞剧：

编剧：刘玉琴
导演：孙平
编舞：孙平、高娃、王德义等
作曲：钱伟臣、张景瑞、林少峰、依热乎
指挥：林少峰

服装是我设计的，上面是蒙古族的红、蓝、绿、黄色的盘扣衣服，下面罩上白色纱裙，当时我们盟文化局的局长叫李凤阁，他说：你们这是"红装素裹"。

我们人不够，48 个人也不够。京剧团教武打，因为雪妖有搏斗场景；"用神炭打开雪山""凤凰飞来了"……都得用舞美表现，我们找的是京剧团的舞美，因为我们乌兰牧骑以前没有那么正规的舞美，我们就是随时搞点简单的；群舞也不够，当时有个刚恢复的赤峰百花剧团，是演评剧的，就从他们那里借群舞；乐队是管弦乐伴奏，人不够就从盟文工团借来乐队队员，长号、圆号、大提琴和小提琴。

演出非常成功，轰动了"东三盟"的文艺会演。昭盟、呼盟[①]、哲盟[②]的乌兰牧骑纷纷到赤峰市乌兰牧骑学习观摩。盟文化局局长李凤阁说："这是昭乌达盟

[①] 呼盟，即呼伦贝尔盟，现呼伦贝尔市。
[②] 哲盟，即哲里木盟，现通辽市。

有史以来,第一部成功的舞剧。"赤峰籍作家、辽宁省作家协会主席金河说:"你们这是赤峰的《天鹅湖》,或者叫昭乌达盟的《天鹅湖》。"

但是后来我反思:我们虽然在艺术上达到了高峰,达到了全市不论是乌兰牧骑还是歌舞剧院都达不到的高峰,但是路子走错了。就像有一句名言:"攀上高峰,才知道你搭错了梯子。"就是创作出这么大的舞剧,最后没给我们奖,自治区文化厅没给,昭盟文化局也没给。说是因为偏离了乌兰牧骑的方向。试想:哪个工厂的场地、哪个学校的场地、哪个部队的场地能容纳80多人的演出队伍?当时辽宁来了大队伍都下不去了,最后瞅着我们乌兰牧骑短小精悍,才让我们下基层演出。所以,尽管三场四幕神话舞剧《战雪妖》在思想上和艺术上都达到了一定的高峰,但不是以"一专多能,短小精悍"为特色的乌兰牧骑队应该演出的。

五、文学创作硕果累累

刘锦山:刘老师,您后来走上了创作道路,创作了不少优秀作品,请您谈谈这方面的情况。

刘玉琴:1985年,那时就搞市场经济了,演大剧就是为了挣钱,得挣钱养活自己。归辽宁以后,给了我们25人的编制,都是事业编。盟改市以后,赤峰市原来的地方很大部分划归元宝山区,很多工业划到市里去了,地方财政无法支撑48个人的赤峰市乌兰牧骑再继续生存下去。所以最后就撤销建制,一大部分人就是最优秀的尖子,正当壮年的、二十几岁的人去了文工团,现在

图10 1985年,刘玉琴在赤峰市乌兰牧骑

叫歌舞剧院了,还有一部分留在红山区文化馆,一部分人去了市群众艺术馆。那时候我们乌兰牧骑队员很优秀,所以都抢着要我们的队员,他们中有14个人担任各单位团委的副书记。我们乌兰牧骑副队长张景瑞,在业务上特别刻苦,凡是带弦的、带眼儿的他都能弄响,而且他的单簧管、板胡和京胡都能达到独奏水平,他现在是我们赤峰市的二胡考级考官。

  我离开乌兰牧骑以后,就去了红山区广播电视局,第二年当了副局长。在赤峰地区电视专题片拍摄当中,上了1985年5月举办的内蒙古自治区广播电视厅"第一期电视编导摄像培训班"。当时北京广播学院(现中国传媒大学)的很多老师来讲课,我还是副班长。培训结束后,我获得了"优秀学员"的证书,在以后的电视编导、撰稿和拍摄的实践中,我逐渐摸索和开创了"文艺片要散文化,人物片要报告文学化,党建片要政论化"的电视片编导、拍摄和撰写解说词的创作理念。我当了14年广播电视局副局长,在赤峰地区搞电视,也算是在乌兰牧骑学的本事,出来搞一项开创性的工作。自治区广播电视厅厅长白朝蓉到红山经济电视台(我们是局台合一的体制,副局长就是副台长)视察我们的节目,说:玉琴,你办的电视节目跟市级电视台一样,你每天自创节目达到一个小时,这是地级电视台水平。

图11　1986年,在赤峰市红山区广播电视局与技术人员合影(二排右四为刘玉琴)

当时我当编导给张景瑞他们拍了一部片子，叫《红色的嫩芽》；还有我们乌兰牧骑的一个队员叫刘强，他是拉二胡的，分到了市电视台，他扛摄像机。这部片子在中央二套播出，大家都知道了"红色的嫩芽"是蒙古语的汉语翻译，就是红色的新生事物，也是乌兰牧骑的代称。另外，张景瑞从艺50年的时候也开了一场晚会，我还写了一篇稿子叫《起立，为张景瑞喝彩》，在《赤峰广播电视报》全文发表。

我后来走上了创作道路，在乌兰牧骑创作了很多节目，比如舞剧这是大的，小的就太多了，随时演，随时创。表演唱像《周总理来到俺大寨》，还有小舞剧像《响铃公主》，但是我们没排成。我还写了很多东西，当时有个刊物《昭盟文艺》，就是盟文化局创办的刊物，经常在那儿发。像我写的很多单弦联唱啊，有的旗县乌兰牧骑还在排。我写的儿童歌舞剧《堆雪人》，在辽宁省发了以后，辽宁省的中小学也演，还是挺好的。

刘锦山：您的第一部作品是在哪一年创作的？

刘玉琴：舞剧应该是1978年创作的，就是《战雪妖》。但是我应该是从1971年就开始创作了，那时候就写点小东西，表演唱之类的，随时的，就类似我们杨队长那种"旧瓶装新酒"，快板书、群口快板、对口词、出场式等。表演唱就太多了，都记不清了，随时演，随时创。可能我到部队时还这样，我创作时还在部队演出，因为到部队以后人家都要招待你吃饭，部队首长要陪着我们吃饭。我就可以随时采访部队的一些先进事迹，比如说雷锋团、抗美援朝的"空一师"，我就可以把他们的事迹加进我的词里，给他们一套曲子，我们就可以说唱，大伙儿一背词，有的甚至贴在二胡上唱，就可以演了。当时还没那么多纸，就把卷烟盒里面那层纸拿出来写，写完了以后他们再抄，大家一分。我是这样开始的。

我的第一篇小说应该是1979年写的。那一年我还在乌兰牧骑，盟文化局创作办公室举办小说创作班。当时昭盟还归辽宁省管辖，我是以我个人经历写的一个短篇小说《陶鲤》，当时，辽宁省杂志《春风》的编辑老师在30多篇小说里头就相中我的，被辽宁春风文艺出版社出版。"陶鲤"翻译成汉语是"镜子"的意思,写一名女演员,我的小说写女演员的很多。

除了当乌兰牧骑队员,我还担任过下乡带队干部。我从1973年年末下去到农村,培养我当干部。当时有个宣传组组长叫刘杏芳,是辽宁省的"五七战士"。我有次在批判大会上发言,她说这发言挺有水平,这个人得培养。1973年年末我才21岁,就让我下乡当带队干部,管80多人的青年点。我在那儿组织调皮捣蛋的青年成立了一支篮球队,不让他们打架,让他们打篮球;组织艺术素养好一点的青年成立了文艺队,演出文艺节目。我还给大队办广播,我自己播音带写稿,有时候写点散文,因为当时没有配乐的,就用唱片《红珊瑚》,它的过门比较长,就随时拿着唱针,一边放音乐,一边播音;我还带了两个当地七年级的女学生,算是我的徒弟,跟我学播音。我们青年点是全盟的先进青年点,盟电台和市广播站,都录制过我创作的文艺节目《夸夸咱们的青年点》和另一个带队干部方雄普创作的诗歌《青年点啊,我们的家》;还有我也根据当地的生活和生产,创作了一些节目在那儿演出,当时盟电台和市广播站都进行了录播。

后来我上赤峰市委党校学习,就是当时的"五七干校",那时候我是正经地读书了。我读了很多原著,像马克思的《哥达纲领批判》,恩格斯的《反杜林论》,还有列宁的《帝国主义是资本主义的最高阶段》,毛主席的《实践论》《矛盾论》《论十大关系》,我是认真地读了一些书。包括下乡的时候我读了恩格斯的《家庭、私有制和国家的起源》。我都是一天读一页,每天早晨4点钟起来读一个小时的书,5点钟就下地跟知青们干活;13个生产队,我一个生产队一个生产队地干,干了一气活,8点多钟就回来了;回来我就写稿子,他们10点钟收工,我就上大队给办广播去了。在农村这近两年的时间里,我熟悉了知青和农民的生活,为以后创作打下了一个很好的基础。

我回来以后写过一篇《青春女儿泪》的中篇小说,辽宁春风文艺出版社出版的,5万多字。我在乌兰牧骑工作15年,对乌兰牧骑的浓浓情结是化解不了的。我离开乌兰牧骑以后到红山区广播电视局15年,当了14年副局长。后来又到了《红山晚报》当副总编辑,分管专刊和副刊,也开了很多栏目。比如说"才

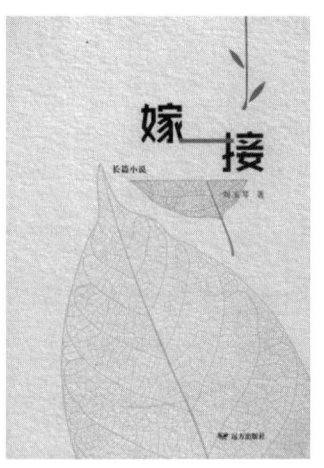

图12　1999年8月，刘玉琴任《红山晚报》副总编辑　　图13　长篇小说《嫁接》书影

艺人生""作家走笔""本域史话"，就把我们乌兰牧骑这些人的事儿写在里面，有我们钱伟臣局长的才艺人生，还有我们张景瑞副队长的才艺人生、巴林左旗乌兰牧骑队长李宝祥先生的才艺人生……有一个叫陈杰的，她在赤峰市群众艺术馆，也退休了，她办起了"红孩子"舞蹈学校，现在已经有3个分校了，她就是我们乌兰牧骑的舞蹈演员；还有一个叫辛薇，当时芭蕾舞跳得特别好，演《红色娘子军》中吴清华的，她办起了"草原骄子"舞蹈学校；还有一个叫张艳杰的，她是搞声乐的，她办起了百灵歌唱团。这些事迹我都写，都在报纸上发。像乌兰牧骑的创始人乌国政老师、宋正玉老师，还有我们队的高娃，她跳舞剧《战雪妖》中的"百花仙子"，现在是中国舞蹈家协会会员、赤峰市舞蹈家协会的副主席。我写了很多乌兰牧骑的稿子，包括辽宁人民艺术剧院院长宋国锋，不论是拍片子、写稿子，我都做了很多宣传，做了很多工作，这都是一个作家的乌兰牧骑情结使然。

　　我最近在创作一部长篇小说，这已经是我出版的第13部书了，叫《那红红的萨日朗》，这也是自治区草原精品工程扶持项目之一。2017年11月自治区就组织这些作家们在一起开会，自治区的5个出版社的编辑，都召集到一起去推荐几本书，其中5部蒙古文作品有3部与出版社签订了出版协议，汉文的书就签了我这一部。当时确实也是赶上一个好时机，就是11月21日习近平总书记给苏尼特右旗乌兰牧骑的回信。我上内蒙古自治区开会，他们就说刘老师你中彩票了；我说是，但是我5年前就买了这张彩票，我是为了乌兰牧骑成立60周年而创作的这部长篇小说。当时，内蒙古文联、作协的领导都特别高兴：咱们内蒙古能抓出这么一本书，讲述乌兰牧骑故事、讲述乌兰牧骑精神，是与时俱进。我这部书以赤峰市乌兰牧骑和翁牛特旗乌兰牧骑两支队伍为双线结构来写。翁牛特旗乌兰牧骑是农牧区结合的一支队伍，是全自治区先进队，它曾参加过全自治区、全国的巡回演出，所以我就把这两支乌兰牧骑队伍合着写一本长篇小说。

刘锦山：完成了吗？

刘玉琴：完成了，现在正印着。我们自治区的文联主席特·官布扎布、作协主席满全、作协副主席王樵夫给撰文推荐，作为内蒙古自治区落实习近平总书记讲话的红色读本，作为全民学习乌兰牧骑精神的读本，这么来往出推。我估计再有一两个月就能出版了。

刘锦山：后面这几年有什么规划和打算？

刘玉琴：我今年65岁了。从小在乌兰牧骑，青春年华在乌兰牧骑。我刚写完了一篇将近4万字的稿子，这也是内蒙古人民出版社要出版的，内蒙古乌兰牧骑协会抓的一篇稿子，名字是《把青春留给记忆》，副题是"我的1970—1985"，讲述我15年的经历，以我为主线穿插着我写的我们乌兰牧骑队友的作品。这已经完成了，前几天刚发到内蒙古人民出版社去。乌兰牧骑是我创作的摇篮，我从创作开始就是乌兰牧骑培养我的，从报幕词开始，到写剧本、写演唱材料，到最后写小说、写散文、写评论、写报告文学。在赤峰作家当中，我也是全活儿的，都能担得起来。我的经历也挺好的，我从乌兰牧骑出来到广播电视局，后来到《红山晚报》，跟文学创作都是近亲关系。我这辈子特别幸运，我觉得作为一名乌兰牧骑老队员，我还是一名乌兰牧骑精神的继承者、传承人，是乌兰牧骑故事的一个讲述人。我想做一个这样的人。

我的下一部长篇小说，叫《家属院》，这是我的第6部长篇小说，是以我的家族史为纲，写四代人的。这也是赤峰的百年史，我已经构思和准备了10年。

刘锦山：好，谢谢您。您刚才讲的是"把青春留给记忆"，我们"赤峰记忆"也是为未来保存现在，将来也要把这种精神传承下去。谢谢您接受我们的采访。

刘玉琴：谢谢。

张树德

宁城评剧山花香

采访时间：2018 年 4 月 27 日
初稿时间：2022 年 5 月 19 日
定稿时间：2023 年 5 月 30 日
采访地点：赤峰市图书馆"赤峰记忆"拍摄现场
版　　本：文字版

张树德速写

　　张树德　蒙古族，中共党员，1963 年 12 月出生于宁城县大明镇城里村，本科文化，一级演员，"宁城评剧"自治区级非物质文化遗产代表性传承人。1971 年 9 月至 1976 年 7 月，宁城县大明镇城里村读小学；1976 年 9 月至 1979 年 7 月，宁城县大明镇连中读中学。1979 年 9 月参加宁城县评剧团工作，任演员；1985 年合并到宁城县乌兰牧骑工作，任演员兼演出队队长；1989 年任宁城县乌兰牧骑副队长；1995 年任宁城县乌兰牧骑代理党支部书记兼副队长；1999 年任宁城县乌兰牧骑党支部书记兼副队长；2003 年任宁城县乌兰牧骑队长；2012 年任宁城县群众文化艺术馆馆长兼宁城县乌兰牧骑队长；2018 年任宁城县乌兰牧骑党支部书记、队长，宁城县文化馆馆长；2020 年任宁城县乌兰牧骑党支部书记、队长，兼任内蒙古戏剧家协会理事，赤峰市戏剧曲艺家协会副主席。

　　多年来，张树德创作、导演、演出的戏剧、曲艺、歌曲节目有 100 多个。主演的戏剧《红石山》于1994年参加全国汇演，荣获中国文化部"优秀青年演员奖"；主演的戏剧《亲人的哭喊》《红石山》《大宁魂》《杏花盛开的时候》《忠诚》分别荣获内蒙古自治区精神文明建设"五个一工程"奖、两次获内蒙古自治区文学艺术创作"萨日纳"奖；主演兼作曲的现代戏《杏花盛开的时候》《情在山乡》分别于2008年、2010年参加第六届、第七届中国评剧艺术节，获"优秀剧目奖""优秀演出奖"及个人"优秀表演奖"；创作、作曲的新编历史评剧《诺恩吉雅》于2012年参加第八届中国评剧艺术节，获"优秀剧目奖"；创作的小评剧《拆迁风波》于2016年在第十三届中国·内蒙古草原文化节进行展演，荣获"优秀小戏小品""优秀编剧奖""优秀作曲奖"和"优秀表演奖"；在以抗日英雄高桥为原型的抗日题材评剧《烽火宁城》中饰演高桥，此剧为2015年第十二届中国·内蒙古草原文化节巡演剧目，是文化部"纪念抗日战争暨世界反法西斯战争胜利70周年，全国70部抗战题材优秀剧目"，并于2016年在首届内蒙古自治区地方戏剧目展演中荣获"优秀剧目奖"，张树德获"表演奖"；创作的以反映党的十八大以来乡村人民观念、生活的新变化的小评剧《绿色家园》，于2017年入选第十四届中国·内蒙古草原文化节"优秀小戏小品"展演，荣获"优秀剧目奖""优秀导演奖""优秀表演奖"。

一、年少学艺尝艰辛，未曾学戏先做人

刘锦山：各位朋友，大家好！今天是2018年4月27日，这里是赤峰市图书馆"赤峰记忆"拍摄现场。今天我们请到的嘉宾是赤峰市宁城县乌兰牧骑队长张树德先生。张队长1979年就进入宁城县评剧团从事文艺工作，1985年宁城县评剧团合并到宁城县乌兰牧骑，算起来在剧团和乌兰牧骑工作已经有39年。非常欢迎您，张队长！

张树德：谢谢！

图1 张树德（左）接受"赤峰记忆"采访

刘锦山：首先请您给大家谈一下您的家庭情况和工作情况。

张树德：我出生在内蒙古宁城县一个农民家庭。父亲1946年参加中国人民解放军，参加过解放战争，负伤之后又回到地方，最初在我们县委机要室工作，1958年又回到农村，现在的村那时候叫大队，在大队任职，后来在文物部门护城，是20世纪70年代我们县的第一位文物保护人员；母亲在家务农。我就出生在这样的家庭。

我从小比较喜欢文艺。16岁的时候也就是1979年，我们县里恢复宁城县评剧团，在全县范围内招收演员，初二暑期的时候我就参加了宁城县评剧团的招生培训。培训了一周之后进行考核，考核结束以后就回家了。当时老师们就说回家等着吧，去通知你，就被录取了，不去通知你，就好好读书。

1979年的9月1日开学，因为没有接到通知，开学之后我就去读书了。20世纪70年代的时候周六上午还要上半天学，一周是一天半的放假时间，不像现在是两天时间。周六上午，家里的二姐去了我们学校，那个时候叫宁城县大明公社连中，现在是大明中学，说县里评剧团来人了，你被录取了。当时我是很兴奋

图 2　1976 年，张树德与家人合影 [后排左起张树德、二姐张秀荣、大姐张秀珍（怀中抱的是她的儿子齐晓冬）；前排左起三弟张宝珠、母亲白琪艳、四弟张树军]

的，那时候是孩子嘛，从小喜欢，突然被录取了，那个激动劲真是很难形容的。回头就跟班主任老师和校领导汇报了这个情况。校领导和班主任很好，说从咱们大明走出去一名到评剧团工作的。那时候感觉到评剧团工作是很光荣的，能够考上评剧团也是一件很不容易的事，因为宁城县是人口大县，有 60 多万人口，所以是从 60 多万人口里选几个演员。后来 1979 年的 9 月 9 日我就去报到了，从此就开始了我的艺术生涯。

　　刘锦山：您当时到宁城县评剧团报到，团里总共有多少演员，您去了以后学习和生活的情况是怎么样的？

张树德：当时我们一起去的我记得第一批是20人，后来陆续又补充了6名同志。我们这个年龄段的基本就是十五六到二十一二岁的，还有过去的老师们，老师们也有20多人，后来有几个落实政策的老师也相继回去，那个时候人员基本能达到40多人。老同志主要是传帮带，边教学生边演出，年轻的就以学习为主，兼演出。

当时我们去宁城县评剧团正赶上改革开放，过去粉碎"四人帮"之前传统戏曲不允许演。由于宁城这个地区是三省交界处，是多元文化交融的地方，面积不大，但是各民族都有，如有蒙古族、汉族、回族、朝鲜族等。北部这边以民族歌舞为主，蒙古族群众比较多；南部邻近河北和辽宁，汉族群众比较多。这就需要我们宁城县评剧团不能像牧区那样就搞蒙古族歌舞，我们还要搞一些汉族群众喜欢的节目，类似评剧，还有曲艺节目，像小品、相声、竹板、京东大鼓等各类的节目。这样一来对我们队员的要求就必须是"一专多能"，你不单单会唱歌跳舞，你还要会演戏剧，特别是评剧，宁城地区观众很喜欢。

我记忆当中，参加工作时间不长，老师们就说咱们恢复一出评剧。因为那个时候观众给县委、县政府写信，说粉碎"四人帮"了，也允许看戏了，评剧团应该排点戏。那时候我们到基层演出，我印象最深的是观众比较多，多则一两万人，少则也是几千人。因为人口密集，群众对文化的需求也特别强烈，尤其是对戏曲的需求。因为过去我没有接触过戏曲，不知道古装戏是怎么回事、唱戏是怎么回事，只不过在农村演过表演唱。儿时学习小靳庄[①]，每个村里都有演唱队，唱点段子；后来就是听大队的高音喇叭里天天在唱《刘巧儿》《花为媒》《秦香莲》《茶瓶计》这些段子，耳熟能详。等到我们自己要去演，那很难的，因为戏曲演员不像声乐演员、舞蹈演员，戏曲演员要求既要会舞蹈基本功，也要会声乐的基本功，还要有表演的基本功，这叫"三合一"的基本功。

---

① 小靳庄，即天津市宝坻县小靳庄，在"文化大革命"期间，这个小村庄因唱样板戏、搞赛诗会而闻名。粉碎"四人帮"后，小靳庄的所谓"经验"受到批判；改革开放后，小靳庄重新崛起。

图3 《花为媒》剧照

图4 《秦香莲》剧照

所以那个时候训练是很累的，印象最深的是早上基本 5 点多钟就起床了。当时在宁城县所在地天义镇有一个地方叫东小河，离我们评剧团将近 4 公里的路程，大家就跑着圆场到东小河练功，圆场是一种台步，就是戏曲里面的一项基本功。我们跑着去，到那去压腿、踢腿、喊嗓，在那儿把一整套训练完，东小河有一座桥，回头在桥上面再走着回来，之后洗漱，到伙房吃饭，吃完饭就开始训练、排练；中午休息；下午还是这样；晚餐之后还要继续训练、排练。那个时候虽然累点，但孩子们都有一股劲头，大家比着干。我们基本是一周到两周就有一次业务考核，你的形体进步没进步、你演唱进步没有、你表演进没进步……有一个表，一看就知道。可能是这次考核我在前位的，但是下次考核我到后面去了，大家始终在你追我赶的，当时真是很充实的。

刘锦山：张队长，您自己在哪方面比较有特长？

张树德：那个时候我 16 岁，嗓门很高，戏剧里面行当有生旦净末丑，让我学"丑"。第一出戏的时候让我演"丑"，就是古装评剧《秦香莲》里跟着陈世美后面有一个太监，也叫老公，我演的第一个角色是那个小太监。当时还出了很多笑话，特别是后一场陈世美到了开封府，被包拯扣下了，皇姑和国太分两次来。皇姑来的时候在后面应该有一个"报——皇姑驾到"，当时我很紧张，说成了"国太驾到"，但是自己不知道，台下观众笑了。下来之后，那时候业务团长马振东老师就说，你说的什么啊？我说"皇姑驾到"啊！他说不对，你说的是"国太驾到"，说错了。当时脑瓜子炸了，我们叫炸锅。你说几十人在这演出，几千人在台下看，你这不炸锅了吗？当时是无地自容的感觉。回头国太到的时候你说对了也好，一紧张又把"国太驾到"说成"皇姑驾到"了，错上加错。当时下来之后，同事们这么一说，领导们这么一说，真是惭愧，当时是孩子嘛，也哭了很长时间。这就是说你作为演员是不能紧张的，心态要好。

刘锦山：八九十年代您演出了哪些节目？

张树德：1979 年至 1981 年下半年的时候，有些老师说别让这个孩子演"丑"了，让他演正角色比较好。"丑"一般都是比较滑稽、奸诈的角色。

刘锦山：看您这形象也不搭。

张树德：老师说这孩子很文静老实，应该让他往小生行当发展。评剧主要的行当还是小生、小旦，像京剧的老生、小旦似的，评剧就是小生、小旦，发展小生吧。后来老师们就给排了一出小生戏，古装评剧《牧羊卷》中的朱春科，戏份不多，是正工小生，演完一看还可以；随后相继排演了古装戏《保龙山》中的曹珍；《闹严府》中的曾荣；连台本戏《狸猫换太子》中的陈琳，四本戏从年轻的陈琳演到老年；连台本戏《五女兴唐传》中的李怀玉；《娇女英烈传》中的桂中毕；还有古装戏《凤冠梦》中的沈少卿、《三看御妹》中的封加进等50多个小生角色。还演了现代戏《结婚前后》中的董雷、现代戏《三换新郎》等。我除了演戏之外，还要跳舞、唱歌、表演曲艺、主持节目等，因为乌兰牧骑队员必须一专多能。年轻的时候也喜欢通俗歌曲，类似《青苹果乐园》这些小虎队的歌曲都唱过。

刘锦山：乐器这方面呢？

张树德：乐器方面，年轻的时候练过吉他，另外就是评剧武场里面还能做一点，但是做得不是太深，就简单的。后来就是搞音乐创作，再就是写一些剧本这

图5　2004年，张树德（左一）与著名评剧表演艺术家花淑兰（右二）在第四届中国评剧艺术节上

类的。那时候主持节目要写串词，写串词的时候逐渐觉得能不能写写作品、写个歌词，或者写一些小戏小品……后来除了演出就以创作为主。

刘锦山：后来也写了不少东西吧？

张树德：写了几部作品。音乐作品，有近些年参加中国评剧艺术节的几部作品，像《杏花盛开的时候》的音乐、唱腔设计，就是和我们队年轻队员赵晓东合作完成的；还有《情在山乡》《诺恩吉雅》《老哈河水长又长》，这些是我的音乐作品。大的剧作，写脚本的就是《亲人的哭喊》，这是1989年写的，主要是宣传交通法规。当时为什么选择这么一个主题？就是因为80年代末快进入90年代的时候，机动车越来越多，在我们县就连着发生了几起交通事故。有时候我们下乡就看到几个人在路边，车翻在那里头，这样的场景有很多。一天晚上我们在城郊的五家村演出，演出结束的时候，我岳父往家返的时候出车祸人就没有了。后来我们交警队的队长和我们指导员找到我们，他们说现在咱们县里的交通事故越来越多，咱们能不能用一出戏做做宣传，后来就写了这个，是和我们当时管业务的团长于振东老师合作的第一部戏。

创作出来之后，演出效果也特别好。在很多地方的团体巡演，另外在宁城县境内进行了巡演。后来咱们市公安局又调到赤峰市来进行宣传演出，也为宣传交通法规起到了很大的作用。那次我们在三座店演出的时候，头一天就出了两起车祸，观众说，你们早来两天就更好了。后来我们去甸子镇马路市场演出，我们去之前，马路市场一到有集市的时候，路上就挤满了人，我们演完这出戏之后，观众都靠边走，这就是很好的效果。

刘锦山：您是1979年9月9日考入宁城县评剧团的，现在担任乌兰牧骑的队长，您再介绍一下您的成长经历吧。

张树德：真应该说感谢团队。一个从农村走出来的孩子，走到这个工作岗位，领导和老师们就像家人一样培养自己、要求自己。在乌兰牧骑的团队里面，我感觉不同于其他的行业，大家就像一家人一样，无论是你的学习，还是生活，还是你的进步，领导和老师就像对待自己的孩子一样。我记忆最深的就是参加工作之初，虽然喜欢这个，但是练功吃苦的时候就受不了了。刚才我们说的考核，有几次考核我是靠后的，自己也对自己没有信心。那个时候一个叫赵艳秋的老师就找我谈话了，她说：孩子，从农村出来找个工作很不容易，咱们这一行你要想着人前显贵，必须背后受罪。我都看你练功不用功，所以说你要想往前提，你就得好好压腿，然后山膀①怎么做……讲了很多。我感觉就是家里母亲才这样说，老师耐心地做了工作。这是我第一次感受到团队的温暖，这是一个例子。

后来团长、业务团长和其他老师经常看你存在什么问题了，或者是你思想有什么波动了，生活上有什么困难了，就找你谈心。最主要还是在这行里头，提到最多的就是做人，这里面有一句话"未曾学艺术，先学做人"，就和其他的艺术团说"未曾学戏，先学做人"是一样的。在这里做人起码要有担当精神、吃苦精神，你说我到这个单位享福来了，那肯定是不行的。特别是我们那个年代，大家都知道的，20世纪七八十年代也是很困难的，我参加工作的时候都是穿有补丁的衣服。老师们的言传身教，特别是他们那种敬业精神，对我影响很大。

举两个例子。有一个叫白艳华的女老师，那个时候她已经50多岁了。冬季演出的时候，女同志如果穿得厚一点肯定就不好看了，观众可能不会说什么，但是她自己感觉就是穿得不好看了。那时候根本没有像现在的保暖内衣，那时候叫秋衣、秋裤之类的，基本上三九天就是穿着那个演出。看到她下来之后马上披上大衣，有的时候脚都冻了，耳朵都冻了，也就那么坚持演出。这对自己来说就是一种无形的学习，特别是演完之后，观众给掌声，观众到后台说演得好啊，演的真是我们身边的人、身边的事。

我们有一个小戏叫《劝爱宝》。我们在基层演出就碰到这么一家，我们管服装的方秀春老师和孔凡珍老师住的那老乡家，儿媳妇不孝顺。她家后面是五间大瓦房，前面是一排低矮的、很脏的小门房，公公婆婆就住在小门房，后面大房子还闲着。《劝爱宝》说的是孩子如何孝顺老人，这都是一代传一代的，那里面有

---

① 山膀，戏曲舞蹈手势之一。山膀有单双之分。山膀动作为两臂向两侧拉开，小臂微圆，两手扣腕。虎口朝下，左手成拳，右手掌式为"双山膀"，一手臂向侧拉开为"单山膀"。（参见金浩编著《戏曲舞蹈知识手册》，南京师范大学出版社2013年版，第37页）

很多词,"老猫房上睡,一辈传一辈",什么"乌鸦反哺"啊、"羊羔跪乳"啊、"作为一种动物它都知道,何况做人呢"等,看完我们的《劝爱宝》之后,儿媳妇就把公公婆婆接到后面的大房子去住了,还悄悄和我们方老师、孔老师说:"昨天看完戏我一宿都没睡着,真是一辈传一辈,你看我还有儿子呢,在他小时候的记忆当中我不能那么做,不然他将来也那么对我啊。"你看这就起了潜移默化教育人的作用了。

另外在我成长的过程当中,我感觉老师们特别是在培养接班人上很用心。培养接班人不是说想着让你走一个捷径,而是看这个孩子是不是为了事业一心朴实地去做,认认真真地做。他想要培养你,肯定首先让你去吃苦,最艰苦的工作、最难的活让你去做,业务上你肯定要去挑大梁的,你业务上拿不起放不下,回头做这个工作就很难。现在《内蒙古自治区乌兰牧骑条例》对队长的要求就是这样,一是政治要过关,二是必须有专业知识,专业技能要过关。特别是我们基层的乌兰牧骑,人员有数,很多东西队长得带头去做,无形中就起到一个带头作

图6 1985年,宁城县评剧团全体演职人员合影留念(第三排右二为张树德)

图 7　张树德在工作

用，不用天天去喊去嚷，言传身教就可以了。

　　刘锦山：张队长，您是怎么进入乌兰牧骑的呢？

　　张树德：1985 年，宁城县评剧团合并到宁城县乌兰牧骑，我在那一年就进入了乌兰牧骑。

　　刘锦山：合并到乌兰牧骑后，您是先担任了副队长，还是副书记呢？

　　张树德：副队长。

　　刘锦山：是哪一年呢？

　　张树德：那是 1988 年的时候，选我当演出队队长，环节干部；1989 年任副队长；到了 1995 年，我们党支部书记下派到基层去，到村里担任职务，组织就让我代理党支部书记兼任副队长，从 1995 年一直到 2003 年；2003 年被任命为乌兰牧骑队长，直到现在。

　　刘锦山：书记还有另外一位？

　　张树德：有另外一位书记，我当队长之后就另派了一位书记。

二、一心为民三十载，与时俱进迎发展

刘锦山：张队长，宁城县乌兰牧骑是哪一年成立的？

张树德：宁城县乌兰牧骑成立于1966年7月。

刘锦山：以前叫评剧团？

张树德：对，1953—1966年叫宁城县评剧团，那时的评剧团也像乌兰牧骑一样，承担着宣传、演出、服务等功能，其中最好的例子就是推着小车去下乡。就是那种木制的小车，一人一个，走的时候演出道具、服装在车上面，两个人一组，或者是三人一组，推着走，到地方把小车往起一对就是一个舞台，也解决了基层搭建舞台难的问题，这个还作为全区的典型介绍过、推广过。1966年7月，宁城县委、县政府下文取消宁城县评剧团，成立宁城县乌兰牧骑。当时成立的时候，应该是从教育、学校等相关部门抽调了13人。

刘锦山：当时也要下乡演出吗，到牧区、农区？

张树德：我们是到农区。农区演出不像牧区，基层群众的需求是，你给我来演出，你不能演完一场就走。在我们那个地方演出叫唱戏，演大戏必须6天，一天3场，6天就是18场，你要演完18场才能走；小戏是3天，3天就是9场。所以说那个时候对我们年轻同志也是一个挑战，因为要在老乡家吃住，那个年代还不像现在基层的条件那么好。我印象最深的是去革命老区十二马架，那个时候去老乡家住还有臭虫，叮在身上浑身发痒，当时条件就是那样的。但是尽管是那样的，这帮孩子在舞台上演出还是认认真真的。基本是演出这6天住在老乡家，就跟到了自己家一样。我住那家姓赵，我印象很深，有的时候晚间演出结束了，10点多钟，赵大爷回去还给弄点吃的。走的时候很难舍，有很多人在那个年代结下了友谊，现在就像亲戚一样走动，特别是农产品下来的时候，带点到街里去看看我们；我们有时间或者放假了，或者在邻近的村里演出的时候也去看看他们，跟基层的群众结下了这样的友谊。

刘锦山：您刚才讲了队里有40多人，当时下乡去演出是都下去呢，还是分成几组？

图8 张树德（右）与爱人杨晓红演出传统评剧《五女拜寿》

张树德：像演戏的时候就基本全下去了，因为演戏要求队员比较多，不像演歌舞二三十人就能完成，但是演戏不行，起码乐队就占了十几个人；文场和武场，文场就有六七个人，这都是小团了，武场就是四个人，这就十几个人。演员要是演小戏，十几个人就可以了，要演大戏、人多的戏，就要二十几个，还要有管舞美的，管灯光、音响、道具的，这都是要独立的，还有管服装的、管盔帽的。那个时候我们就应该是很多人在兼职了，比如说我管灯光的，也上场演出，包括我去伴奏；演员这个戏下了一场，第二场没事去乐队伴奏，反正是交叉着，这四十几人就够了。一般要演大戏，像我们演的最大的戏叫《五女拜寿》，就要求台上要有二十六七个演员，再除去乐队就耍不开了，这就必须要求队员身兼多职，你不单单要在前台演出，还要去伴奏，还要在后台做一些服务工作。

刘锦山：当时乌兰牧骑队员的待遇情况是怎么样的，也是国家给发工资吧？

张树德：20世纪七八十年代我们刚参加工作时的待遇就是30块钱，我记得到基层演出一场是一毛钱的补贴。但是那个时候人们很少说我自己挣了多少钱、你给我多少补贴，没有这个概念，主要是关注我们学习什么样、我进步没进步，人们那时候就对待遇不怎么关心。那个年代也有转正不转正之说，是城镇户口还是农村户口的，大家也都没有说，因为也年轻，这些都很少去想。

刘锦山：乌兰牧骑队员确实多才多艺，赤峰市很多旗县区图书馆馆长都是从乌兰牧骑过来的，像宁城县的梁振川馆长、翁牛特旗包永泉馆长，很多。有时候一开会，包括图书馆界召开的一些会议、过年做的活动都很专业，文化局领导说你们图书馆还有这么多多才多艺的人才。后来我们知道，2000年的时候，当时有一个政策叫"以文补文"，把有些公益性文化单位推向市场。那个阶段乌兰牧骑发展可能也受到了一些影响，应该是在2001年以后这个阶段，这块情况您谈谈。

张树德：宁城县乌兰牧骑也有"以文补文"的阶段。那个阶段招商引资的项目也多，特别是一些矿山的开发。我们那个时候最困难的就是后续人才的培养方面，你刚说的梁馆长是1993年入队的。1993年我们就招了这么一批孩子，身份解决不了，工资待遇就上不来，但是孩子们都是很优秀的，特别是他们的天赋条件都特别好。乌兰牧骑就是这样，你想要发展，最关键要有人，有接班人。也有那么几年吧，我们"以文补文"的主要目的就是让这些孩子挣点钱，给他们发工资，让他们留在这个队伍里头。

我印象最深的是1994年、1995年，我们也到外地演出过，参加了文化部在天津举办的评剧新剧目交流演出，当时代表内蒙古自治区去的，演出的剧目是原创现代评剧《红石山》。演完之后很多团就相中咱们几个孩子，说这些孩子的条件特好，来我们团将来肯定能成为骨干力量。当时老师们也很着急，我们这个年龄段的也很着急，好在还是通过

图9 1994年，张树德（中）在宁城县乌兰牧骑排练参加文化部展演剧目现代评剧《红石山》

几年的坚守，和一些企业合作，给企业做宣传，他们给点补贴，基层演出收点费用，回头用这些补贴给孩子们发工资，把孩子们留到这里。

到了2004年，县委、县政府领导就意识到这个问题。2005年，我们当时8名同志，就是梁馆长那批人，在合乡并镇减员的情况下，以"自收自支"这种形式把他们的身份给解决了，财政给补贴，我们再去挣一点，再给补贴，给到和在职人员一样的工资。2005年、2006年，因为那时候还缺编，把这些孩子就全部纳入编制内。所以说现在我们宁城乌兰牧骑的中坚力量就是那批孩子，他们这个年龄正是三十七八岁、四十多岁这个阶段。另外我们也往外输送了很多人才。很多部门很多单位都想要我们，就是因为这帮人肯吃苦，能够想事、做事不怕苦，做个什么事克服多大困难都要把它完成，因为乌兰牧骑的精神就是这样。特别是到基层演出、创作等，到下面采风、演出条件都不好，走基层都是很艰苦的，但是我们克服困难这种精神在队员身上都传承着。

刘锦山： 党的十八大以后，国家对公共文化事业特别重视，尤其是2017年11月21日习近平总书记给苏尼特右旗乌兰牧骑队员回信，对乌兰牧骑60年来所取得的成绩、做出的贡献给予了高度评价，乌兰牧骑迎来了一个新的发展阶段。请您谈谈最近这几年宁城乌兰牧骑的发展情况，以及习近平总书记回信以后，县委、县政府，包括乌兰牧骑有哪些具体的措施或打算。

张树德： 党的十八大之后，特别是习近平总书记给苏尼特右旗乌兰牧骑队员回信，是我们文化建设进程中具有里程碑意义的一件大事。习近平总书记的回信不仅表达了党和国家对乌兰牧骑的肯定和关心，也为我们文艺工作者指明了方向。自治区、赤峰市和县里对乌兰牧骑事业发展也制定了相关政策措施，有力地推动乌兰牧骑在新时代呈现新气象、展现新作为、实现新发展。

艺术来源于生活，基层为我们艺术创作和文艺创新提供了大量生动素材和肥沃土壤。这几年我们也创作了几部戏，像反映治沙植树、改变生态环境的《杏花盛开的时候》，参加了第六届中国评剧艺术节的演出，获得了金奖；根据感动内蒙古的新闻人物、基层党组织的代表孙奎连，创作演出了现代评剧《情在山乡》，此剧也参加了第七届中国评剧艺术节演出，在基层演出反映也特别好；同时我们

图 10　2008 年 9 月，张树德领衔主演兼音乐、唱腔设计的现代评剧《杏花盛开的时候》参加第六届中国评剧艺术节（二级台阶上为张树德）

图 11　2010 年 9 月，张树德（前排右四）领衔主演兼音乐、唱腔设计的现代评剧《情在山乡》参加第七届中国评剧艺术节

根据当地民间故事，创作演出了歌舞评剧《诺恩吉雅》，此剧主要写清末的时候，各族人民共同发展地方经济，那种民族融合、共同生活的场景，此剧参加了第八届中国评剧艺术节的演出，很多院团都很欣赏。因为我们用评剧的形式去演民族故事，穿的都是蒙古族服装，但是我们表达的方式是评剧，里面又有蒙古族的安代舞、骑马舞等舞蹈元素，还有我们的马头琴，我们的长调、民族音乐，这就是对评剧的创新。"宁城评剧"也于2015年被内蒙古自治区列为非物质文化遗产代表性项目，自治区专家给我们的评价是：宁城乌兰牧骑能够把内蒙古的民族音乐、民族舞蹈等民族的元素融入评剧里面，用评剧演绎民族团结的故事。我们创作的很多现代作品，都是反映民族团结、共同生活、共同发展的故事，这是党的十八大之后创作方面的情况。

另外我们除了大戏，还有小戏、小品，以及一些歌舞、器乐、曲艺作品的创作，每年都有大大小小十几个。2015年，我们以抗日英雄高桥为原型创作演出了红色题材评剧《烽火宁城》。抗日英雄高桥的故事在赤峰大地家喻户晓，高桥

图12　张树德领衔主演的红色题材现代评剧《烽火宁城》剧照（中为张树德）

图 13　挖掘宁城各民族交流交往交融历史事实研讨会合影留念（前排左一为张树德）

是承平宁抗日根据地的主要开辟者之一，他带领的八路军晋察冀军区冀东军分区三区队是赤峰地区第一支我党领导的八路军部队，他率领的八路军三区队与敌交战 67 次，歼敌 800 多人。1944 年 3 月 29 日，高桥等 22 名指战员在宁城八素台双庙村的老西沟陷入程斌、刘其昌讨伐队 200 多人的包围，高桥率 7 名八路军战士掩护其他同志撤退时，英勇牺牲。通过此剧的演出，就是要反映中国人民的民族气节，揭示中华民族在面临民族危亡之时的觉醒，展示中国人在每一次侵略面前坚韧的民族凝聚力，让人们知道一个成熟发展的国家不能忘记历史，牢记侵略战争给中国人民乃至世界人民造成的深重灾难，表明中国人民反对侵略战争、捍卫人类尊严、维护世界和平的坚定立场。这部戏被文化部评为纪念抗日战争暨世界反法西斯战争胜利 70 周年，全国 70 部抗战题材优秀剧目。另外我们根据不同的时代背景进行创作，2016 年结合乡村治理建设，我们创作了《拆迁风波》，此剧参加了草原文化节的演出，全区一共选 8 个小戏小品，其中就有我们一个；2017 年，我们结合美丽乡村建设创作了《绿色家园》，此剧也参加了草原文化节演出。党的十八大之后，我们在创作上是紧跟时代发展的。

我们现在每年到基层演出都超过 120 场，最多的时候曾演过 380 多场。

刘锦山：一天演两场？

张树德：一天三场，就是演大戏那个年代。现在我们也在坚持，有的地方老百姓有需求，演几天也能够坚持。特别是习近平总书记给苏尼特右旗队员们的回信，对我们乌兰牧骑队员有很大的鼓舞。我们用特有的艺术表现形式，及时传递党的声音和关怀，为广大群众送去欢乐。从回信到现在，我们的惠民演出已经将近100场，春节的时候我们就休了4天。

另外，我们的职能也由最初的"宣传、演出、辅导、服务"拓展为"创作、演出、宣传、辅导、服务、传承、创新和对外文化交流"。这段时间我们队员们也是按照习近平总书记回信的要求，积极地搞创作，深入基层和人民群众融合到一起，在生活中捕捉素材，丰富我们的创作。

最近我们以"乌兰牧骑+"的方式组建基层服务小分队，每支服务小分队不少于3人，派下去9个组，30多人，一个乡镇是4个人一组，主要的任务有4项。第一就是要搞好宣传、服务工作，及时将党的方针、政策宣传到位，将党和政府的关怀送到基层。第二我们要服务于乡镇惠民演出。现在搞美丽乡村建设，设施农业搞得好一点，我们要重点根据这个编排些节目，去惠民演出；让他们给我们提供线索，我们到这个村子里去；我们到基层去惠民演出，对这个村发展经济也有好处，特别是偏僻山区，一说我们去演出了，村民说你看见没有，咱们干好了乌兰牧骑专程上咱们村里演出；我们也到基层征求一些意见，乌兰牧骑如何为基层服务好、为人民群众服务好，让他们给我们提点儿意见和建议。第三就是在当地扶持一个基层的演唱队，这也是按照自治区党委政府的要求，我们的职能之一。扶持一个团队，我们给它提供技术，创作节目，回头就帮它排练，让它丰富本地区的演出。第四是挖掘当地的一些传统文化，类似我们当地的"背阁抬阁""铢铢镲""皮影戏"等，挖掘出来之后我们形成创新节目。比如"背阁抬阁"，去年我们就把它挖掘一下，和现在的元素融合在一起，"背阁"就是上面背着小孩，"抬阁"就是抬着孩子，我们用一些它的曲调，加上唱，前面有唱的，后面有表演的，还把东北大秧歌的东西融合在一起，参加了市里的红山文化节演出，效果特别好；后来观众和领导一致要求，闭幕式的时候再演一场，作为闭幕

图 14　宁城县乌兰牧骑深入基层为民演出（演唱者为张树德）

式压轴节目，我们又演了一场。这就是对一些非遗的东西进行挖掘、创新，观众特别喜欢。

刘锦山：张队长，人才梯队很重要。现在乌兰牧骑有 40 多名队员，人员结构、年龄结构是什么样的？

张树德：现在我们年龄结构、梯队结构还比较合理，就是后续人才有点匮乏，各乌兰牧骑都存在这个问题。

刘锦山：就是年轻人少一点？

张树德：对，年轻人少一点。特别是我们南部和北部，农区乌兰牧骑和牧区乌兰牧骑不一样，它因为承担的业务项目比较多，有综艺歌舞、戏曲。特别是戏曲演员，现在看全国的形势都不太好。除了京剧、豫剧之外，评剧、河北梆子，还有其他一些剧种的后续人才都缺。我们县委、县政府也采取了相关措施，就是当地孩子有喜欢的就可以"以队带生"的形式把他招来，我们自己培养，培养好了之后参加我们队内的考试，优秀者就直接入队工作了。这样一来孩子们能留得住，要从外地找有的时候不稳定。北部旗县几个乌兰牧骑过去也这样做过，我们这些年就用这个办法解决人才的问题。

培养艺术人才是非常难的一个系统工程，至少需要三至五年时间。近期我们市文化局也在积极地着手成立一个专门培育乌兰牧骑后备人才的组织。过去赤峰有一所艺校，各乌兰牧骑的人才几乎都是艺校培养的，后来艺校合并到了赤峰学院。虽然艺校培养了很多人，但是孩子们都留不住，都去了外地。最近也想办法招纳本土人才，就是各地选送，送到市里专门培养，培养完了之后直接回乌兰牧骑工作。基本上老同志都妥善地安置到了其他部门，我们就把骨干力量留下来，回头进一批年轻的就由骨干力量带他们。

这些年，起码我经历的这三十几年，宁城乌兰牧骑始终是一步一步地没有断下来，特别在人才培养上，当地党委和政府都比较重视。刚才我介绍的发现问题都给予解决，比如身份问题、待遇问题，2017年政府就给我们一个特殊的政策。因为艺术表演团特别是乌兰牧骑进人，都要经过严格的考核，有笔试和面试。面试主要是专业测试，但是笔试对于搞艺术的孩子们，和学其他行业比，是一个弱项，笔试能够好的，搞专业可能就弱一点，有的就适应不了。过去其他团体也有过这种情况，招的研究生、本科生，可能他做其他工作做得很好很好，但是做一线的表演这类的，就做不好。后来县政府采取这种办法，就是不入编，同工同

图15 张树德（后排中）与青年评剧演员们合影

酬，和在职人员的待遇一样，只考专业就可以了，从学历上放开，中专或者是特殊的、技艺比较好的，高中也可以，这一下子我们招了12个人，对我们后续发展也补充了新鲜血液，人员问题解决了。今年县里又出台一个新政策，就是让我们自己选一些喜欢做这个的孩子，以"以队带生"的形式，招这么一批来培养，经过两年到三年的培养，他们也能够接续下去。这是人员这块儿。

经费这一块儿，我感觉我们县委、县政府在财政比较困难的情况下，对乌兰牧骑的发展还是高度重视，从经费上给予保证。无论是我们创作、演出，都给提供方便。现在我们的设施、设备可以说是服务于基层一点问题都没有。从2015年开始，特别是到了夏季之后，基本上是6月到9月这段时间，我们惠民演出是一方面，同时我们还要带着舞台车，带着演出设备到基层，把设备放在那儿，让基层的观众表演，每一个乡镇最少得组织一台节目。就是业余的和专业的同时活动，要不然全县60多万人口，一支乌兰牧骑天天演也演不过来，所以就让基层文艺团体活跃起来，丰富基层的文化生活。我们把"送文化"和"种文化"结合起来，不但要"送"好，还要"种"好。刚刚我说的我们分9个组，一个小组4个人，这4个人起码各个门类的人员都有，得有能辅导跳舞的，有辅导演戏的，有辅导声乐的，有辅导器乐的，这4个人就是这么搭配的，反正就是基层的小演唱队，多则有三四十人的，少的也有二十多人，基本上不同门类的演出形式都得辅导，让他们能够活跃起来。

刘锦山：早些年，20世纪五六十年代，乌兰牧骑下乡到牧区，赶着一辆牛车就算条件很不错了。现在有演出车吧，就是下乡也是自己的车？

张树德：流动舞台车。

刘锦山：流动舞台车，有几台？

张树德：两台。有一台近期就要去接，是去年年前的时候，自治区给配的，就等着接车了；另一台是2008年给的，太方便了。原来是我们自制的一个升降舞台。20世纪六七十年代的时候，生产队要演出的时候，听乌兰牧骑的老师们说，就提前用生产队的门板，或者是借一点什么东西，把舞台搭好了，咱们去演就可以；但是后来经历了分产到户之后，这些东西都没有了，基层想演出，搭个舞台都很难，所以那个时候我们就自己设计了升降舞台。到哪儿演出自己搭台，也是挺复杂、挺费劲的，十五六个小伙子得搭四五个小时，基本上就是以年轻人为主，两个老同志领着。2008年的时候，财政部和文化部给配了舞台车，文化厅拨给乌兰牧骑，解决了很大的困难，这个问题解决了。到那儿之后我们要演戏的话，我们要重新改装一下，因为就演民族歌舞的话半个小时就能装好；要是演戏的话，里头的装饰多，又有LED背景，还要搁两道幕、挂灯，这类就复杂了，就要两个多小时，不过也可以搞起来，很方便的。

另外，去年自治区政府又给全区各乌兰牧骑都配了一台大巴车，我们演员下乡坐车的问题就解决了，很方便。2009年县里给我们买了一台中客，26个座，要是演小歌舞就够用了，要是演戏人多一点就不够用，还得租辆小车，金杯之类的配着去。这大巴车一来，这个问题就解决了，很多道具往底下一放，人坐在上面。设备也先进了。党的十八大以后对文化方面投入也多了。

刘锦山：乌兰牧骑的运营费用，除了人员工资以外，运营费用都是政府财政来保障的？

张树德：运营的费用现在是自治区、市、县三级负担。自治区、赤峰市、旗县每年都给各乌兰牧骑惠民演出经费。赤峰市9支乌兰牧骑，还有直属乌兰牧骑这10支团队，到基层演出，活动经费基本上就解决了。

刘锦山：人员工资就是当地财政给？

张树德：对，当地财政给。像刚才说的，"以队带生"的孩子，就是我们从惠民演出经费或者是从创收经费里面节省出来的，就是自筹了，或者是办公经费，自筹出一点给孩子们发生活补助。因为是在学习阶段，他们是以学习为主，也不收他们学费，回头就是给他们解决生活费、生活用品。

刘锦山：现在乌兰牧骑演出全部是公益的吧？

张树德：全部是公益的。

刘锦山：没有像过去做一些创收，就"以文补文"的，现在都不许做营利性的演出？

张树德：对。

刘锦山：宁城乌兰牧骑从创立到现在得过一些什么比较大的奖和荣誉？

张树德：得过的荣誉有文化部和人事部的"全国文化先进集体"，自治区的"深入基层先进单位""全区一类乌兰牧骑"，市级的"先进乌兰牧骑"，被县委、县政府授予的"文化系统标兵"。我记得当时评"全国文化先进集体"主要还是看两个方面：一方面是能够紧跟时代，创作优秀作品，那个时候我们就创作了很多的作品；另一方面就是深入基层，我们那个年代正好是演出场次最多的时候，一年都300多场，基本上就是正月下乡到二月，端午节、中秋节很少在家里过，因为那个时候基层也是农闲时节。

三、不忘初心担使命，砥砺前行再出发

刘锦山：前几年国家、各地、各个行业、各个单位都在做自己的"十三五"规划，这过了两三年了。最后这个问题想问您宁城县乌兰牧骑未来这几年的发展规划，您这方面有哪些打算？

张树德：我们的发展规划有三点。第一点是就创作而言的，因为乌兰牧骑的重点还是要创作好的作品。习近平总书记回信提出努力创作"接地气、传得开、留得下"的好作品，我们就结合改革开放40年、新中国成立70周年，还有全面建成小康社会、建党这几个节点，把作品创作好。我们现在的规划是今年以我们基层的一个故事创作现代评剧《红石村》（暂定名）。因为宁城是农业大县，其中有一个故事就是在20世纪80年代的时候，故事的主人公从部队转业回到家乡种果树，坚持这么多年，当时从部队转业的时候，安排工作了，但是他没去。这个剧本近期创作完成，通过他的事迹体现了改革开放40年，农村一年一个变化。现在我们宁城的苹果可以说是很有名的，也改善了人民的生活，现在我们的设施农业和林果业起码占到我们全县农业收入的47%，这是很大的比例。

宁城还出现过抗日战争时期第一位牺牲在此的中国级别最高、身份最特殊的战地记者，叫陈子实，他也是很有名的。作为一个记者，他是留洋回来的，在那么艰苦的条件下，放弃了国外的生活，放弃了安逸的城市生活，来到抗日一

线,故事也是很感人的。宁城还有很多抗日时期的可歌可泣的故事。在我们山头乡(现五化镇)的马营子村,八路军多人被日军包围,不投降,集体跳崖;跳崖之后,老乡就把受伤人员弄到家里去,后来日军找老乡让把八路军交出来,老乡宁可自己被油锅炸、被铡刀铡也不交。另外,宁城还有承平宁地区第一个党支部——峰水山党支部,就在三座店镇。类似这些故事可以说都是很好的创作素材。没有这些先烈们抛头颅洒热血,就没有我们今天的生活,这也是我们的一个创作点。

另外一个创作点是党的十九大之后提出的乡村振兴战略,搞田园一体化。宁城是农业大县,这里素材很多,我们也准备以这个为素材创作多种形式的小节目。最近我们就有一个讲述搞乡村旅游故事的小评剧,近两年县委、县政府提倡搞乡村旅游,宁城也是全域旅游示范县。近两年在乡村旅游方面,基层乡镇搞了很多不同的节庆活动,比如说梨花节、杏花节、油菜花节。一个小村子,借助它的地理优势,种油菜花,成片的油菜花再装点装点,就吸引了很多游客。我说的这个就是我们大城子镇的一个故事,它去年就办了第一届油菜花旅游季启动仪式。过去就种土豆,或者是种玉米,或者是种其他的农作物,也没有什么收入;种油菜花,游客来的时候,全村人通过这十几天、二十几天做一点生意,现在赚的钱比过去种地的收入多得多,回头还可以卖油菜籽、榨油。这就是很好的例子,结合这些再创作一些小戏、小品、表演唱之类的综艺节目,通过这些文艺作品,让人们留恋家乡,记住乡愁,对自己的家园产生一种感情。要不然农村流失的人口太多了,越来越多的人都涌入城市,有的时候在城市还生存不了,其实通过自己的努力都能改变。现在国家政策这么好,项目也这么多,只要你动一动脑筋,按照国家提出的乡村振兴战略,有地理优势的就发挥地理优势,有传统文化优势的就发挥传统文化优势,有旅游资源的就利用旅游资源,就能发展好。在农村生存要有质量,可以说是身心健康,我们的乡村大有作为。

第二点是我们要扎根基层继续做好惠民演出。惠民演出这一块儿还是要把"送文化"与"种文化"结合起来,带动人们通过文化艺术活动推动当地的经济发展,推动经济发展就是提高我们的生活质量。

第三点就是结合乌兰牧骑的发展，做好后续人才培养。后续人才培养也是培养艺术人才的系统工程，培养一个人不是说今天来了，明天就可以上台，最少也得两三年的时间，这也是我们的一份责任。

刘锦山：张队长，祝愿宁城县乌兰牧骑在以后发展得越来越好！谢谢您。

张树德：谢谢给提供这么一个机会，欢迎到宁城做客！

王秀琴

时代画卷妙笔绘

采访时间：2018 年 4 月 27 日
初稿时间：2022 年 6 月 9 日
定稿时间：2023 年 6 月 26 日
采访地点：赤峰市图书馆"赤峰记忆"拍摄现场
版　　本：文字版

王秀琴速写

　　王秀琴　蒙古族，1964 年 6 月出生，中共党员，1978 年 7 月参加工作。大学文化。一级编剧，中国戏剧家协会会员，内蒙古自治区戏剧家协会副主席，自治区劳动模范，自治区突出贡献专家。曾任喀喇沁旗乌兰牧骑队长、喀喇沁旗文化广电体育局副局长。

　　累计创作文艺作品 100 多篇，其中 2002 年，小品《扶贫》获"中国曹禺戏剧文学奖"小品小戏剧目一等奖、优秀编剧奖；2002 年，新编历史剧《太后出朝》获第十二届"孔雀奖"中国少数民族题材戏剧剧本评奖银奖；2012—2013 年，话剧《小村总理》获第八届中国话剧"金狮奖"编剧奖、内蒙古自治区第十一届精神文明建设"五个一工程"优秀作品奖、第十届内蒙古自治区艺术"萨日纳"戏剧剧目奖；2014 年，话剧《好人就在身边》（第一部）获第十一届草原文化节优秀剧目奖、编剧奖、表演奖，第九届中国话剧"金狮奖"编剧奖。

刘锦山：各位朋友，大家好！今天是 2018 年 4 月 27 日，我们在赤峰市图书馆"赤峰记忆"拍摄现场。今天我们邀请到的嘉宾是原喀喇沁旗文化广电体育局副局长王秀琴女士，她以前也担任过喀喇沁旗乌兰牧骑的队长，在乌兰牧骑工作过好多年。王局长您好！

王秀琴：您好！

一、7 岁演出，14 岁加入乌兰牧骑

刘锦山：非常高兴您能接受我们的采访，首先请您谈谈您的工作经历和成长经历，以及怎么和乌兰牧骑结下缘的。

王秀琴：说起与乌兰牧骑的缘分，我觉得真是太深了，也可以说特别长，我14 岁参加工作就到乌兰牧骑。我出生在喀喇沁旗王爷府镇，从小就爱好文艺。

图 1　王秀琴（左）接受"赤峰记忆"采访

记得小的时候还没上学呢,那是 1971 年 6 月,我刚刚过完 7 岁生日,当时我们王爷府镇大庙学校的文艺宣传队到各个地方演出,就把我也带上,有的时候我走不动,他们就把我背到演出现场。经常是年纪大的学生背着我到演出现场,因为那个时候小,离台很远,我都是跑步上台,然后站在那开始演,演完了以后跑步下来,印象特别深。

上学之后我一直在学校的文艺宣传队。到七年级的时候,乌兰牧骑去选演员,老师一下子就想到我了,说这小孩一直爱好文艺,唱得还可以,就让她试试吧。这一试呢,乌兰牧骑就相中我了,我就来到乌兰牧骑参加了工作,一直到现在。在乌兰牧骑入队之后,开始基本功训练。那个时候我们乌兰牧骑演评剧,我就跟着乌兰牧骑的老队员学评剧,同时练习舞蹈、器乐、主持人,"一专多能",需要什么就做什么。

刘锦山:您考入乌兰牧骑的时候才 14 岁?

王秀琴:对,14 岁。

刘锦山:还很小。您前面讲 7 岁的时候就跟着演出队伍到处去演出,后来 14 岁考入乌兰牧骑,您演出天赋、文艺天赋是不是也挺好的?

王秀琴:我从小就非常喜欢演出、爱好文艺,14 岁到乌兰牧骑。那个时候还不能担任主角,就是跑龙套,我特别喜欢。每天演出的时候就在旁边看,我不知道为什么那个时候自己记忆力那么好,每部戏一个词都不带落的全部都能背下来,谁忘词了,保准是我给提词。当时我就在乐队拉大提琴,后来弹琵琶,再后来又学了古筝。有一次演杜十娘的演员家里突然有事,大伙儿就要我演,当时把我吓坏了,我说我没演过,我不会;他说你词都记下来了,

图 2 1978 年 7 月,14 岁的王秀琴到喀喇沁旗乌兰牧骑参加工作

你一定能演。救场如救火,为了救场,我就上去演了。虽然在台下什么都背下来了,可真正演起来难度太大了,我第一次感觉到一个演员在舞台上,如果你不是那么特别地能够驾驭舞台、掌控舞台,上台后给你造成的心理压力跟紧张情绪都是非常大的。当演到"怒沉百宝箱"那一段的时候真就演不下去了,而且我们乐队那些人跟身边观众说的话我听到了,有人问:"这个小姑娘是谁?这么漂亮。"当时我很年轻,打扮起来也很漂亮。我们乐队拉大弦的说:"她是中国戏曲学院毕业的。"我听后吓坏了,说我是中国戏曲学院毕业的,实际上我根本没演过此戏。我硬着头皮特别艰难地演下来了,演完之后我就赶紧跑到宿舍,哭了很久,就觉得演出过程当中给我造成的那种压力非常大,而且当时我根本就不知道怎么演,而是强往下演。

刘锦山:那一年您多大岁数?

王秀琴:那个时候好像也就十七八岁。我当时就想,一个演员到了一定水平才能真正去担当主演、驾驭舞台,你达不到这样的水平,一是对不起观众,二是自己压力也大。虽然老百姓最后还鼓掌,可我自己心里明白我是对不起老百姓

图3 1980年6月,王秀琴(前排中)下乡演出古装戏

的，那次表演的整个感觉就是为了演下来而演。那个时候新学员跟着老演员学习，"传帮带"也特别好，都是几个人带你，指定的老师教你，都是特别好。我们老导演也特别好，他叫曹朋，他给我们排了20多部戏，我们队戏剧的基础就是他打下来的；后来我们演话剧为什么一下就能进入表演状态，也是有演评剧的基础。

二、求知若渴，刻苦学习戏剧创作

刘锦山：王局长，您是怎么走上创作道路的？

王秀琴：我在学校的时候就特别喜欢写作文，我的作文也经常在学校被当成范文去读。我就想，总演学来的作品，感觉不是自己的，自己的作品被搬上舞台那种感觉是不一样的。1989年，我就开始学着写剧本了。记得我第一部作品写的是一个四幕评剧《小靳庄的富翁》，改革开放后有一部小说《巧哥儿》深受读者欢迎，我根据小说写了这个评剧《小靳庄的富翁》，投到市里的戏剧创编室，

图4　1991年6月，王秀琴（前排右四）参加赤峰市戏剧曲艺创作作品讨论会

他们觉得还不错，就赶紧把我叫到市里开了一个作品研讨会，那个时候我18岁。研讨会后，又进行修改提高。我们就要投入排练的时候，电影《巧哥儿》出来了，因为和电影冲突了，这个戏没有搬上舞台，夭折了。这是我的第一部作品。

后来就一发不可收拾了，我开始喜欢上了戏剧创作，一直坚持到现在。1994年，我被任命为乌兰牧骑的业务队长，我觉得我肩上的担子更重了。我在想，乌兰牧骑演古装评剧，只有那些年纪比较大的人喜欢观看，大部分中年人和年轻人对评剧的热爱在逐渐消退，怎么才能让更多的老百姓爱上评剧呢？我们的文艺演出、文艺创作还是应该贴近于生活，贴近于时代，贴近于人民，文艺作品还是应该写身边的人、身边的事，写现代的事儿。说实在的，我感觉我读书太少，初中没毕业就到乌兰牧骑工作，又喜欢写，这怎么办？我想学习，只有学习才能实现我的梦想，从那以后只要有学习机会，我就想办法去参加。这么多年我无数次参加了中短期的创作学习班，全国的、自治区的、市里的，只要有，我就去。

1998年的时候，上面正好来了一个函，中国艺术研究院要办一个为期近一

图5　1998年4月，王秀琴（二排中）参加中国艺术研究院戏剧创作编导班（前排左一为著名剧作家曲润海，前排左二为戏剧理论家张庚，前排右一为戏曲评论家郭汉城）

王秀琴：时代画卷妙笔绘　　105

年的戏剧创作编导班，我想我不能错过这个机会，就积极争取；后来旗里特别重视，就派我去了。通过学习我觉得受益匪浅，真是学了很多我需要的东西。在学习班看了全国各地的特别多的优秀剧目，特别是北京人艺，还有国家话剧院这些大院团的演出；同时这个班的学习特别贴近于基层的编剧，比如说我们观看了话剧《驿站桃花》，看完之后跟编创人员、著名编剧、导演田沁鑫和所有的主创团队面对面地沟通：此剧的起源是什么？为什么要创作这部话剧？创作理念是什么？如何面向市场去做这样一部作品？团队是怎样的结构？怎么样去实施这样的工程？我觉得面对面的沟通特别好。通过这一系列的学习，我坚定了走戏剧创作道路的信心。就在去年，我又参加了中国文联为期一个月的戏剧编导班学习。反正只要是有学习的机会，我就参加，从我去编导班年龄为最小，到现在有的时候我是这个班里年龄最大的。我就觉得活到老学到老，学习永无止境，特别是咱们基层更需要出去学习，去见更多的世面，看戏剧到底发展到什么程度，我觉得学习是我永无止境的追求。

　　通过这些年的学习，同时在学习过程中我将全国各地的优秀剧目录像都带回来了。后来我们乌兰牧骑就选了一部《一二三，齐步走》开始排；排完以后，在全市、全旗的各个学校巡回演出120多场，为后来发展话剧，打下了一个坚实的基础。

图6　1998年，王秀琴（右）在京参加中国艺术研究院戏剧创作编导班学习期间与姐姐王华合影

图7　1999年6月，王秀琴（前排左一）参加内蒙古东部区艺术创作笔会

图8　2000年7月，王秀琴（前排右二）参加全国少数民族戏剧创作讲习班

三、话剧《我的爸爸戴成钧》（2003 年）

刘锦山：王局长，喀喇沁旗乌兰牧骑排演的您创作的话剧《我的爸爸戴成钧》，当年在内蒙古自治区巡回演出，引起了很大的轰动。请您给大家介绍一下这部话剧创作、排演的经过。

王秀琴：2003 年，我被提任乌兰牧骑队长。那个时候我们乌兰牧骑确实有人员老化问题，年龄都在 30 多岁，因为体制的问题，新队员进不来，老队员出不去。我当队长之后就觉得责任重大，像这样一个队伍，演民族歌舞年龄偏大，又不能停滞不前不工作，就这么等着那是不行的；后来我想还是搞自己的剧目，走一条适合我们自身发展的路子。那一年我就写了话剧《我的爸爸戴成钧》。戴成钧同志生前是宁城汐子镇的一位副镇长，他在工作上特别肯干，拼死在工作岗位上，后来区党委把他列为基层干部的楷模。我采访完他的事迹之后，觉得太感人了，他写的日记就好几万字，日记当中有他画的一张图更是感人至深："一头是百姓，一头是国家，哪头都放不下。"采访之后，我觉得有这样的基层干部真是打动人心，值得弘扬。后来我就写了这部话剧，此剧在自治区巡回演出，也是接近百场。

戏排出来了，我是队长，肩负着责任和担当，我想怎么才能把这部剧推广出去呢？那时候演文件戏，就是几个单位联合下文，然后用文件去走市场、去演出。为了争取几家联合发文，我感觉我的胆子也很大。当时市委宣传部副部长赵向阳老师（他现在是文联领导，当时是市委宣传部的副部长）给了我一个信息，说自治区党委宣传部的阿古拉副部长要到赤峰来下基层调研，调研的地方就有喀喇沁旗，你们那部戏不是要推广演出吗？看看你能不能想想办法。我说怎么想办法呢？他说你能不能邀请阿古拉副部长去看这部戏？我在参加自治区创作班学习的时候，阿古拉副部长对我印象特别深，因为我无数次参加创作班，而且无数次代表赤峰市在自治区参加剧协理事、曲协理事会议，有的时候开完剧协会议以后，曲协就说你直接在那把曲协会议开了吧，我就一直在那开会，一开会大伙儿都说这个人一直在这，轮着开会，对我就熟悉了。于是我想为了团队我就大胆地给阿古拉副部长打电话吧。

第一个电话打给他的时候，他说："小王啊，我们的日程都是安排好了的，这是不能更改的。到克什克腾旗调研完了之后再到哪、我哪个时间段干什么，人家都是安排好的。"我一听也没法再说什么，就把电话放下了。后来我想这是唯一的希望，不行，我还得打，我又拿起了电话，我说："阿部长，我觉得您到喀喇沁有日程安排，这个日程当中走访很重要，如果说在走访之余能到我们乌兰牧骑看这部话剧，对我们单位的发展意义太大了，也特别重要。"他说："那我考虑考虑。"我听后特别激动，就放下了电话。又过了一会儿，我想，不行，没最后定下来，部长只是说考虑考虑，我还得打电话，我又打了一个电话，我说："阿部长，我们乌兰牧骑30多人都特别期盼，特别希望您过来看这部话剧，就是一个小时二十分钟，如果您能坐在我们排练室，把我们这部话剧看完，乌兰牧骑30多个人会特别特别感激您。"我说的时候也非常激动。后来他说："行，我

图9　2003年，内蒙古自治区党委宣传部副部长阿古拉在乌兰牧骑排练厅与话剧《我的爸爸戴成钧》演职人员交流

去。"就这样又把行程重新进行了调整。他定下来之后，跟我们旗里一说，我们旗里很震惊，没有这个日程，怎么会安排这个演出？我们宣传部长就给我打电话："小王，能不能行啊，你们剧什么样啊，你就把部长叫来看？"我说："你放心，这部戏要是不行的话，我绝对不敢让领导观看，你放心，我不会给咱们旗打脸，我绝对不会把领导请来了之后，咱们这部剧拿不出去，让你们丢脸。"当时我也是特别大胆。

后来真定了行程，他们走访之余晚上吃完饭，阿部长，还有市领导、旗五大班子领导都来了，可以说乌兰牧骑第一次见到那种场面，我们那个小院停满了车。演出就在我们排练厅，想不到演出之后，阿部长非常激动，演出过程中他就哭了几次。演出之后他激动地讲了话，他说："想不到你们一个小小的乌兰牧骑，排了这么好的一部大戏，太感人了！要不是你这个小家伙给我打了三次电话，今天就看不到这个戏了，你这三次电话打得好啊。"当时我也特别激动，我就想不管怎么样，为了我们的团队能迈出这步，就要想各种办法去争取。阿部长看完之后，回去就找了组织部跟文化厅三家单位联合下文，我们拿着文件在全自治区12个盟市演出，自治区各个高校都看了，内蒙古师范大学、内蒙古大学全都看了，在大学演出能轰动，我们也是没有想到的。那个时候演出戏剧很少有人给献花，一般都是歌星去了才献花，我们的主要演员现在是我们的老队长朱建华，他演戴成钧，演完之后有人过来给他献花、请他签字，场面非常感人，他说他第一次感到当演员的幸福。

记得我们走到内蒙古武警呼和浩特指挥学院，当时我去联系场次。那个时候都是演员在后面走，我拿着文件在前面联系场次。找到武警学院的教导处主任，他说我们学校不接待这个，你们就算了吧；我当时不放弃，就介绍我们在几所学校已经演过了，已经引起了怎样的轰动……他听后说，那就来演吧。态度也不是太好，我想，你让我们来演，我就会打动你。后来演出的时候，正好下雨了，因为是在学校操场演出，一开始雨不太大，后来越来越大，演的时候我就想，如果下大了，学生要撤了我们也就不能演了，学生不撤我们就要演；没有想到学生就是不撤，就是打着伞也坚守着在那看。后来我们都录像了，那雨水含着泪水观看演出的场面真是感人，学生一直坚持着，看到最后都站起来鼓掌。演出过程中一直下雨，台上台下那种氛围，后来我看了几次录像，我还是特别感动。演出完的时候，教导处主任特别感动，抓着我的手说，这部戏太感人了。态度是一个特别大的转变。

我们到赤峰制药厂去演出，我去找药厂的赵健民厂长，和他说有这么一场演出。他当时就说特别好，你就来演吧。那时候演一场有3000元报酬我就觉得不错了。演出时全体工人都去看了，看完之后，可能是他听到了工人的反馈，结账的时候，他就说："小王，你太保守了，3000块钱，你这戏值6000元。"当时就给了6000块钱。我想，这部戏的价值是演出以后观众对它的认可，这远不是用金钱能衡量的。这样的事一般都是往下压价，演完赵总却说你这3000元要得太少了。

其实这样的事还有几次。上鄂尔多斯演出时，当时没有场次了，我找鄂尔多斯的一位主管书记，他刚从赤峰回来。当时我说要4500元，两场9000元；演出之后他说，你太保守了小王，你要这么点钱。后来他说为了给你们补贴一些，你们就再组织一个小联欢，我再给你们加费用。

2004年，《我的爸爸戴成钧》在自治区巡演增强了我的自信心，这部戏始排于2003年，那时我刚刚被任命为队长，这个戏排了20天。"学习戴成钧""学演戴成钧""以戴成钧精神排演戴成钧"，我们墙上全部都是这些口号，激励着大伙儿排练，那种感觉我现在想起来也特别激动。之后的演出走了12个盟市，虽然那时候走市场有几千块钱报酬，也只能是补贴型的，而且有的时候走着走着就没有钱了，非常艰难。特别是我们这支队伍刚到呼市的时候，我在那儿联系好了几场演出，第一场是到自治区政府礼堂汇报演出，场租费就是几千块钱，我们大部队到的那天，我就问会计还有多少钱，他说王队，咱们没钱了，场租费根本就给不上；我脑子呼地一下，怎么没钱了？其实那个时候我根本没有什么管理才能，没把事理得特别好，我就是有一股闯劲儿，一心想着的就是把这支队伍带好。

那个时候我的年龄也不是太大，到呼和浩特之后二三十人一分钱没有了，可把我急坏了，这怎么办？还不能跟队员说，说了队员们不就慌了嘛。我拿过电话

图10　2003年9月，话剧《我的爸爸戴成钧》在内蒙古自治区政府礼堂汇报演出

图11　2003年9月，话剧《我的爸爸戴成钧》在内蒙古自治区政府礼堂汇报演出后自治区领导与演职人员合影

本就翻，翻到一个在呼市的老乡。我们打前站的时候，就见过这个老乡，他说小王你们要有什么事、有什么难处，关键时候可以找我。我忽然想到他这句话，就给他打电话，我说我们确实遇到难处了，我们到这儿之后资金不够了；不过我们已经联系出去场次了，只要开始演出，钱就回来了。他说你赶紧过来，银行快下班了，要是过了下班的时间，就取不出钱了；我就赶紧到他那去，他说你需要多少钱，我说一万块钱就周转过来了；他说那你打个条，我让会计给你拿钱去；我就打条，打到半道，他又说赞助你了，打什么条啊，就把条撕了，赞助了我们一万块钱。后来我们资金周转开了就继续往前走，两次巡回演出，夏天巡回一次，冬天又巡回一次。

巡演遇到的事特别多，各种困难。因为我一个人，那个时候又年轻，带着这么30多个人去各个盟市、各个地方演出，随时会遇到很多困难。在乌盟撞断了电缆，人家不让走了，我就到处找关系，想办法，反正就是经常遇到你想不到的困难，但我们终于走下来了。我们那次走下来虽然没有挣到什么钱，不过锻炼了队伍，激励了队伍的团队精神。到现在为止，在自治区的众多乌兰牧骑队伍中，我敢说我们这支乌兰牧骑的团队精神是叫得响的，有事一来，一下子就拧成一股绳，来之能战，战之必胜，绝对是非常过硬的一支团队。而且是军事化管理，我们说八点钟到齐，就不能八点零一分到，我们统一服装，统一上车，统一走。从那会儿就奠定了这么一种团队精神。

四、贴近群众，话剧创作硕果累累

刘锦山：王局长，请您谈谈话剧《我的爸爸戴成钧》之后的创作情况。

王秀琴：我在乌兰牧骑当了3年队长，2006年我离开了乌兰牧骑，到文体局工作。创作这一块儿，我也没再想，就是主管乌兰牧骑；后来我们的局长又开始找上我，他看了我们演戴成钧的录像，说既然有这个基础，为什么不搞话剧呢？我说我都好几年不写了，有点缺乏自信。他说你看《我的爸爸戴成钧》演得那么火，你还得写，你不能放下。从那开始我又拿起了笔。2012年，我创作了话剧《小村总理》，写的是我们十家满族乡三道营子村的基层党组织的故事，这个基层党组织是全国"创先争优"工作的先进典型。这部戏写完之后，参加了自治区第九届草原文化节，可以说是一炮打响。那个时候自治区没有几部剧，后来第九届草原文化节所有的评论都是以《小村总理》为主导，《小村总理》怎么样贴近现实，等等。从那以后，自治区剧目逐渐增多，现在每年有好几十部戏在竞争草原文化节。一般演出的时候领导只是观看，看完以后也不上台接见、也不讲话，那年乌兰部长看完《小村总理》演出之后，没想到她走到舞台上，主动接见我们演员，而且做了很长的讲话。

我们那部戏巡回演出了两次，第一次是代表自治区党委宣传部，第二次又代表自治区党委组织部，而且是自治组织部的领导带队到各个地方去巡回演出。同时2012—2013年，《小村总理》获得了第八届中国话剧金狮奖剧目奖、编剧奖、表演奖3项大奖，评选为内蒙古自治区第十一届精神文明建设"五个一工程"优秀作品奖、第十届内蒙古自治区文学艺术"萨日纳"奖。这个剧目是获奖最多的剧目。

后来我又创作了话剧《良心》（2015年）、《母亲》（2015年），《母亲》是大型反腐话剧，还创作了《好人就在身边》（2014年）第一部和第二部。从2012年到现在为止，我们5年创作了5部话剧，接近一年一部。现在正在写一部扶贫话剧《不能倒下》（2018年），写了一半了，争取5月中旬初稿完成，6月投入排练，7月搬上舞台，这是今年的创作计划。

开始写《小村总理》的时候，就想我是编剧，我来写剧本，可导演找谁？后来我和文广局高希川局长一起上网查了查，查到了辽宁人民艺术剧院（简称辽艺）的宋国锋院长。宋院长曾担任赤峰市乌兰牧骑的队长，后来调到辽艺，又在辽艺担任院长，2012年我们联系他时正赶上辽艺改革。我们给他打电话，他说把本子拿来我看看，先看本子；看了本子之后他感觉基础不错，他来了之后就说了一句话，第一个是家乡情缘，最重要的是乌兰牧骑情缘，为什么？他很小就在乌兰牧骑工作，而且在乌兰牧骑干了很多年，他说这个戏我一定要排。《小村总理》是他给赤峰排的第一部戏。排了《小村总理》之后，我们市文化局包括周边

图12　2012年6月,话剧《小村总理》在内蒙古自治区人民会堂参加自治区第九届中国·内蒙古草原文化节优秀剧目展演剧照

图13　2013年7月,话剧《小村总理》荣获内蒙古自治区第十届文学艺术创作"萨日纳"奖,王秀琴(前排中间)在内蒙古自治区人民会堂领奖

王秀琴:时代画卷妙笔绘　　115

乌兰牧骑一看喀喇沁排了一部《小村总理》，那么好、那么感人，请的是宋院长；后来赤峰市民族歌舞剧院也成立了一个话剧队，排演了话剧《热土》。这几年一部大戏接着一部大戏，都是草原文化节开幕式演出的大戏。

宋国锋老师特别好，他是中国话剧协会的副主席，国家有突出贡献的话剧艺术家，而且是中国戏剧梅花奖"三度梅"获得者，可以说是德艺双馨。他不单是排戏，还为我们团队实实在在地树立了榜样。我是特别受益的，作为一个编剧从他身上学了很多，而我们这些演员以前就是演评剧，演一些小节目，也就是从不会演话剧，一步一步走到现在。现在我们能演话剧了，当然有些时候我们说话还不那么规范，我们为自己的话剧起名为"乡土话剧"。到现在为止，宋院长给我们排了《小村总理》《良心》《母亲》，以及《好人就在身边》（第一部）、《好人就在身边》（第二部），5部话剧。今年这一部话剧我又恳请老爷子说："这部话剧还想请您给我们排。"现在他特别忙，正在杭州排戏，因为全国各地院团都了解他，他以前是著名的演员，他曾主演话剧《父亲》，在辽艺的时候他主创的几部话剧都是全国十大精品剧目。他把赤峰地区的话剧也给带起来了，为赤峰市的文化

图14 2011年5月，王秀琴（左三）与宋国锋导演（左四）及乌兰牧骑演员全体到三道营子村体验生活

图15 2012年5月，王秀琴（右三）与导演宋国锋（右二）及乌兰牧骑演员采访喀旗王爷府镇黑山沟村党支部书记王爱忠（左一）

事业做出了特别大的贡献。这是我们的导演。

我们的作曲是老乌兰牧骑的队长呼格吉夫。我入队的时候他是我的队长，后来这位老爷子调到市歌舞团当团长，又调到艺校当校长，现在是一级作曲，国务院政府特殊津贴享受者，自治区杰出作曲家，

图16 话剧《良心》剧照

他的儿歌在全国都特别出名，文化部曾授予他"全国儿童文化工作先进工作者"称号。我们的每部话剧作曲都是呼格吉夫老师，他也有乌兰牧骑情缘。其实后来

王秀琴：时代画卷妙笔绘

图17　2014年4月，王秀琴（左二）与话剧表演艺术家宋国锋（左一）、作曲家呼格吉夫（右一）在乌兰牧骑排练厅排练话剧《母亲》

我总结，我们都是基于对乌兰牧骑的情感去共同做这些事。我们这个创作团队，我是编剧、我们的导演宋国锋老师、作曲呼格吉夫老师，都是老乌兰牧骑的，这两位老人实实在在对我来说，是我的两位恩师。每隔一段时间呼格吉夫老师就会打来电话问："你干什么呢，秀琴，我这一段时间怎么看不见你的信息，你写了吗？"我说我写着呢。他一直督促着我不能停笔，得写，得往前走。宋国锋老师也总是对我说："我说你能行，你就写吧。"总是在鼓励着我往前走。

这就是我们的创作团队，特别固定，就这几个人，这几部戏都是这样创作出来的。我们乌兰牧骑有很多人都是多少年写东西没有地方去演，谁给演呢？就苦于没有演员。可是我们现在的乌兰牧骑队员就等着我的作品，今年一直在等着我这部戏，等待着你写出来大伙儿好演。而且我刚才说我们这个团队真是特别好，我特别感激他们，乌兰牧骑这面旗帜是树得起来的，这种吃苦、拼搏精神，在艰苦条件下的那种作战精神，很多团队是达不到的。

话剧《母亲》在咱们市里巡回演出的时候，第一轮12个旗县演出，定在冬天，那个时候我担心下雪了怎么办？而且时间特别短，15天这几个旗县区都要演完。15天是什么概念？几乎是一天一个地方，而且每个地方之间的路途还挺远。按照路线，我们第一站就上阿鲁科尔沁旗。我们每天早上6点钟出发，可以说天还不亮戴着星星就走了；我们到了地方之后接近于中午，中午吃完饭，马上装台，晚上演出。我们就28个人，装台的这些人就是演出的人，没有装卸工，没有其他人；平时看他们打扮得挺漂亮，干起活来的时候是男男女女一起抬箱子、搬道具、组装布景，谁该干什么他们都知道；装完之后，晚上演出，还是这帮人化上妆精精神神开始演出，演完之后已经10点钟了，又开始卸台，灯光、道具也得一两个小时卸完；接近十一二点钟卸完之后，就剩几个小时睡觉时间，第二天一大早又出发奔向下一个点。

就这样一个点儿一个点儿去演出。后来走到林西的时候真是怕什么来什么，下起了大雪。已经通知人家了，不去不行，而且话剧《母亲》在各个地区巡回演出都由纪检委组织副科级以上领导观看，都特别认真，每一场演出都特别安静，这部戏特别感人，特别抓人心。观众人家都通知了，你不能因为下雪就不去了，就是顶着雪也得走；于是，我们冒着大雪开着大轿子车走，我带队，我的责任重大，我一直紧张地盯着路面，眼睛都不敢眨。当时真是恐惧啊，我心里面一直在说千万不要有事，我就这么一直叨念着。当然我们福大命大这么多年没出过事，真是幸运，我们安全到达，非常顺利地进行了演出。

图18　话剧《母亲》剧照

图19 2015年6月，话剧《母亲》在内蒙古自治区各盟市巡回演出时观众云集

后来话剧《母亲》又在自治区巡回演出了20场，自治区下文件，我们又参加草原文化节巡回演出。这次巡回演出都是晚上，而且都是在广场，巡回到乌海的时候晚上舞台灯光一亮，那蚊子哗一下全迎着灯光扑到舞台上来了，蚊子还特别大，演出时我们演员一张嘴，蚊子就飞到嘴里去了，正说着话，又不能往外吐。我当时焦虑得在台下根本就站不住，一直来回走；老百姓看到这种情况，跑到家里拿蒿子点着熏蚊子，几个角上都有老百姓举着蒿子站在那儿一边看戏一边熏蚊子。老百姓特别感动，这样的条件，人家还那么认真地给我们演出。台上被熏得乌烟瘴气的，那也演，我们演员下来之后有的脸上也粘着蚊子，我问吃蚊子了吗？他们说不知道吃几个了，都吃进肚子里去了。后来拍出来的照片，舞台上全是白点子，那白点子就是蚊子。

我们这个团队不管到什么地方，什么大风、大雪、暴雨，只要有观众看，我们就演，目的就是服务于老百姓。我们这个团队不管多累多苦，队员们坐在车上都是歌声笑声不断，只要在一起，苦累也减轻了，大伙儿就觉得很开心、很快乐，所以这个团队特别有吸引力，我跟他们在一起这么多年。其实后来我都不主管了，2016年我都把副局长辞了，我说我不该带队了，派一个人带队吧。那个时候我觉得我再带队有点不合适，我想，自己不是副局长了，再带队到各地，是不是不好？可我们局里说，就得你带队，你已经和他们磨合这么多年了，你带队最合适。后来我想，领导信任我，我就义不容辞了，2016年就又一次带着他们去巡演话剧《母亲》。这么多年我7次带队在自治区巡回演出，下基层演出那就无数了。所以说我们能做到现在这种程度，是因为我们有一个比较固定的创作团队，再一个就是我们有乌兰牧骑特别过硬的一支演出队伍。虽然年龄偏大了，可那种战斗精神、那种吃苦耐劳的精神，还有那种牺牲精神、奉献精神是一般人没有的；我们有的演员是临时工，还没有转正，工资挣得很少，正是这种对艺术的执着追求、这种热爱让他们不放弃，不管怎么苦、怎么累，他们还是执着地往前走。现在只要是站在舞台上，只要演出，看他们的眼睛都是亮的，感觉他们太可爱了，我就特别喜欢他们。

我们现在的荣誉也挺多。我们有两部话剧获得中国话剧"金狮奖"的剧目奖、编剧奖和表演奖；我有两个小品获了"曹禺奖"，两部话剧获得自治区"五个一工程"奖，两部话剧获得自治区文学艺术创作"萨日纳"奖；我们乌兰牧骑团队获得了自治区"三下乡"集体奖，并且是中国话剧协会唯一一个基层的会员单位。我也是中国话剧协会的常务理事，中国话剧协会常务理事也就30多个，而且是国家院团、各省市院团才有资格当选常务理事。在中国话剧协会年会的交流会上，蔺永钧会长经常把我叫起来说："小王，讲一讲你们的经验，讲你们《好人就在身边》那个项目是怎么去演出，怎么去贴近生活，怎么去做的。"还经常在会上提名让我发言，大家听后对我们基层乌兰牧骑还是非常认可的。2016年，我被评为自治区剧协副主席，2017年又被评为自治区突出贡献专家。面对荣誉，我觉得我还没有做得那么好，更多的是大家的共同努力，我还得努力再好好干，好好为大家服务，多写几部戏，不愧于这些荣誉。

虽然做出了点成绩，但这都是组织给我的呵护和爱。我只要想学习，单位领导都是极力推荐我去学，要不是他们有什么机会都要让我去学，也就没有我现在这么坚定不移一直坚持创作的决心。当然，我也是特别热爱我的事业。我曾和宋国锋老师说，每个人都有寻求自己生活的快乐点，有的是打球，有的是写作，而我生活最快乐的时光就是在排练厅，在排练厅排练的过程中，看着音乐、灯光、一句句台词怎么样呈现，怎么样立在舞台上，再怎么样呈现给观众……一次又一次感受这样的过程就感觉特别快乐、特别美好，我喜欢这种感觉。所以这种感觉一直延续到现在，可能这是我一辈子的追求，放弃不了了，这也是我的价值观、人生观的具体体现。

五、扎根沃土，与时俱进

刘锦山：十多年以前演出话剧可能要略微收一点费，现在下去演话剧还要收一些费用吗？

王秀琴：我们就是 2004 年还要收一点费。现在国家每年给我们乌兰牧骑 20 万元的演出费，我们现在就是惠民演出，下基层演出一分钱不要。这个村组也想让我们去演，那个村组也想演，我们演小歌舞的同时就穿插着演我们身边的人、身边的事。《好人就在身边》写了 9 个人物，9 个人物可以随便选出一个人物穿插到演出当中，而且 9 个人物当中有一个就是我们旗小牛群镇的王桂芬，她"孝老爱亲"做得特别好，丈夫和婆婆都瘫痪了，我采访她的时候就特别感动。到她村子演出之后，我们又专门把王桂芬请到台上，老百姓特别感动，大家都熟悉她，王桂芬也感动得在台上哭着说："我做了我应该做的，我还要好好做下去。"写身边的人，演给身边人看，又激励身边人向好人去学习，我觉得我们文艺团队

图 20　微型系列话剧《好人就在身边》剧照

还是应该踏踏实实永远走这样一条路子。

　　我写的这9个人物当中，还有一个松山区大夫营子乡庆昌德村村民田祥，他捡了17年破烂儿，还了17万块钱。一个普通老百姓从60多岁到80多岁，一直捡破烂儿，其实他欠钱的一些人家都忘了，他说别人忘，我不能忘，他一笔一笔记到笔记本上；17年以后，他穿得破破烂烂，带着他捡破烂挣的20来万元回到村里，挨家送去，把大伙儿感动得热泪盈眶。我采访老爷子的时候，他对我说了一句话："钱还不上，我是一个踏实觉也没睡过；钱还了之后，终于能睡一个囫囵觉了。"我后来写这部戏的时候也特别感动他做人的诚信。

图21　2014年12月，微型系列话剧《好人就在身边》荣获第九届中国话剧"金狮奖"编剧奖，图为王秀琴（右一）领奖

　　他是怎么欠了那么多钱呢？时间追溯到1981年，国家正值改革开放初期，允许并鼓励一部分人先富起来，热衷做生意的田祥动了心思。他想，共产党为了老百姓着想，允许咱找门路发家致富，这可是千载难逢的好机会。田祥从村委会闲置的几间空房子看到了商机，找到村委会承包下来。在荒僻的小山沟里，庆昌德村第一家私人商店——"利民"商店开业了，那一年，田祥48岁。商店的生意是越来越红火，天天都有进项，他浑身也有使不完的劲儿！想赚更多的钱；于是，脑子活泛的田祥又办起了米面加工厂。第三年，田祥发现乡亲们天天在地里忙活，经常来商店买挂面，田祥购进两台挂面机，雇了四五个工人，大张旗鼓地办起了挂面厂。

　　摊子铺的大了，钱根本不够用，怎么办？他开始向乡亲们借贷，还钱时还付2分的利息。按期还本付息的田祥赢得了大家的信任，从此，十里八乡的乡亲们有了闲钱，纷纷主动上门借钱给他，为的是多赚几个利息。田祥一高兴又办起了淀粉厂、养猪场，买了一辆双排座农用车跑运输，还雇了不少人，摊子越铺越大，买卖做得风生水起，风风光光的田祥成了远近闻名的大能人。田祥一干就是十年。1991年11月，突然有一天，有一村民再次送来了500元，可是不到20分钟，又返了回来，嚷嚷着说他的企业马上就要"黄"了，连同以前借给的500元钱连本带息一起往回要。田祥资不抵债的消息，在乡里瞬间传开了。田祥一拢账才知道，盲目的近乎疯狂的投资，10年间一共借了130多户人家的钱，除去固定资产能抵几万元，中间竟差着17万多元的"窟窿"。一时间，田祥的家里、商店里挤满了讨债的人。

后来把他们家包括厂子所有东西都给抢了，还告他非法集资蹲了半年监狱，后被无罪释放，但债务必须逐年偿还。孩子们说该抢的抢了，该拿的拿了，这个账根本就不用还了，他自己觉得不行，良心过不去。这个老爷子可贵就在这儿，他把所有人借给他的钱在一个田字格本上记得清清楚楚，并把记账的本天天放在身上。当时家里就因为欠账四分五裂，但是不管怎么样，他都坚持要还钱。1993年，他决定到沈阳去捡破烂儿，捡了整整17年，中间没回过一次家！

后来我把他的故事写了一个小品，参加了草原文化节。演出之后，全场观众激动地站起来鼓掌，我没想到会那么震撼。当时小品才15分钟，就是孙子跟老爷子起了冲突，吵吵着说："你捡破烂儿，一辈子也还不上那17万元，我不再跟你捡破烂儿丢人现眼了，我走！"老爷子说："我就是死，也要把债还上。"17年后，大雪纷飞，在大雪中田祥回到村里给老百姓还钱。后来自治区党委宣传部的包银山处长，现在是区文联的副主席，当时他是文艺处的处长，观看演出后站起来鼓掌。他说小王，这部戏不能局限在一个小品上，你要弄一部话剧，大话剧。后来此戏被评为自治区的重点工程项目，投了40万元，创作成了一部大戏，第二年又参加草原文化节，在草原文化节巡回演出。

我们这几部戏，每一部戏都参加了草原文化节，不是展演就是巡演，这也是好多乌兰牧骑很难达到的。我们坚定不移，几乎是每部戏不仅参加大戏演出，也参加小戏、小品演出。我们小品有好多，《好人就在身边》就是9个，随时拿出来一个成品就去参演，只要有机会能够锻炼团队，能去演出，就去演。文艺团队就是要演出，只有演出才能生存、才能发展；也只有通过演出才能感受观众需要什么、我们接下来要怎样做。这就是要扎根脚下这片沃土，为老百姓写戏，为老百姓服务。

我参加了几次全国的会议，有的人就说话剧是高雅的，他们对到乡间演出不理解。我就想，老百姓就不能看话剧了吗？我们是最基层的乌兰牧骑，无论在哪一个会议上，我都说我们的话剧就是要到乡间去演，我们能登大雅之堂，我们到草原文化节能演，我们到国家大剧院，要给我们机会的话我们一定能完成得很好，我们的《母亲》一样能搬上那样的舞台。而这些贴近于实际，贴近于生活的话剧，我就是到田间地头去演，让老百姓去看，那怎么就不行呢？一样的，老百姓也特别喜欢，因为就演身边的事，身边的人，而且很多的人都是他们村子的。我们写黑山沟的党支部书记王爱忠，那就用他的名，而老百姓的名也没改，大家一看就哈哈大笑，"那是我""那个演的是我"，也特别有意思。他们觉得挺好，演出了一种积极向上的正能量，他们看完之后都有感悟，都感动了。我们的作品能感动观众，就是充分发挥了我们基层乌兰牧骑的作用，为老百姓服务，为身边人服务，我感觉这条路子一定要永远走下去。

刘锦山：从第一部作品改编的《小靳庄的富翁》到现在为止，您创作了有多少部作品？

王秀琴：大大小小连创作的歌词差不多有100多，我写了很多歌词，《喀喇沁之歌》是跟呼格吉夫老师合作的；还写了很多小东西，很多小品、小曲艺。发表的作品也有三四十个了，都发表在《剧本》月刊和《北国影剧》（现《内蒙古艺术》），还有在赤峰的小刊物上，曲艺、戏剧都有一些，当然特别好的、特别棒的，我觉得还谈不上，我还得努力。话剧有6部，《太阳一定升起》（2014年）是和宋国锋老师合作的，也参加了草原文化节。这些年一直是有工夫就写。

刘锦山：喀喇沁旗乌兰牧骑是哪一年成立的？

王秀琴：1958年11月。

刘锦山：那算相当早的了。

图 22　王秀琴生活照

王秀琴：一开始是文化队，后来咱们逐渐演评剧，之后就是"三小"——小歌舞、小曲艺、小民乐。那个时候也演民族歌舞，不过我们是农区，牧民少，我们就想怎么样表演适合我们农区看的节目，后来我们就一步一步地发展到现在演话剧，同时下乡演出小综艺节目、小曲艺；有时候我们也写二人转，也演，当然都是比较积极向上的二人转。

刘锦山：现在喀喇沁旗乌兰牧骑最年轻的队员是多大岁数？

王秀琴：我们现在人员有一点老化，这是目前我们乌兰牧骑发展最大的制约因素，现在最年轻的也接近30来岁了。最近习近平总书记给乌兰牧骑回信，领导对我们乌兰牧骑都特别重视，也在极力解决制约乌兰牧骑发展的这些难题。我刚才说了，我们为什么要走话剧的路子？就是因为那个时候我们的人员老化，我们又不能停滞不前。没想到话剧的路子我们走下来之后，开了一扇窗，不过无论如何发展，没有新人都是不行的。

话剧也需要新人，包括现在写这部戏，我就需要一个20岁左右的小女孩，而且这个小女孩是贯穿戏剧始终的一个人物。我以前写的话剧就好比是量体裁衣，是根据我们这些演员设计人物，因为如果我写出来一个我们的演员演不了的人物，那就会很麻烦。现在这个戏我就有一点困惑，20岁的小女孩由谁来演呢？我想这也许能够推动进新人，必须有新鲜血液了，要不就停滞不前了，很难发展，也很难走得远。领导们都特别重视，我相信一定会很快解决，领导也一直在让我们拿方案，希望能够尽快步入实际操作。

刘锦山：2017年11月21日，习近平总书记给苏尼特右旗乌兰牧骑队员回信，这应该说是乌兰牧骑发展史上的一个重要节点。喀喇沁旗乌兰牧骑，包括您自己后面有哪些打算？

王秀琴：这个确实是我们乌兰牧骑的一个福音，真的不能辜负总书记对乌兰牧骑的厚爱。还是这句话，扎根在脚下这片沃土，实实在在地为老百姓创作、演出，使老百姓受益。为人民服务、为时代服务、为社会服务，贴近于时代、贴近于人民，走一条适合自身发展的新路子。

刘锦山：好，王局长，非常感谢您接受我们的采访，祝愿喀喇沁旗乌兰牧骑和您在以后的工作中取得更大的成绩！谢谢您。

王秀琴：谢谢！

道日娜

辽阔草原歌飞扬

采访时间：2018 年 4 月 28 日
初稿时间：2022 年 6 月 9 日
定稿时间：2023 年 6 月 26 日
采访地点：赤峰市图书馆"赤峰记忆"拍摄现场
版　　本：文字版

道日娜速写

  道日娜　蒙古族，1978 年 10 月出生，中共党员，大学本科学历。赤峰市克什克腾旗乌兰牧骑队长，二级演员，自治区先进工作者，优秀蒙古族长调歌手。大型舞台晚会策划、制作人，策划了歌舞音诗《克什克腾》、主题歌舞晚会《多彩的克什克腾》《天赐克什克腾》，探索和服务当地文化与旅游，以及政府的接待礼宾服务；演唱代表作有《辽阔的草原》《褐色的鹰》《青藏高原》等。

  刘锦山：各位朋友，大家好！今天是 2018 年 4 月 28 日，这里是赤峰市图书馆"赤峰记忆"拍摄现场。今天我们请到的嘉宾是赤峰市克什克腾旗乌兰牧骑道日娜队长。非常欢迎您，道日娜队长！

图1 道日娜（左）接受"赤峰记忆"采访

道日娜：谢谢。我也非常高兴能和大家一起谈我的工作。

一、勤勉务实工作，励精笃行唱歌

刘锦山：请您给大家介绍一下您自己的个人情况和工作经历。

道日娜：好的。我出生于1978年10月，初中就读于巴林左旗查干哈达苏木查干哈达中学。在高中读书时，有一年夏天下大雨，我父亲放羊的时候掉到大坑里把腰弄断了。当时我妈妈要照顾我爸爸，家里有三个弟弟妹妹没人照顾，我虽然很想学习，但家里出现这种情况，我不能在这么困难的情况下继续上学，后来我就回去了。

因为我特别喜欢唱歌，那时候我们嘎查有一个青年队，我就和嘎查的青年们在一起，唱歌，跳舞，我有点会的就教给他们。那年正好苏木开人代会的时候给人大代表演出了，当年也没有音响设备，拿一个录音机放音乐唱歌跳舞，代表们对我们的演出非常满意！我们搞一次活动不容易，白天在家干活，晚上在学校的空屋点蜡烛学唱歌、练跳舞，节日节庆时候嘎查的青年们搞活动，给百姓唱唱歌、跳跳舞。后来林东宾馆的孙经理招聘歌手，听说以后就到我家了，我上山干活回去的时候，一位乌兰牧骑的老师，还有宾馆的老总到我们家了，我一看不知道他们是从哪儿来的。他说你能唱吗？我说能唱。后来我就给他们唱了一首，他们听了我的声音之后就相中了，问我能去林东宾馆工作吗？我说可以的。

当年没能念书，很遗憾，就跟我父母商量，这个工作不管多累给多少钱，我去吧。后来我父母说：90块钱，扣了生活费后才80块钱；我给父母说：不管多少钱我想去。这样我就去林东宾馆工作了，去了以后每个月是80块钱的工资，挣工资了也是挺高兴的，当时给我分配的工作就是唱歌。我平时在家干活，放羊、收拾地、收拾屋子，这对小孩来说其实挺累的；到宾馆以后，让我唱歌，就这么点轻快的活儿，平时我没事帮助服务员干活，后来领导对我的工作作风非常满意，领导说：道日娜对工作很认真，自己不忙的时候也是不闲着，帮助其他人干工作。

刘锦山：这是哪一年去的林东宾馆？

道日娜：1995年去的。1997年的时候内蒙古自治区成立50周年大庆，巴林左旗代表团也要参加50年大庆，让我也参加这次活动。那时候我特别高兴，因为我都没出过门，到呼和浩特对我来说是一生中挺好的事情；到了以后，有好多的歌唱家，看到德德玛老师、腾格尔老师在现场演出，看见他们我非常高兴。后来等到50周年大庆结束回来，我们领导说：把你送到一个专业老师那里去培训。当时我听到这句话很高兴，领导说：赤峰市民族歌舞团的哈斯巴图老师教得挺好，我们把你送到哈老师身边学唱歌，你必须认真学！哈斯巴图老师是一级演员，长调歌手。在哈斯巴图老师那里我学了一年多时间，基础打得挺好的。父母经常说：孩子，这么在外边奔波不行，这么点工资将来怎么养活自己啊，将来也得成家啊。我说：没事儿，奋斗努力的过程中怎么也得有点结果吧，你们放心。这么说以后他们也始终不放心我。

后来喀旗①锦山宾馆也招民族歌手，当时我叔叔在喀旗工作，叔叔问我：想去喀旗工作吗？喀旗蒙古族虽然多，但是会唱长调的、唱蒙古族歌曲的确确实实很少。我说：喀旗这个地方我也没听过，也没去过。我就跟我父母商量，他们说这个地方其实汉族人特别多，蒙古族少，我汉语说得也不是太好，然后跟家人商量，说去吧。去了以后，我到喀喇沁旗接待处工作，也是当歌手。我参加了全市的青年歌手大赛和全旗的青年歌手大赛，并多次获奖，喀喇沁旗乌兰牧骑队长想让我到乌兰牧骑工作，就跟我联系了。当时接待处的工作任务也很多，出去有宣传工作，旗里有大型活动也让我去参加；工作了一段时间，那时候是事业单位企业管理，就给我转正了，那批转正的有30多个人，我是其中一个，考试之后就转正了；转正了以后我在喀喇沁旗工作，我是不管被分到哪里，都会把自己的工作干好。后来在这个基础上，我也是在不断地学习，在工作不忙的情况下，我跟领导们请示，我就把专业方面再提升一下，要不然我的水平也不行，领导对我工作方面也是很支持的。

1999年5月，我去找斯琴朝克图老师，他现在是著名作曲家，他在内蒙古师范大学工作，斯老师给我找了几个老师，把我介绍给他们认识。老师们问我的基础怎么样，让他们说道说道；后来几位老师说我声音倒是行，但是音乐基础这方面不行，要慢慢地教教。这么说以后，我还挺高兴。就在呼和浩特学习了将近一个月的时间，工作忙的时候就回来了，工作不忙的时候我就去师大音乐系找老师学习。学习当中如果家里有事，我就坐火车回来，家里没事我就回去学习。就这样学习到将近2002年5月，我回来了，因为老师要去蒙古国学习交流，老师们也说我的基础可以了。

我参加了内蒙古青年歌手大赛，想去锻炼锻炼，不一定获奖才是好选手，因为可以在这个舞台上得到锻炼。参加的时候也是很紧张，在大型舞台上，这么多高手在一起，和他们同台，我好紧张，当时获得了银奖。我想也是我的技术明显地提高了。

---

① 喀旗，喀喇沁旗简称。

刘锦山：这是哪一年获得的银奖？

道日娜：2000年。后来回到锦山（喀喇沁旗锦山镇），乌兰牧骑就跟我谈，让我回乌兰牧骑工作。那时候他们演话剧，让我唱戏，我不会，确实不会。我学的是蒙古族原生态长调，再加上在民族歌曲的基础上也唱一些草原歌曲，话剧这块，我确实不会表演，也挺遗憾的。当时我就到锦山乌兰牧骑，想着去了，就怕演得不好，怕跟他们配合得不好，那对他们影响也不好，对我影响也不好。后来我就始终坚持把这个工作干好，学习好，我的梦想就是想去市歌舞团，那时候我的工作也转正了。调到市歌舞团也是不太容易。后来我就通过两个角度去找市歌舞团，去找黄伟光团长谈过几次。其实黄团长也认可我的专业，但是工作调整也很困难，我想也不能难为他了。

二、扎根乌兰牧骑，服务基层群众

刘锦山：您后来是怎么到克什克腾旗乌兰牧骑的？

道日娜：正好那年克什克腾旗乌兰牧骑招录演员，我听说后就把自己工作调到克什克腾旗乌兰牧骑，因为乌兰牧骑肯定是以民族歌舞为主，我去那里跟我的专业挺适合的。去了以后，当地的乌兰牧骑的队长、文化局的局长对我专业方面挺认可的，就把我工作调过去了。那是2003年7月。我去的时候比其他的演员稍微大一点。陈永亮队长晚上回去给我安排了宿舍，我就跟这些队员们在一起住，孩子们有时候晚上玩得太晚了，我就跟他们说咱们不能太晚了，平时按工作的要求严格要求自己，我把在企业工作的制度也给他们讲一讲，帮助陈队长带动单位的工作。他其实没有交给我任务，当时陈队长说，你来了以后不管是当大姐，还是当个老队员，对孩子们的帮助和支持也是挺好的。乌兰牧骑的哥哥、姐姐、弟弟、妹妹之间的相处非常好，对我的业务方面、生活方面多有帮助，当时宿舍床也不够，同事们把家里的床搬过来给我用。星期六、星期日没事，队友们陪着我练歌，给我现场伴奏。陈队长对我的工作大力支持，我在工作方面也很扎实、努力，平时队友们多多交流，就是这些。

到 2005 年 5 月，陈队长跟我说：道日娜，我工作有变动，我看你工作各方面挺好，我把你推荐为克什克腾旗乌兰牧骑队长。我说我的水平也不行啊。当时我们文化局分管局长也跟我说这个事情，说你可以的。我说我当你的手下给你跑跑腿，帮助你干点事情行，"队长"这么大的任务，从哪个角度开始干我都不知道。后来陈队长说没事的，我带你一段时间，你就好好工作吧，没问题的。当时我们分管局长也是这么说的。我心里一点都没底，在领导这么支持的情况下，我就干吧。我一开始当队长的时候，真的根本不懂从哪个角度下手，后来陈队长一步一步引领我，把工作的方式教给我，带动我把乌兰牧骑的工作开展起来。

后来我就开始抓专业方面，队伍的艺术人才很缺，我就跟旗里领导申请招一部分演员。那年正好自治区对乌兰牧骑进行评估，我们计划排一台比较好的晚会，向上级领导汇报，当时我也很紧张，领导对我们的工作也给了很大的支持。我从内蒙古艺术学院选拔了几名本科生，还在德德玛艺术学校招了几名演员，回来后我们就开始练。因为我在呼和浩特学习的时候也认识了不少老师，我就把这些写曲子的、编舞的老师请到一起，跟他们谈价，说你给我编舞多少钱、你给我作曲多少钱；老师们说你当队长刚刚起步，我们肯定给你便宜，给你帮助，放心吧。把这些事情搞定了，我就把一台晚会策划完成了，我们的歌舞节目编创了新歌曲、新歌舞，编排了一台晚会。当时我们分管旗长到乌兰牧骑审查节目，他看了很高兴；到克什克腾旗汇报演出的时候，领导们也很满意。在赤峰市几支乌兰牧骑当中也是挺出色的，当时评上了自治区一类乌兰牧骑，我很高兴，这是我工作当中实现的第一个梦想。之后，在工作方面也更严格要求自己了，在专业这方面我们必须好好地提升。

克什克腾旗乌兰牧骑始终坚持深入基层演出，把党的声音和关怀，把党的歌声传递给百姓，始终坚持到现在，我们每年文化下乡演出 150 多场。其实我们也非常喜欢给农牧民演出，因为我们去演出的时候，农牧民对待我们就像对自己的孩子似的。克什克腾旗的奶食品是非常丰富的，酸奶、奶嚼口[①]，还有奶豆腐，牧

---

① 奶嚼口，生牛奶发酵凝结成乳，凝结乳分上下两层，上层为奶嚼口，又称嚼口，蒙古语称"朱和"。

民一大片一大片地晾着，三四十个孩子到牧民们中间去演出，牧民们就拿给孩子们吃，有时候拿这么高的勺子，给我们舀了一桶嚼口，说孩子们晚上饿了就拿回去吃吧。牧民们就是这样对我们。我们再去牧民家演出的时候，我们就带点水果、蔬菜之类的给他们送过去。其实我们也是牧民家的孩子，从农牧民家里成长的，对农牧民的感情特别深，给他们演出也有回到家的感觉。有时候演出当中骑着他们的马，开着他们的摩托车，去他们放羊的场地上看一看，帮着他们放一放羊，也感受下我们小时候的生活。

在乌兰牧骑一步一步的发展当中，得到了党和政府的大力支持，在部门领导的关心下，我们把乌兰牧骑的任务、活动、节目开展得非常好。因为克什克腾旗是旅游名旗，旅游业发展得非常快，旅游业与乌兰牧骑结合，每年文化下乡、旅游演出也是挺多的，这样就锻炼了艺术人才。对外宣传工作、对外交流、参与当地的旅游推介会，都是我们的任务，我们也都是无偿服务。其实其他部门给我们交代任务的时候，我们也是积极参与，因为乌兰牧骑是宣传工作者，跟他们长期配合，让乌兰牧骑的精神进入农村牧区，把法律政策、税务政策、金融政策，宣传部门的各项政策，还有妇联的政策、团委的政策等各部门的政策，通过我们进入基层进行宣传、辅导、服务。这个工作我们一直坚持到现在。

刘锦山：克什克腾旗乌兰牧骑是哪一年成立的？

道日娜：1965年5月成立的。

刘锦山：到现在也有50多年了。

道日娜：50多年了。

刘锦山：现在咱们队里面最年轻的队员是多大岁数？

道日娜：岁数最大的是40岁，最小的是23岁。

刘锦山：那您这块人员结构还行。

道日娜：我从工作到当队长也有15个年头了，我们演员流动性比较大一些，在政府和旗委政府的大力支持下，演员调整方面也是挺好的。年龄稍微大点的、工作上有困难的，也会把他们调整到文化馆、图书馆，还有稽查大队、文化站等其他部门的，也有很多。

刘锦山：再补充新的队员？

道日娜：对，再补充新的队员进来。

刘锦山：新的队员好招吗？

道日娜：新队员也好招。我们当地是旅游地区，对艺术人才的需求很大。我们对乌兰牧骑演员的要求是"一专多能"，如果是单项的艺术人才进入乌兰牧骑以后，我们就培养出三项以上，比如拉马头琴是每人必须会的，不是一个单项节目。我当队长以后，2005年就到呼市订了35把马头琴，回来以后跟孩子们交代，不管是蒙古族、汉族，不管是主持人，不管是唱歌，还有其他专业的演员，全部要学会马头琴。我们的马头琴老师，也是我们的副队长乌达教他们，一天8个小时，中间几个小时练马头琴。后来用半个月时间把《万马奔腾》的基本音乐元素拉出来了，拉出来以后效果也不错，接着就是完美地把它练好。这30多把马头琴拿回来以后，孩子们确实认认真真地把这首曲子学会了，马头琴这块不当作一项专业，因为不管是哪一个专业的，哪个项目的孩子都会，现在拉什么曲子，他们全部会；还有古筝和其他好几种乐器，我们也有民乐组合，各种各样

图2　2005年12月23日，克什克腾旗乌兰牧骑小分队马头琴组在内蒙古达里诺尔湖渔场为捕捞工人现场演奏《万马奔腾》（孙国树摄影）

的，凡是孩子们自己喜欢的都得学，都得弹。

刘锦山：每年下乡演出多长时间？

道日娜：每年到农村牧区下乡演出 150 多场。因为旗委旗政府的大型活动我们也要参加，还有对外的推介会我们也得参加。

刘锦山：冬天相对来说演出少一些？

道日娜：冬天也要不断地演出，我们冬季有那达慕，而且冬季的各项活动挺多的。我们冬天有冬天的服装，冬天也有舞台，其实冬天演出跟夏天演出风格不同，也挺好的。

刘锦山：您是唱声乐的？

道日娜：我是声乐专业。

刘锦山：现在还做管理？时间上也够？

道日娜：现在党支部这方面也在管理。

刘锦山：您还兼任乌兰牧骑的党支部书记？

道日娜：对。还有业务这方面也是我管理，任队长嘛。手下也有业务队长，平时没事的时候也写点歌词，但是不成熟，那也要锻炼自己。最起码有这么多年的工作经验，这些年请的老师也挺多，在他们的专业辅导下我们也学到不少东西，我们也要好好努力，要严格要求自己。每次都从外地请老师也不是那么回事儿，他们对我们当地的历史文化了解得也不一定那么深刻，我们也要在这方面扎扎实实多学习、多研究，反正就是一步一步创作呗。

刘锦山：您那年参加了青年歌手大奖赛，是吧？

道日娜：是内蒙古电视台与一个企业一起搞的。

刘锦山：您参赛的歌曲是什么？

道日娜：我唱的是《青藏高原》，通俗歌曲。

刘锦山：您最擅长的是通俗歌曲？

道日娜：对，通俗歌曲。

刘锦山：那您现在能给大家唱几句吗？

道日娜：能是能啊，但是现在基本上很少上台演出了。因为孩子们那么多，就让他们多多展现自己的风采，我年纪这么大了，有时候他们声音、音色或者气息哪个方面不对的时候，我能教他们的就教给他们，平时我基本上不练歌，不练气息了。今天给老师唱一句吧，不是当年的声音了。（唱："是谁带来远古的呼唤，是谁留下千年的祈盼，难道说还有无言的歌，还是那久久不能忘怀的眷恋。"）

刘锦山：非常好！

道日娜：平时他们练的过程当中我也特别想唱，但是工作也特别繁忙。

刘锦山：行政、事务工作多一点？

道日娜：对。放松的时候自己进排练厅唱两句，过年过节跟牧民联欢的时候也会唱几句，平日里也唱几句。

刘锦山：现在年轻队员每年都有招吗，都是从哪里招来的？我前面也采访了其他几个乌兰牧骑的队长，有些地方乌兰牧骑年轻人少一点，刚才您讲咱们这块最年轻的队员二十几岁，梯队还比较合适，这些新人是怎么招的，从哪里招的？

道日娜：都是从专业学校招的，像内蒙古艺术学院、呼伦贝尔学院。还有通

图3　2015年6月30日，为提高大家的文化素质和艺术鉴赏能力，克什克腾旗乌兰牧骑组织演职人员参观书画展览（孙国树摄影）

辽的，再加上巴彦淖尔的。我们这些演员是从不同的地方招来的，我就看好他们的专业。

刘锦山：他们来了以后能留得住吗？

道日娜：他们不习惯当地的风俗习惯，也是一步一步习惯的。现在我们的队伍当中有新疆的，有巴彦淖尔的、锡林郭勒盟的、通辽的；旗县的有巴林右旗的、巴林左旗的、阿鲁科尔沁旗的，但是当地的演员我们优先考虑。这些演员进入我们单位以后，都挺好的。现在他们都是在克什克腾旗扎根，成家了。

刘锦山：现在乌兰牧骑待遇怎么样？

道日娜：我们工资、各方面待遇也挺好的。现在有一部分演员还是临时工，10个临时工，也是当地财政给开支。我们今年招录时也把这些临时工加进去考试，把他们转为了正式职工，因为他们平时演出和工作，和正式职工是一模一样的，有些临时工干的工作比正式职工还多一点。在专业方面，确确实实不管是临时工还是正式工，他们的专业基本上是一样的。临时工将近工作了七八年，每年旅游季节一天有十几场演出，他们每一场演出都坚持得非常好。我亲自带队，亲自看，非常了解孩子们的实际情况，确实非常心疼他们。他们主要目的也是想把自己的工作做好，找一个正式工作，把生活落在克什克腾旗。当地领导也考虑我们队伍的实际情况，我估计今年这方面能很快落实。其他的都是正式演员，正式演员由财政开支，都是聘用制干部身份，和其他干部职工的工资待遇都是一样的。

三、深入基层一线，落实精准扶贫

刘锦山：最近这几年国家对扶贫工作特别重视，尤其是精准扶贫，乌兰牧骑在这方面是否也做了一些工作，请您把这方面的情况向大家介绍一下。

道日娜：好的。我们有两个扶贫村，每年我们都去扶贫点，多了解他们的情况，对他们家庭的实际情况、家庭的困难情况，还有农民的生病情况做调查。因为他们也是非常不容易的，有些人生病了，干不了活；有些困难户经济条件不好，孩子们上学等各方面都挺困难的。我们乌兰牧骑始终把党的政策落实到基层，我们部门的领导带我们到扶贫村，第一个是了解他们的情况，我们把问题严重的情况报告给上级领导，一般问题尽量帮助他们解决。开春的时候，正好种地，我们用自己的工资给每家买种子、化肥等，一部分钱我们解决；还有过年过节的时候，五月节、中秋节的时候去看他们，给他们送白面、大米、油。平时我们每个人都有贫困对户，我们认识时间长了就跟亲戚一样，平时他们缺什么也会互相交流，我们也经常给他们打电话。老百姓天天干活，而且一年的收入也有限，他们也不嫌弃，我们把平时穿的服装给他们送过去，他们干活的时候穿。

他们的孩子也正是上学的时候，有几个孩子我一看，满墙上都挂着奖状，这些奖状有自治区演讲的奖项、有学习成绩的奖项，还有各种大型活动的奖项。我想农村孩子的学习精神怎么这么好，后来我就跟他们的父亲在奖状跟前拍照，发到了朋友圈，有一位微信朋友说，这种贫困家庭的孩子值得帮助，我说是的。

我发到微信群里以后，有位老师加上了我的微信，他说要帮助这个孩子，让我把这个孩子家的账号告诉他。每个农牧民家庭都有金融卡，每年国家的补贴都是打到这张卡上，我担心这个是网络诈骗，就不相信他，我说你是不是网络诈骗？他说不会的，他就笑了。我想就因为看到我发的照片，就出现了好心的人，现在还有这么好心的人吗？我就不相信。因为我的微信名叫日娜，他就说日娜你放心，他们家里有其他的卡号吗？你就给我吧。扶贫点那个人叫齐雪，他说你就办一个工行卡，没有钱的卡号给我一个，我试试。我就给他发过去了，发过去之后，当月卡里就进了500块钱。我问他，你就为了资助500块钱要卡号？他说日娜，你不认识我，我是新华社的张领。我这才知道张老师是新华社记者。他说如果我一下子给卡里打一笔钱，农牧民如果有困难可能会挪用，如果每个月给500块钱的话，这个孩子生活用品就足够了；一直到现在，他每个月给500块钱，我还没见过张老师，我们一直通过微信说话。这个孩子家长跟张老师也只是微信说话，通过一次电话，他跟张老师说，有时间来克旗到我们家做客，我们也非常感谢您对孩子的支持和帮助。张老师工作也很繁忙，到现在我一直没跟他见过面；这个孩子家长也一直没见面，一直这么帮助到现在。

其实脱贫攻坚这块，我们通过各种渠道尽量帮助困难家庭。我们乌兰牧骑虽然能力有限，但是我们有多大能力就使多大能力，再加上上级领导的大力支持和帮助，各种产业、项目都给他们争取，让他们尽快脱贫。

刘锦山：乌兰牧骑承担了两个扶贫点，具体是哪两个地方？

道日娜：一个是土城子太平村，一个是土城子五台山村。

刘锦山：这两个村各有多少户人家？

道日娜：我们正式职工每人一户。

刘锦山：他们本身有多少户？

道日娜：这一个村不都是我们乌兰牧骑的扶贫户。太平村是我们整个文化系统的，一部分是乌兰牧骑的；五台山村是乌兰牧骑和人事局一起的，有十来户是我们的。下星期我就要带队下去了，给他们买鸡让他们养，养好以后也能增加点收入。其他的生活当中有什么困难，我们也会多多帮助他们，这是我们的主要目标。

四、牢记党的嘱托，传递党的声音

刘锦山：2017年11月21日，习近平总书记给苏尼特右旗乌兰牧骑队员回了一封信，大家都很受鼓舞。克什克腾旗乌兰牧骑在以后的工作中有哪些计划和打算？

道日娜：习近平总书记给苏尼特右旗乌兰牧骑回信中明确提出："人民需要艺术，艺术也需要人民。"这要求我们乌兰牧骑要长期扎根生活沃土，服务农牧民群众，把"接地气、传得开、留得下"的优秀作品传给百姓，把党的声音和关怀传给百姓。听到这个消息以后，我们十分激动，当时我真不相信，后来一看总书记真的回信了，回信内容也给我们看了，当时我们就掉眼泪。我们要更加努力，把一切投入基层，深入农村牧区。因为乌兰牧骑是宣传工作者，我们要把党的声音和关怀，把党的政策全都宣传下去。

因为我是克什克腾旗乌兰牧骑的党支部书记，我们一共8名党员，平时也按照党组织的要求，每个月都学习党课，有时候党组织讲课，我们也去。乌兰牧骑担负着传递党的声音和关怀的责任，我也始终把党的大政方针、自治区"两会"精神和克旗"两会"精神，让大家共同学习，不管是党员还是非党员，都得学习，"从我做起"，自我做不好，怎么能传给百姓？所以每个星期不忙的情况下，我们都学习一堂课，忙的情况下一个月一堂课，专门讲党的大政方针。我们的分管领导，原来是党校副校长，由他给我们讲，有时候我们邀请其他老师讲，有时候我自己讲，有时候我们共同学习。我们必须把党的大政方针，包括党的十九大精神学透了、悟透了，才能传达给百姓。大家也非常认真，都把笔记做得挺好的；笔记做了，笔记的内容是什么？你怎么落实？你怎么提升自己？这方面我要求得比较严格。

刘锦山：非常感谢道日娜队长，谢谢您接受我们的采访。

道日娜：谢谢！

钱伟臣

千锤百炼出真章

采访时间：2018 年 4 月 28 日
初稿时间：2022 年 6 月 9 日
定稿时间：2023 年 6 月 26 日
采访地点：赤峰市图书馆"赤峰记忆"拍摄现场
版　　本：文字版

钱伟臣速写

　　钱伟臣　原昭乌达盟赤峰市乌兰牧骑队长。1963—1968 年，在昭乌达盟赤峰市文化馆工作。1968—1969 年，在赤峰市革委会文教组工作。1969—1973 年，在赤峰市革委会宣传组工作。1973—1980 年，在赤峰市文化局工作。1980—1985 年，任赤峰市乌兰牧骑队长。1985—1987 年，在赤峰市红山区委宣传部工作。1987—1989 年，任赤峰市红山区爱卫办、文明办副主任。1990—2002 年，任赤峰市红山区文化局副局长、局长。

　　1963 年毕业于赤峰师范学校；1964 年参加沈阳音乐学院作曲进修班学习一年；1986 年 1 月—1988 年 12 月，辽宁刊授党校，经济管理专业毕业；1996—1998 年，内蒙古师范大学汉语言文学毕业。

　　1985 年被红山区委区政府授予记大功奖，1989 年被赤峰市人民政府授予全市爱国卫生先进工作者，1991 年被红山区委、区政府授予创建文明城卫生城"双十佳"先进个人，1992年被红山区委、区政府授予记功奖励，1993年被红山区委、区政府授予"巩固十佳卫生城先进个人"，1995年被内蒙古自治区文化厅授予农村牧区文化建设先进个人，1997年被红山区委、区政府授予社会治安综合治理先进个人、先进工作者。

刘锦山：各位朋友，大家好！今天是2018年4月28日，这里是赤峰市图书馆"赤峰记忆"拍摄现场。今天我们邀请到的嘉宾是原赤峰市红山区文化局局长、原昭乌达盟赤峰市乌兰牧骑队长钱伟臣老师。钱老师您好！

钱伟臣：你好！

一、赤峰市乌兰牧骑诞生

刘锦山：非常高兴您能接受我们的采访。首先请您给大家谈谈您的家庭情况

图1 钱伟臣（左）接受"赤峰记忆"采访

和工作经历。

钱伟臣：好的。我生长在赤峰市，20世纪60年代初从赤峰师范学校[①]毕业后被分配到市文化馆工作，负责群众文化的服务、辅导工作；1964年组织上派我到沈阳音乐学院进修了一年，主要学作曲；回来后，1965年组织上把我抽到昭乌达盟"四清"工作队的宣传队，在各旗县巡回搞演出、搞展览。

1965年年末，我接到一个通知，当时"四清"工作队队员不允许请假，但是给我假了，说市里让我回去开一个会，假期是两天，我就回来了。当时是赤峰市委宣传部和市文教科联合召开的会议，关于落实内蒙古自治区各个旗县区都要成立乌兰牧骑的精神，这个会议就是研究成立赤峰市乌兰牧骑，怎么成立、组成人员等。我回来的主要任务就是让我推荐业余的艺术人才，当时我推荐了李喜章、于素萍；另外根据乌兰牧骑的特点，每个乌兰牧骑必须有一个能拉手风琴的队员，因为人少，要起到乐队的效果，没有手风琴不行，当时推荐了时任赤峰市回民实验小学的副校长杨福增同志，他拉手风琴拉得比较好，又是全国少先队优秀大队辅导员。会议决定成立赤峰市乌兰牧骑筹备小组。在很短的时间内，在市内中学以及社会上抽调了宋国锋、李喜章、于素萍、范辉、徐淑华、栾兆敏、徐国昌、丛志杰及社区文艺骨干褚德生、宋青梅、马桂贤等11名队员，加上杨福增同志，后来他任队长，一共

图2　1965年，"四清"工作队到某部队演出途中

[①] 赤峰师范学校于1957年成立，1960年更名为昭乌达盟师范专科学校，1962年又恢复为赤峰师范学校，1989年更名为内蒙古幼儿师范学校，2003年与其他四所学校合并组建赤峰学院。

12名队员。这是1966年上半年的事情,赤峰市乌兰牧骑就成立了。成立的具体时间是五一,这一天盟市共同庆祝五一国际劳动节,在这个大会上赤峰市乌兰牧骑第一次亮相,他们在队长杨福增同志的带领下,背着背包,手拿着乐器,高举着红旗,高唱着《毛主席的战士最听党的话》,威武雄壮地通过了大会主席台,大家知道这儿有一个乌兰牧骑,赤峰市乌兰牧骑诞生了。1966年5月1日也就是我们赤峰市乌兰牧骑诞生的纪念日。

刘锦山:赤峰市乌兰牧骑1966年成立,那您是哪一年进入乌兰牧骑的?

钱伟臣:成立的时候我在搞"四清",不允许回来,等回来以后继续在文化馆工作;1968年我调到赤峰市革委会文教组;后又调到市革委会宣传组;1973年我又调到市文化局工作,分管乌兰牧骑,所以说我始终和乌兰牧骑在一起,有时候参加他们的演出;1978年以后,赤峰市乌兰牧骑队伍扩大了,从22人扩到45人;1980年市委把我调到乌兰牧骑任队长。这时市乌兰牧骑的领导班子人员组成如下:队长钱伟臣,党支部书记米月岭,副队长张景瑞,副指导员刘玉琴。

图3　1969年,赤峰市革委会宣传组全体同志合影(三排左一为钱伟臣)

从当时队伍的实际出发,还成立了队委会,下设四队、一组、一室[即声乐队,队长李喜章;舞蹈队,队长孙平、刘玉润;乐队,队长林少峰;舞美队,队长李丛春。创作组,组长刘玉琴(兼)。办公室负责人于静兰]。我从1980年到乌兰牧骑,一直到1985年乌兰牧骑撤销,从策划到当队长再到结束,参加了乌兰牧骑整个筹建和发展过程。

二、为民服务"十项"工作

刘锦山：钱老师,请您谈谈当年赤峰市乌兰牧骑的具体工作情况。

钱伟臣：乌兰牧骑诞生以后,这个队伍怎么办?怎么把它领导好?怎么开展好业务活动?当时的市领导决定全体同志在队长杨福增的带动下,去翁牛特旗乌兰牧骑学习。为什么去翁牛特旗呢?翁牛特旗乌兰牧骑是内蒙古乌兰牧骑发祥地。1964年,翁牛特旗乌兰牧骑参加了文化部组织的全国巡回演出,曾受到毛主席等党和国家领导人的接见,非常有经验,所以说我们全队就到那里去学习。在那儿全方位学习了乌兰牧骑的精神、乌兰牧骑服务的方向、乌兰牧骑的宗旨,具体还学习了节目、艺术技巧等,学习了一个多月,大家感到受益匪浅。回来以后,我们就思考赤峰市乌兰牧骑究竟怎么搞。根据赤峰市当时的实际情况,大家进一步明确了乌兰牧骑的主要任务,那就是宣传毛泽东思想,进行爱国主义、集体主义、民族团结的教育,鼓励宣传新人新事新风尚、普及科学文化知识、卫生知识,牢固地占领社会主义思想文化阵地。在明确任务的基础上,就开始了长时间的艺术实践活动,具体有下列10个方面的工作。

第一,我们坚持了"二为"方向,坚持扎根基层。赤峰市乌兰牧骑坚持常年下乡、下厂、下部队、下学校进行演出,每年演出150到200场,根据需要有时候一天大小演出7场。赤峰乌兰牧骑始终坚持面向基层、扎根基层,为人民服务的方向。

第二,坚持了小型多样的原则。队伍小,节目短小精悍。我们有声乐、独唱、重唱、小合唱、表演唱,器乐有手风琴、雷琴、板胡、二胡独奏,再根据实际情况及当时的政治需要和宣传党的政策自编自演一些小节目，这是我们坚持了小型多样的原则。另外，形式多样还体现在不但有歌舞，还有曲艺，曲艺有山东快书、山东柳琴、快板书、京韵大鼓、单弦、好来宝、相声、魔术、活报剧，各种形式都搞，都演，只要群众喜欢；我们也演戏曲，只要群众需要，我们就组织排练，组织演出，像当时的样板戏的选段、清唱，等等。

第三，赤峰市乌兰牧骑突出了乌兰牧骑的一个特点，就是"一专多能"，队员必须一专多能，队伍"一队多用"。队员"一专多能"我们具体的做法就是，全体队员都练舞蹈，进行舞蹈基本功的训练；每一个队员必须会一两件甚至多件乐器；同时艺术课、表演课，全队集体参加，这样在业务上使每个队员都不是单一的。同时队员还兼管思想政治工作，兼着办公室工作、财会工作，等等。赤峰市乌兰牧骑队员每个人都是"一专多能"，跳完舞蹈，到乐队，放下乐器就上场演曲艺、演戏剧，整个台上生龙活虎。就拿我们当时的副队长宋国锋来说，他后来当了辽宁人民艺术剧院的院长。他首先是跳舞，跳完了舞到乐队吹号，吹完了号赶紧下去戴上一个胡子，就开始演小戏。宋国锋不单是说相声、演快板、跳舞蹈、器乐演奏，他还兼着现金会计，会开车、会骑马。后来他到辽宁也说，乌兰牧骑是他成长的地方，也是培育他的摇篮，他有很多东西都是在乌兰牧骑锤炼出来的。我们每个队员都是"一专多能"的，这样就保证了我们演出的艺术效果。

第四，我们的演出内容都是以宣传歌颂毛主席、歌颂共产党、歌颂社会主义祖国、歌唱当地的新人新事为主。

第五，我们实行了严格的基本功训练。基本功训练对于一个文艺团体来讲至关重要。赤峰市乌兰牧骑学习解放军实行半军事化管理，集体住宿，集体作息。每天早上五点钟一声令下，大家都起床开始练功，集中排练，这就保证了练功时间；大家在集体练功的时候，都是非常刻苦的，因此当时我们的节目质量在全盟也是比较好的。最后我们的基本功训练已经成为全盟苦练基本功的典型，当时盟里都组织各旗县乌兰牧骑到赤峰市乌兰牧骑看我们练功。

第六，我们发扬了艰苦奋斗、自力更生的精神。因为当时乌兰牧骑经费比较紧张，所以大家自己动手，整个晚会我们的服装、化妆、道具、灯光全是自己设计，自己制作，这样就节省了经费，锻炼了队伍。

第七，我们整个队伍把演出作为最高任务，做到了一丝不苟、精益求精。比如队长杨福增同志到农村演出，装台的时候一下子把手的虎口处划开了，鲜血直流，但是包上以后照样背起手风琴上台继续演出。同志们在演出时不管是上部队、去乡下、到工厂、到学校都是非常严肃认真、一丝不苟的，比如说有时候我们到部队去演出，将近零下30摄氏度的严寒天气，大家演出仍然穿着单裢，在演出的过程中一丝不苟，而且以饱满的政治热情去投入其中。把部队首长感动得，就在下场的地方拿着大衣等着，下来一个演员裹一个，下来一个演员裹一个，台上台下引起了很大的共鸣。在三四十摄氏度的酷热天气里头，大家也是严肃认真、一丝不苟、精益求精地完成任务。为了保证节目当中的艺术形象，因为怕出汗渗透了衣服影响形象，怎么办呢？里边套上绒衣，大家伙儿就是这样对艺术负责任，对观众负责任，做到了一丝不苟、精益求精。

另外，我们赤峰市乌兰牧骑在演出的过程中不管是一场上万群众看的演出，还是我们为一两个人演出，都是非常认真负责的，始终把演出当作第一要务，体现了戏比天大。比如我们这些队员有的人家里有事情了，有的甚至亲人去世了，都从不请假。队员发烧了，病了，只要有演出任务，没有一个请假的，坚持也要演，保证我们整个演出的效果。所以说大家对演出非常认真、非常负责，对演出的负责实际就是对人民群众的负责。

第八，我们积极促进队员艺术水平的提高，实行了"走出去、请进来"的办法提高全队的艺术素质。1971年，全队22个人到吉林的长春艺术学校学习，在器乐、声乐、舞蹈和戏剧等方面进行了全方位的学习和培训。在这个过程中，特别是舞蹈，那真是克服了难以想象的困难，6年的课程，在6个月当中完成，可想而知困难有多大，但是这些同志们仍然是不怕苦、不怕累，克服困难，努力学习，经历了"三肿""三消"，腿和脚练得都肿了，肿了消，消了肿，最后终于赢得了专业上的丰收。我们还根据工作需要定期把队员分批输送到沈阳、天津等地的艺术院校进修学习。我们还从外边请来专家到我们队来讲学，我们请了天津的声乐教授程浩老师，请了辽宁人民艺术剧院、国家著名表演艺术家兼导演崔槐老师、刘喜亭老师,这都是大导演,国家级的导演,来到我们这里讲课,上表演课,提高全队的业务素质。所以说"走出去、请进来",不断地提高我们全队的艺术素质,这样对我们队员也好,全队也好,提高是非常大的。

长春归来以后,我们排练了芭蕾舞《田头练兵忙》,还排练了芭蕾舞剧《红色娘子军》选段《常青指路,奔向红区》,我们赤峰市乌兰牧骑第一次把芭蕾舞这种形式在赤峰的文艺舞台上亮相。所以说,我们乌兰牧骑是学习艺术专业的课堂,也是培养艺术家的摇篮。

第九,我们赤峰市乌兰牧骑演出的节目,坚持学习的节目和自己创作的节目相结合,学习节目和创作节目并重,并且鼓励以创作节目为主。多年来赤峰市乌兰牧骑创作了很多精品,比如现在传唱的《我爱昭乌达》《欢迎您到赤峰来》《摇铃曲》等,我们还编创了赤峰市有史以来的第一个神话舞剧《战雪妖》,我们还创作了舞蹈《怀念》《草原小牧民在成长》,创作了话剧《大车店一夜》,等等。我们的创作成果是非常丰富的,特别是刚才我说的神话舞剧《战雪妖》,在"东三盟"[①]汇演上赢得了自治区和广大人民群众的好评。

第十,我们实现了演出与服务相结合,实践了"八大员"——在台上我们是演员,在台下我们是党的方针政策的宣传员、群众业余文化的辅导员、展览的解说员、图书宣传销售员、义务理发员、电器修理员、幻灯放映员。体现了全心全意一切为了群众,一切为了人民。

三、不改初心二十载

刘锦山:钱老师,请您谈谈赤峰市乌兰牧骑自成立以后直到1983年撤盟设市与市歌舞团合并期间的发展情况。

钱伟臣:赤峰市乌兰牧骑于1966年5月成立,1985年随着盟改市、市改区的体制变化,市区两级政府决定撤销乌兰牧骑建制,市乌兰牧骑与市歌舞团合

[①] 东三盟,当时的兴安盟、呼伦贝尔盟和哲里木盟,现在的兴安盟、呼伦贝尔市和通辽市。

并。至此，赤峰市乌兰牧骑走过了20年的历程。在这20年的历程当中，它分为两个大阶段：第一个阶段就是1966年到1976年，它是以小队伍、小节目演出为主，像歌舞、曲艺、戏剧等，节目小型多样，内容丰富；第二个阶段是从1977年到1985年，这个阶段根据市委、市政府关于赤峰市的文化服务要以城市为主，兼顾农村的指示精神（当时的赤峰市农村只有5个人民公社，主要工作在城市），整个乌兰牧骑队伍在22人的基础上扩编到45人，扩编以后的乌兰牧骑一边坚持小队伍、小节目，以歌舞演出为主，再一个因为人多了，排一些大型节目，比如说大型歌舞晚会、大型戏剧。

在1977年到1985年的这个阶段，我们排演了大型的歌舞晚会、大型的戏剧，像话剧《新来的副官》《枫叶红了的时候》《张灯结彩》《十六条枪》，等等；我们创作了神话舞剧《战雪妖》，乐队比较大，场面也比较大，演员也比较多，45个人才能完成，小队伍就完不成。在这个过程中，我们做到了有分有合，"分"是分成戏剧分队和歌舞分队，分别到基层去演出；"合"就是搞一些大型的晚会、大型的戏曲演出。同时我们还完成盟里面交给的各项演出任务，像我们慰问解放军，慰问清河电厂以及到各旗县区演出的任务。1982年7月22日晚上，我们和当时的昭乌达盟文工团一块儿为中央领导演出，中央领导同志对我们的演出给予较高的评价和热情的鼓励，我觉得这也是人民以及党、领导对我们工作的很好的评价。

我们赤峰市乌兰牧骑经历了20个春秋。在党的领导下，我们常年坚持在基层演出，走遍了全盟的各个旗县，走遍了我们赤峰市的各个单位和角落，很好地完成了党交给的任务。可以说我们高举着红旗前进，到处都留下了我们演出的足迹，也回荡着我们乌兰牧骑演出的歌声。

刘锦山：钱老师，当时乌兰牧骑下基层、下乡、到牧区，或者是到机关、到厂矿去演出，比如说赤峰市乌兰牧骑只是在赤峰市的辖区内演出，还是也到昭乌达盟其他地方去演出，有没有具体的分工？因为当时有10支乌兰牧骑，大家的演出区域，比如说翁牛特旗的乌兰牧骑只在翁牛特旗的苏木、嘎查、乡、镇、公社演出，还是说也可以到克什克腾旗演出？当时有没有这些演出区域的划分？

钱伟臣：演出呢各旗县乌兰牧骑以各旗县区为主，我们是赤峰市乌兰牧骑嘛，因为赤峰市没有牧区，农村比较小，所以说我们还承担着盟里面交给的到各旗县区演出的任务。比如说盟里头组织拥军，组织上辽宁，那时候有一段时期我们赤峰市归辽宁管辖，到辽宁慰问省军工宣传队、慰问清河电厂等，这是盟里的统一任务，都是我们赤峰市乌兰牧骑承担的。

刘锦山：当时赤峰虽然是一个县级市，但是它各方面的条件要比其他的旗县好一些？

钱伟臣：要好，艺术水平相对也高一些。20年来，我们赤峰市乌兰牧骑的队员把自己的宝贵青春献给了赤峰市乌兰牧骑这一光荣的事业；同时，我们在乌兰牧骑这个大熔炉里头也经受了锻炼，大家在这个熔炉里头也在茁壮成长。赤峰市乌兰牧骑人才济济，有的同志获得了文化部的"文华奖"、戏剧最高奖的"梅花奖"。宋国锋同志就是三度"梅花奖"的获得者，一级演员，最后当了辽宁人民艺术剧院的院长，他就是我们乌兰牧骑的副队长；像李喜章同志，到辽宁以

图4 1990年，赤峰市红山区纪念中国共产党成立69周年歌咏演唱会（前排左一为钱伟臣）

图 5　2009 年，乌兰牧骑老队员与老领导合影（前排右三为钱伟臣）

后，任辽宁省音乐家协会的副秘书长兼《音乐生活》的副编审；我们的王晓燕同志到了辽宁，现在又调到中央电视台译制部担任副导演；另外，李丛春同志现在成了民间工艺美术大师、中国宫廷剪纸第三代艺术传人；张景瑞同志成了民族器乐演奏的大师，现在也是赤峰雅乐的传承人。很多队员现在都成为舞蹈家、歌唱家，特别是我们的指导员刘玉琴同志，她的长篇、中篇、短篇小说以及散文、报告文学、电视片和序、跋等作品数 10 篇（部），成了高产的、有水平的、有影响的大作家，这都是我们乌兰牧骑的队员，刘玉琴同志当时是我们的副指导员。我们乌兰牧骑的这些同志们，现在也在艺术领域里面发挥着他们积极的作用，闪烁着他们的熠熠光辉。

刘锦山：1983 年昭乌达盟撤盟改市，然后赤峰市乌兰牧骑就跟市歌舞团合并了？

钱伟臣：合并了。有的到了艺术馆，有的到了歌舞团。

刘锦山：那后来呢，当时的赤峰市变成现在的红山区，那红山区后来又有没有成立新的乌兰牧骑?

钱伟臣：没有。赤峰市乌兰牧骑结束已经 30 多年了，到现在为止，我们赤峰市的乌兰牧骑队员有时候相聚在一起，大家还有说不完的话，都群情激昂，回忆当时乌兰牧骑的生活和工作情况，大家伙高兴地你说我说，抢着说，好像我们大家又回到那个火红的年代。大家回忆往昔是那样的深沉、那样的亲切、那样的美好和那样的甜蜜。

乌兰牧骑确实是我们文艺战线上的一面红旗，它确实是贯彻"双百"方针的楷模，同时它还是一座革命的熔炉，锤炼着人们；另外它也是广大人民心目中的一座艺术丰碑，成为乌兰牧骑的工作人员，我们感觉到非常幸运、幸福、骄傲和自豪。

刘锦山：确实就像您讲的，回忆起来非常难忘。

钱伟臣：是的。

萨仁高娃

大漠歌舞动地诗

采访时间：2018 年 4 月 28 日
初稿时间：2022 年 6 月 9 日
定稿时间：2023 年 6 月 26 日
采访地点：赤峰市图书馆"赤峰记忆"拍摄现场
版　　本：文字版

萨仁高娃速写

　　萨仁高娃　蒙古族，1969 年 2 月出生。一级演员，巴林右旗乌兰牧骑队长兼编导，中国舞蹈家协会会员，内蒙古舞蹈家协会理事，巴林右旗第五届、第六届政协委员，赤峰市劳动模范，赤峰市第七届、第八届人民代表大会代表。2017 年被自治区党委宣传部及内蒙古自治区文化厅评为"全区优秀乌兰牧骑队长"。

　　1985 年，初三时通过考试成为巴林右旗乌兰牧骑的一名舞蹈演员；1986 年，被编导巴达玛老师选定为三人舞《金马驹》的演员之一；1996 年，经领导推荐参加了全区乌兰牧骑蒙古舞及基本功培训班；1997 年，开始成为乌兰牧骑的主创人员，编排创作了第一部作品。

　　自 2010 年担任巴林右旗乌兰牧骑队长兼编导，先后构思创作了独具地方特色和艺术魅力的舞蹈作品《巴林蒙古女性》《达拉拉嘎》《心中的圣光》《巴林·德布斯乐》《绿野情缘》《礼赞》《德吉》《草原上的铁姑娘》，情景歌舞《永远的乌兰牧骑》等优秀作品，并获得了农牧民们的赞誉。巴林右旗乌兰牧骑连续代表赤峰市参加了第二届至第七届自治区乌兰牧骑艺术节，演出的《西拉沐沦情》《赛罕乌拉神韵》《永恒的草原》《永远的乌兰牧骑》等原创歌舞全部荣获金奖。创作的舞蹈作品曾多次参加赤峰市、自治区及全国专业团体文艺汇演、调演、比赛和各项重大演出活动并多次获奖，其中舞蹈《巴林蒙古女性》《巴林·德布斯乐》荣获"荷花奖"，《永远的乌兰牧骑》获内蒙古自治区"五个一工程"奖、第十届内蒙古自治区艺术创作"萨日纳"奖等。

刘锦山：各位朋友，大家好！今天是 2018 年 4 月 28 日，这里是赤峰市图书馆"赤峰记忆"拍摄现场。今天我们邀请到的嘉宾是巴林右旗乌兰牧骑队长萨仁高娃女士。您好，萨仁高娃老师。

萨仁高娃：您好。

一、进入乌兰牧骑，实现舞蹈梦想

刘锦山：萨仁高娃老师，非常欢迎您接受我们的采访。首先请您给大家介绍一下您的家庭情况和个人的成长经历。

萨仁高娃：我是巴林右旗查干诺尔苏木下面嘎查一个牧民的孩子。我 12 岁的时候跟着爸爸妈妈搬到巴林右旗大板镇；12 岁以前我一直在牧区，跟着爷爷奶奶长大。我从小就爱好跳舞唱歌，那时候我们家有一台收音机，那里面唱歌、放音乐，我就跟着跳舞唱歌。小时候玩耍的时候也有编个舞啊这种想法，同小朋友们一起的时候都是玩演出这类的游戏；后来到小学的时候也特别爱跳舞，有什么文艺活动我第一个举手参加。

刘锦山：文艺骨干？

萨仁高娃：嗯，文艺骨干。老师们也很重视我，有什么文艺活动都把我叫去。后来到初中也是一样，初中长大一点，更喜欢跳舞。

图 1　萨仁高娃（左）接受"赤峰记忆"采访

刘锦山：您初中是在哪儿念的？

萨仁高娃：在我们旗里念的书。

刘锦山：巴林右旗大板一中？

萨仁高娃：对。我在初中就更是文艺骨干了，那时候也知道旗里有个乌兰牧骑，也有个剧场，我家离剧场和乌兰牧骑都挺近的，有机会肯定要去看节目。当时我爸爸在宣传部工作，乌兰牧骑是宣传部直接管辖，有时候好像审查节目，我要是知道了肯定要跟着去看乌兰牧骑的节目。后来乌兰牧骑的老师们我也知道了一点儿，哪位是巴达玛老师、道尔吉老师了，那几个主要演员的名字我也都记下来了，我特别羡慕他们。看完节目回家后，我就开始对着自己的小镜子学他们跳舞。

有一天，乌兰牧骑的老师去我们学校看跳上午课间操，挑选有没有能跳舞唱歌的同学，老师也跟我们说乌兰牧骑过来选演员来了。那时候心里想快把我选上去吧，站得就很正，好好表现自己，就这样真的把我选过去了，我就开始练舞蹈了。

刘锦山：那是哪一年？

萨仁高娃：那是 1984 年 10 月。

刘锦山：您上初中？

萨仁高娃：刚初三的时候。就这样开始练功，跳舞，我们一共考了三次，一批一批往下刷，最后我们跳舞的留下了三个，两个女孩、一个男孩。1985年1月我正式考入了乌兰牧骑，成了一名小队员。那个时候我真的高兴极了，因为自己的愿望实现了。那段时间练得也是很辛苦，因为我虚岁16岁，其实年龄稍微大了点，压腿、练软度的时候要吃苦，不吃苦的话是出不来功的。可是怎么苦也好，我是必须严格要求自己，就想成为一名合格的舞蹈演员。

图2　初中时的萨仁高娃

刘锦山：当时和您一起进巴林右旗乌兰牧骑的小队员有多少名，跟您年龄差不多的？

萨仁高娃：我们三个，年龄都差不多同岁。跟我们三个一起考进来的还有一个是吹笛子的、一个是拉四胡的，他俩工作了两年就考学走了。

刘锦山：我知道有二胡，四胡是蒙古族的乐器吗？

萨仁高娃：对，四胡是蒙古族乐器。有高音四胡、低音四胡两种。

刘锦山：1985年1月1日正式进入了乌兰牧骑？

萨仁高娃：对，正式进入了乌兰牧骑。

刘锦山：当时学习、生活的情况是怎样的？

萨仁高娃：那时候乌兰牧骑是军事化管理，队长和指导员都说让我来乌兰牧骑住宿舍，早晚的时间是要练功的。我们还有实验期，实验期练不好就要回家的。乌兰牧骑也有食堂，我们在食堂吃饭，早晨老早就起床练功，互相拼比，练功很认真，当时的感觉就是少上一个节目，业务肯定是不行，要多上节目才是认可你了。天天就是练功，除了练功就是练功。再一个就是下乡演出。1985年四五月我就开始参加了下乡演出，差不多一两年时间就把巴林右旗都走遍了。到现在对那个时候的印象特别深刻,因为小孩嘛,记忆力也好,下乡演出的时候哪个苏木在哪个方向、是草原还是沙漠,到现在脑子里清清楚楚的。

刘锦山:当时队里面有多少队员?

萨仁高娃:那个时候就有25名队员。

刘锦山:25名队员是蒙古族的,还是也有其他民族的队员?

萨仁高娃:就是汉族和蒙古族,我感觉汉族演员有五六个吧。

刘锦山:您去了除去学舞蹈,还学习其他的吗?

图3 刚进入乌兰牧骑的萨仁高娃

萨仁高娃:我们是必须得把自己的专业先练好,然后再一专多能。就是两三年的时间把舞蹈学好了,就开始让你学别的专业。

刘锦山:您就是学舞蹈的?

萨仁高娃:我一开始就是学舞蹈的。

刘锦山:就是民族舞蹈,蒙古族舞蹈?

萨仁高娃:蒙古族舞蹈。

刘锦山:后来又学了一些什么?

萨仁高娃:我学了乐器中阮,就是四根弦的一个低中音的乐器。1987年让我兼职出纳,就是管现金,单位的出纳老师当时好像要调走。

刘锦山:1987年您多大岁数?

萨仁高娃:18岁。

二、无惧压力，刻苦钻研舞蹈创作

刘锦山：萨仁高娃老师，请您具体谈谈您在乌兰牧骑的排练、演出和创作情况。

萨仁高娃：开始跳舞的时候道尔吉和苏布德是我们的基本功和蒙古族舞老师，高娃老师和穆彩文老师是我们的编导，就是这些老师教我怎么跳舞的。她们也是叫我高娃，编导老师们编舞的时候叫我们几个队员去当模特儿，老师们提前做好准备，把故事情节清清楚楚地讲给我们，说你们也想一想怎么样创作更好。那个时候我也很好奇，编舞蹈这个感觉很好，我就跟老师们大胆地去聊，我还说一些自己的意见想法，就这样跟着老师们学习编舞。

1996年的时候，队里面说自治区有个40天的乌兰牧骑培训班，说你去学习吧，当时我孩子还小，我就把孩子给我婆婆去呼和浩特学习了。这次学习对我的帮助真的很大，也是一个转折点吧。到了呼和浩特以后著名舞蹈艺术家查干朝鲁，还有朝鲁巴根两位老师给我们上课，一个是蒙古族舞，一个是芭蕾课。40天的培训后，我们各个乌兰牧骑的队员提高得特别明显，从基础上也好，从编舞上也好，学到了很多东西。回来我在队里面就担任舞蹈队教练，1997年就开始自己编舞。当年是内蒙古自治区乌兰牧骑第二届艺术节，巴林右旗乌兰牧骑代表赤峰市参加了艺术节，那台晚会的舞蹈几乎都是我编的，那几个作品是我的早期作品。

刘锦山：1996年您到呼和浩特参加培训班？

萨仁高娃：嗯，专门给乌兰牧骑队员办的培训班。

刘锦山：这个班叫什么名字？

萨仁高娃：蒙古族舞和基本功培训班。

刘锦山：在那儿学习了40天？

萨仁高娃：是的，40天。

刘锦山：比较系统。回来以后1997年开始自己编舞？

萨仁高娃：对。那个时候就知道一点儿编舞从基础上怎么做，各个方面学到

图4 萨仁高娃

一些。再一个就是蒙古族舞应该怎么跳，系统地学习了一遍。

刘锦山：1996年这次培训对您后面专业的发展起到了很大作用？

萨仁高娃：对。

刘锦山：除了1997年开始编舞，后面还编了些什么作品？

萨仁高娃：2000年专门参加了一个10多天的编导班，那个编导班讲了一些理论方面的课程。

刘锦山：是市里面搞的？

萨仁高娃：也是自治区那边办的。理论课的时候我就有点蒙了，因为我不是专业学校毕业，就是一个自学者，老师们教的，乌兰牧骑的老队员教的，就这些。直接上专业编导课后感觉不知道怎么编舞了，就是脑子里空空的，往下不知道怎么去编，就是这种感觉了。然后就学完回来了，回来以后还是不知道怎么编，到底怎么办，又磨了差不多两年。反正就是看书也好，再一个就是跟老队员聊天，还从老师那儿问，这样的情况下我还是开始编了。因为单位的这些任务都压在我头上，我就得去琢磨。就这样，有些理论上的东西要参考，有些我就按照自己的想法，开始创作了。2005年举办第三届乌兰牧骑艺术节，赤峰市又派我们巴林右旗乌兰牧骑，去鄂尔多斯的鄂托克旗参加了艺术节。那年也是一台歌舞晚会，晚会里面有我创作的女群舞《巴林蒙古女性》，后来获得创作奖；2005年11月的时候，去贵阳花溪参加了第五届民族民间舞"荷花奖"的比赛，荣获作品铜奖。

刘锦山：是全国的一个比赛？

萨仁高娃：对。"荷花奖"是舞蹈界里面的最高奖。后来就慢慢对自己有一点信心了，脑子里面总是想赶紧编赶紧编，就努力去编。后来又创编了《永远的乌兰牧骑》《达拉拉嘎》等，2015年又编了《巴林·德布斯乐》，第二次获了"荷

图 5 《巴林蒙古女性》剧照

图 6 2005 年,《巴林蒙古女性》获中国舞蹈最高奖"荷花奖"

花奖"的十佳作品奖。还有一些别的,比如《心中的圣光》等 10 多个作品,今年编完这部作品以后,下一部作品还压在头上,就是不断地去编。

刘锦山:您是 1984 年到乌兰牧骑,到 2018 年有 34 年时间了。这 30 多年巴林右旗乌兰牧骑创作的比较有影响或者有代表性的作品有哪些,您给大家介绍

图7 情景歌舞《永远的乌兰牧骑》剧照

图8 舞蹈《巴林·德布斯乐》剧照

图9 三人舞《德吉》剧照

一下。

萨仁高娃：巴达玛老师、道尔吉老师，还有桑布老师那一代，那就是20世纪60年代、70年代、80年代，都是他们去创作，他们的作品多。到现在我们拿出来去跳的时候，仍然有生活气息，真是"接地气、传得开、留得下"的优秀作品，现在我们还在保留。比如那时候的《五彩情绸》《金马驹》《金色摇篮》等，很多的作品真是离不开我们的生活，离不开我们的地方特色，"接地气"，真的是这样的作品。再往下我们编的时候，就是20世纪90年代到现在，我现在创作的作品，有些东西我感觉不如当年老师们想的，他们想到的一些题材太有生活了，现在我找题材很难，我再去编的时候要编什么，是一个难题。

刘锦山：到目前为止您自己编导的作品有多少部？您最满意的有哪几部？

萨仁高娃：大概有20多个了。我最满意的还是获奖的

《巴林蒙古女性》《永远的乌兰牧骑》《达拉拉嘎》《巴林·德布斯乐》《德吉》《礼赞》《草原上的铁姑娘》这几个吧。还有一些我们的歌曲作品，有《巴林马驹》，那是道尔吉老师的作品，再往下就是《查干沐沦》《巴林的儿子》，还有器乐作品好来宝《赞乌兰牧骑》《我们的乌兰牧骑》《喜悦》。《巴林蒙古女性》，我本身是一名女性，因为我们巴林地区的蒙古族女性很温雅、高雅、端庄；我也是从小跟奶奶、母亲那儿学到了很多蒙古族女性的温雅的品质；我的巴达玛老师就是端庄、温雅。怎么不编一个这样的舞蹈呢？还有高娃、穆彩文老师，都是那么优秀的女性，因此我就想编一个巴林女性的舞蹈，动作方面我特意把生活里面的动作变成舞蹈化动作，头上顶着7个碗，身上穿的是长长的皮袍。

图10 舞蹈《礼赞》剧照

图11 女群舞《草原上的铁姑娘》剧照

三、继承传统，全心全意为基层服务

刘锦山：您什么时候担任队长的？

萨仁高娃：我是1997年开始担任业务副队长兼编导，教练到2009年。2010年开始正式担任队长兼编导至今。

刘锦山：现在咱们乌兰牧骑队员有多少名？

萨仁高娃：45 人。

刘锦山：都是正式的编制？

萨仁高娃：正式编制的有一部分，合同制有一部分，政府购买服务人员有一部分。

刘锦山：最年轻的队员是多大年龄？

萨仁高娃：18 岁。

刘锦山：您这儿队伍还不错，我看有的乌兰牧骑队年轻队员比较少。

萨仁高娃：我们巴林右旗乌兰牧骑特色就是从建队的时候开始，有自创自演的特点，队员也是一个两个地不断加入，这样看不出来老的有多老、小的有多小，每年都有进的，老队员带小队员这样传承。

刘锦山：招的这些新队员都是从什么学校、以什么方式、通过什么途径招来的？

萨仁高娃：百分之七八十都是从农村牧区爱好文艺的孩子们中间选拔过来以后，再自己培训。

刘锦山：巴林右旗是牧区吗？有农业吗？

萨仁高娃：是一个以牧业为主的半农半牧地区。

刘锦山：请您谈谈巴林右旗乌兰牧骑为基层农牧区群众服务的情况。

萨仁高娃：我刚才也说了从 1984 年进入乌兰牧骑以后，1985 年四五月的时候我就开始跟着队员们下乡，差不多有两年时间巴林右旗我都转遍了。那个时候条件还好一点，原来的老队员那边我也听说过，我们资料里面也有，都是坐着毛驴车、马车下乡，我去的时候已经有解放车了，条件就很好了。从旗里把我们送到苏木，就在苏木里面安排一些车，我们就往嘎查那边走，有毛驴车往下送。我还记得那个时候就一户人家我们也去演，感觉特别好。我们的老队员那些观众都认识他们，有过来握手问好，那么热情，我特别羡慕，那些农牧民也高兴得不得了，我就想怎么就没有人认识我呢？原因是我还是刚去的小演员，现在我们乡下肯定都认识我了。我们到了晚上在演出当地住，住的时候他们都说你快上我们家吧，就拽着走；到了农牧民家，他们把最好吃的东西拿出来给我们吃，行李也是把最干净的给我们用，就那么热情。多长时间的节目他们都要看完。

现在条件好了，我们坐着大客车，到每个地方都是客车在跟着我们，现在路也好走，每个牧民家门口都有柏油路。偏僻的地方我们现在也是每个牧民家都要去演出。别看经济发达了，家里都有电视，很多好看的晚会也都能看见，可是我们去了以后，观众还是愿意看现场。因为我在现场也跟观众们聊天，我说我们过来演出你们愿意看吗？他们说当然愿意了，乌兰牧骑的节目好看，我们还是愿意看乌兰牧骑的节目。这样看来他们还是很喜欢看我们的节目。我们年轻的队员也特别喜欢下乡演出。

刘锦山：高娃队长，根据我的了解，过去蒙古族的牧区都是游牧，逐水草而居，可能这个月在这个地方，下个月又到那个地方，乌兰牧骑出来也是追随着他们放牧的路线来走。现在好多牧区也都定居了，现在演出跟过去有哪些不同？

萨仁高娃：到了牧区，就是创作人员采风的时候，原来的东西还是找不着了。因为生活条件都好了，游牧生活现在有些地方几乎就没有了，牛羊现在都是

图12　2017年12月，萨仁高娃（中）在呼和浩特参加庆祝乌兰牧骑建立60周年表彰大会（左为胡东平，右为张文刚）

图13 2017年年初，参加全区乌兰牧骑蒙古语电视春晚节目录制《玛奈乌兰牧骑》（后排左三为萨仁高娃）

圈起来，这样的话有些东西真的看不见了，这个也是很遗憾，去采风的时候看不到那么全面了。我是牧区长大的，对原来的一些牧区生活印象特别深，这样我只能是从这方面去回想，创作作品。

刘锦山：咱们的巴林右旗乌兰牧骑是哪一年成立的？

萨仁高娃：1959年4月。

刘锦山：那还算比较早的。

萨仁高娃：对，马上就是60年。

刘锦山：那在这将近60年的过程中间，咱们巴林右旗乌兰牧骑获得了哪些荣誉？

萨仁高娃：巴林右旗乌兰牧骑的荣誉真的太多了。1965年我们队有4名演员参加第一次全国巡回演出的活动；后来又搞了一次巡回演出，那是2001年，我们队又有4名队员参加，这是自治区全区乌兰牧骑队里面挑选的优秀队员，几乎就是一个队里面有一个，有的乌兰牧骑队一个都没有，我们队里面一直是 4 名，这真的很荣幸。1999 年世界园艺博览会的演出，我们代表内蒙古去昆明参加文艺演出活动；2014 年青岛的世界园艺博览会，我们代表内蒙古参加了博览会的演出；2004 年新中国成立 55 周年，我们代表内蒙古进北京演出。

刘锦山：后面咱们乌兰牧骑发展有哪些考虑呢？去年乌兰牧骑迎来了非常好的发展契机，习近平总书记对乌兰牧骑 60 年的发展给予了非常高的评价和肯定，您介绍一下这方面的情况。

萨仁高娃：习近平总书记的回信使我们队员深受鼓舞。政府在各方面的扶持很多，如为了演出需求，配送了演出大巴车、舞台车，还有下乡演出补贴、保证每支乌兰牧骑编制人数达到 35 人，一层一层都在落实当中。在这样的情况下我们的每一个队员能不高兴吗？可是还要考虑怎么样去干好以后的工作，怎么样去发展，这是我们的重要任务。以后的演出、辅导、服务、宣传、创作、创新，这个压力是很大的。现在跟原来就不一样了，你怎么去辅导才能辅导好？怎么去宣传？怎么去服务？创作、创新，之前我们前辈们的那么多优秀作品我们怎么样去突破，创作出更优秀的作品？这真的是我们一个很大的任务，压力也很大。

孙普

艰苦奋斗谱芳华

采访时间：2018 年 4 月 28 日
初稿时间：2022 年 6 月 13 日
定稿时间：2023 年 6 月 26 日
采访地点：赤峰市图书馆"赤峰记忆"拍摄现场
版　　本：文字版

孙普速写

  孙普　汉族，1948 年 2 月出生于翁牛特旗乌敦套海镇二牌子村，1967 年毕业于赤峰师范学校，同年参加工作，1971 年加入中国共产党，二级演员。

  历任翁牛特旗乌兰牧骑副队长；翁牛特旗文化馆副馆长（主持工作）；翁牛特旗农村文化工作队队长；翁牛特旗乌兰牧骑队长、党支部书记；翁牛特旗文化体育局副局长；内蒙古乌兰牧骑协会赤峰分会常务副秘书长，内蒙古乌兰牧骑协会理事；中国文化促进会会员。

  1969 年 12 月 31 日，被翁牛特旗革委会政治部评为 1969 年创"四好"运动中五好队员。1970 年 12 月 31 日，被翁牛特旗革委会政治部评为 1970 年创"四好"运动中五好队员。1986 年 7 月 1 日，被中共翁牛特旗直属机关党委授予优秀党支部书记称号。1987 年 6 月 20 日，因在乌兰牧骑勤奋工作 10 年以上，为发展内蒙古自治区民族艺术事业做出积极贡献，荣获内蒙古自治区文化厅表彰。1989

年7月7日,被翁牛特旗人民政府特授予记大功奖励。1992年7月1日,被中共翁牛特旗委员会评为优秀党员。1997年7月7日,因为在乌兰牧骑勤奋工作15年以上,为内蒙古自治区民族艺术事业做出积极贡献,荣获内蒙古自治区党委宣传部、内蒙古自治区民族事务委员会、内蒙古自治区文化厅表彰。2004年4月24日,被中共翁牛特旗委员会、翁牛特旗人民政府评为2003年度全旗精神文明建设先进工作者。2004年12月,被中共翁牛特旗经贸系统委员会评为优秀党务工作者。

刘锦山:各位朋友,大家好!现在是2018年4月28日下午,这里是赤峰市图书馆"赤峰记忆"拍摄现场。今天我们邀请到的嘉宾是翁牛特旗乌兰牧骑原队长、原翁牛特旗文体局副局长孙普老师。孙老师,您好!

孙普:您好!

图1 孙普(左)接受"赤峰记忆"采访

一、不负党中央嘱托，全国巡演展风姿

刘锦山：孙老师，非常高兴您能接受我们的采访。首先请您给大家介绍一下您个人的情况。

孙普：我是 1948 年出生的，老家就是翁牛特旗乌敦套海镇二牌子村。我来自农村家庭，父母都是农民，12 岁就没有了母亲，是在爷爷奶奶的呵护下长大的。1955 年在本村的小学读书，1961 年到赤峰县哈拉道口中学读初中，1964 年考到赤峰师范学校，1967 年毕业分到翁牛特旗工作。一开始本来应该是教学，因为我是师范学校毕业的；去了以后分到学校一个多月，然后乌兰牧骑就要我，后来就调到乌兰牧骑。1967 年我到了乌兰牧骑；1973 年被任命为乌兰牧骑的副队长；到 1977 年，调到我们旗的文化馆工作；1981 年我在文化馆又创建了一个翁牛特旗农村文化工作队，实际这个也是乌兰牧骑式的演出队伍，当时的主要演出任务是针对我们旗的农区，因为我们是半农半牧区，东部是牧区，西部是农区；1984 年 5 月又把我调到乌兰牧骑任队长，直至退休，我是 1998 年 10 月退休的；1994 年又任旗文体局副局长，但是我始终兼着乌兰牧骑队长，大部分工作都是在乌兰牧骑。我这一生的工作基本上都是在我们旗的文化系统工作，没有离开翁牛特旗的文化工作，整个三十几年，中间除去 5 年多的时间在文化馆和文化队，其余的时间都是在翁牛特旗乌兰牧骑。

刘锦山：孙老师，内蒙古地区幅员辽阔，东西跨度大，农村、牧区距离城区都比较远一些，为了解决基层群众的文化精神生活需求，经过调研、试点就创建了乌兰牧骑这样一个服务于基层的文化队伍。翁牛特旗乌兰牧骑是内蒙古自治区两个试点单位之一，一支是在锡林郭勒盟的苏尼特右旗，再一支就是翁牛特旗。翁牛特旗乌兰牧骑是 1957 年 6 月 25 日正式成立的，您是 1967 年调到翁牛特旗乌兰牧骑工作的。您当时调到乌兰牧骑的时候是多大岁数？

孙普：正好 20 岁，都讲虚岁。

刘锦山：请您谈谈翁牛特旗乌兰牧骑的成立和发展情况。

孙普：翁牛特旗乌兰牧骑在全内蒙古自治区是最早的两个试点单位之一，前

期成立的过程可能有一些老同志都给你们介绍了。因为1956年中央召开了一次少数民族文艺工作会议，会上自治区乌兰夫主席向周总理提出在少数民族地区、文化生活比较缺乏的地区怎样解决牧民文化生活的问题。周总理指示内蒙古根据当时的情况，因地制宜采取一些有效的措施解决少数民族文化生活缺乏的问题。1957年开始，内蒙古文化局提出要在两个地方搞试点，苏尼特右旗是内蒙古文化局直接抓的，它是纯牧区旗县；而翁牛特旗是半农半牧区，委托昭乌达盟文化处来搞这个试点。

翁牛特旗有一点特殊性，地形和别的地方不一样。它的地形在整个赤峰市地图当中，正好是拦腰的腰带，整个赤峰市的地图它在中间一横，这么一个腰带，东西长256千米，南北是84千米，面积是1.2万平方千米。现在的旗政府所在地乌丹镇，往东全都是牧区，只有两个乡镇乌敦套海镇和玉田皋乡不是牧区，其余的全部是牧区。从整个面积来讲，翁牛特旗面积的70%是牧区。从人口来讲，面积最大的地区是人口最少的，面积小的是人口最多的汉族地区。所以根据这种情况，昭乌达盟文化处和内蒙古文化局决定要在翁牛特旗搞试点，它有一定的道理，就是说半农半牧区怎么搞。1957年的时候，旗不叫旗政府，叫旗人民委员会，当时和旗人民委员会一商量，决定在海拉苏现在叫海拉苏镇建立乌兰牧骑。为什么在那儿建立呢？1956年翁牛特蒙古族自治旗和乌丹县合并，更名成翁牛特旗。合并以后就把翁牛特旗原来的文化馆设在海拉苏了，这个文化馆主要是负责牧区；原来乌丹县的文化馆也叫旗文化馆，就负责农牧区。后来要搞试点，说能不能建立乌兰牧骑，旗人民委员会决定就把牧区文化馆改为乌兰牧骑，当时只有6个人，就在这个基础上乌兰牧骑一点一点发展起来的。当然我们一些老同志，最早入队的6名老队员，现在只有一位老队员就是乌国政老师还健在，那5位老师都80多岁了，现在都去世了。这是翁牛特旗乌兰牧骑建立的过程。翁牛特旗乌兰牧骑的历史和全内蒙古自治区乌兰牧骑的历史有一点相似，从翁牛特旗乌兰牧骑发展史能看出整个内蒙古乌兰牧骑的发展史。

翁牛特旗乌兰牧骑成立以后，非常艰苦，经费也没有，服装、道具都非常简单，但是他们马上就到农村、牧区，到牧区各个嘎查去演出。一开始演出有困难的时候，他们借用了一些业余队员跟他们一起下乡演出。乌兰牧骑逐渐走向正规以后，1964年11月，北京举行少数民族观摩演出，这次演出在整个内蒙古自治区乌兰牧骑的发展史上是很关键的一件大事。这次演出内蒙古出了一个演出队，是从全区几个乌兰牧骑抽出的队员，上台的队员只有12名，翁牛特旗乌兰牧骑去了6名同志。实际上去演出是以业余的身份去的，没有被当作专业文艺团体，在内蒙古集训了一段时间以后，在11月17日到北京去参加演出。

周总理看了内蒙古乌兰牧骑演出，当时还给周总理介绍乌兰牧骑在牧区怎么样为牧民服务，队伍短小精悍，节目小型多样。当时代表队去了18个人，上台人员是12个人，我没有参加，听老同志介绍过，另外我看了很多资料。我第二次返回乌兰牧骑请我们第一任老队长回去介绍乌兰牧骑队史的时候也说了这个情况，所以我印象很深。

周总理指示，能否组织演出队到全国去演出，要把乌兰牧骑这种精神传到全国去。所以说这一次演出在全区的乌兰牧骑发展史上是很关键的。1964年12月27日，毛主席等党和国家领导人接见了当时参加会演的乌兰牧骑队员，其中就有翁牛特旗乌兰牧骑的队员。

1965年，内蒙古自治区开始组建乌兰牧骑巡回演出队。一开始是组建3个队，一个队是14名演员，但是12个人上台，其中有两名是备补队员，一名女同志，一名男同志。备补队员要求很高，除了会声乐以外，舞蹈、器乐基本上要会很多样，因为在全国巡演当中怕哪一个队员身体不行了，不能上台了，比如这一场演出节目是舞蹈，备补队员必须顶上去。每队14个队员，3个演出队，40多人，咱们翁牛特旗去了10个。你们认识的乌国政老师是一队的，当时一队去的队员最多，二队有一名，三队有一名，后来抽出两名同志成立了四队。准备得差不多了，要成立四队是啥意思？中央又有指示，要搞一个乌兰牧骑巡回演出队四队，到长春电影制片厂专拍电影。翁牛特旗乌兰牧骑指导员吴甫汕[①]老师任四队队长，还有一个朱志会老师，他们俩到四队去了，到长春电影制片厂拍电影，电影名字叫《乌兰牧骑之歌》，是大型艺术纪录片，记录乌兰牧骑的过去。拍完以后准备放映，1966年"文革"开始，电影就停下了，后来剪了8分钟短片在各电影院电影放映前放过，我们后来的同志没看过。这是全国巡回演出，这3个队一直到1965年，走遍27个省区市。4个队都有翁牛特旗乌兰牧骑的队员，返回到呼和浩特大概是1966年的1月。

全国巡回演出结束以后，内蒙古要成立直属乌兰牧骑，就是现在的直属乌兰牧骑，把翁牛特旗乌兰牧骑的三名同志留在直属乌兰牧骑工作。其中吴甫汕老师任直属乌兰牧骑第一任指导员；还有宋正玉老师，就是朱嘉庚老师的老伴儿，顶碗舞的表演者，实际上内蒙古顶碗舞一开始就是她创作的；还有刘桂琴老师，现在70多岁了，在浙江宁波居住。把他们三个留在直属乌兰牧骑工作。当时我们的宋老师和刘老师不同意，最后自己写了报告，要坚决回到基层去，后来内蒙古文化局就同意了她们俩的要求，又让她们回到翁牛特旗，她们一直在翁牛特旗，后来岁数大一点到其他单位，但始终在基层。这是过去的情况。我估计老同志们都讲了这些情况。

1969年的1月，突然发生一件大事，内蒙古自治区通知翁牛特旗乌兰牧骑代表内蒙古自治区到北京演出，给中国共产党的第九次全国代表大会演出。这时候有什么困难呢？乌兰牧骑的男演员就我们三个人了。内蒙古文化厅是达·阿拉

[①] 吴甫汕，1930年出生，蒙古族，喀喇沁旗王爷府镇大营子村人。中学文化，1947年10月参加工作，中共党员。1958年9月任翁牛特旗团委副书记、乌兰牧骑指导员。1965年担任乌兰牧骑巡回演出队四队队长。1966年7月，内蒙古文化厅组建直属乌兰牧骑，任指导员和队长。1969年，调回翁牛特旗继续担任乌兰牧骑指导员。1971年调昭乌达盟京剧团任领导小组副组长。1978年调到昭乌达盟民族歌舞团任副团长，曾参加赤峰市民族歌舞团对蒙古族古代宫廷乐器的发掘工作。1983年以来，先后参加了《乌兰夫》《亲家卖粮》《黄土窝的故事》《裂变》《情洒太行》等20多部电视剧演出，其中在《亲家卖粮》一剧中担任"马算盘"一角，被列入全国电视剧最佳男主角候选人名单。[参见徐世明主编《赤峰人物》（总现代上卷），中国文史出版社1997年版，第271—272页]

坦巴干厅长,他老人家现在已经过世了,当时他是艺术处的;还有一个军代表张鸿印,各单位都有军代表。他们俩到翁牛特旗来接我们,一看这种情况怎么办呢?就和我们去下乡选演员,选了一名演员,然后从赤峰县又借了两名,借了一位男同志叫张国富,借了一位女同志叫陈金鲜。完成任务以后他们就回去了,那位男同志后来参军了,到铁道部文工团。我们一共是11个人在赤峰市集训,春节在赤峰过的,集训完了2月我们走的,二十几日我就忘了,3月8日我们到呼和浩特正式汇报演出,就是审查节目。内蒙古的一些老艺术家就像我们当年全国巡演一样,来了以后就帮助我们提高节目的质量。但是1969年4月1日,党的九大召开之前,我们接到中央的通知,全国的文艺团体一律不许进京演出了,所以这一次上北京去演出就没有成行。

4月1日晚上,直属乌兰牧骑在呼和浩特新华广场庆祝九大演出以后,就开始受内蒙古革委会的委托,由内蒙古军区政治部的李主任带队,到巴彦淖尔盟五原县和乌拉特前旗,还有乌兰察布盟去宣传演出。6月,我们以内蒙古自治区直属乌兰牧骑二队的名义,到北京、河北省慰问部队,主要任务是慰问北京军区的

图2　1969年2月,翁牛特旗乌兰牧骑的孙普(左二)、姜桂环(左三)在去往呼和浩特的列车上为旅客演出

炮兵五师；还到北京中央一些机关，当时有华北局、外交部等中央机关慰问演出。带队的是内蒙古文化局的黄河老师。演出完以后，从天津开始，一直到秦皇岛，慰问沿途的部队，一直到 7 月，我们才完成任务，大约是 7 月中旬。

这次演出锻炼了乌兰牧骑，也宣传了乌兰牧骑，另外我们通过这一次演出在业务上又有很大的提高，所以回来以后就开始搞汇报演出。在那个年代，我们回来汇报演出，票是很难得的，后来没办法，旗里就采取按单位，一个一个单位都满足需要，但是没有等任务全部完成，盟里又调我们到整个昭乌达盟各个旗县慰问部队，当时我们昭乌达盟驻扎了很多部队，特别是克什克腾旗和林西。这个时候我们一些老同志就都落实政策回来了，这个队伍就恢复到原状了，借来的同志回去，咱们的老同志回来，业务逐渐又走向正轨了。

二、自力更生搞生产，满腔热血献给党

刘锦山：孙老师，1969 年 7 月，昭乌达盟划归辽宁省。划归辽宁省这 10 年间乌兰牧骑的情况您给介绍一下。

孙普：1969 年的 7 月，昭乌达盟划归辽宁省，不是内蒙古自治区的了。在辽宁省这 10 年翁牛特旗乌兰牧骑有很多故事，有很多值得回忆的事情。

1973 年年末，辽宁省下了一个通知，要搞乌兰牧骑辽宁省全省巡回演出，要求巴林右旗乌兰牧骑和翁牛特旗乌兰牧骑两个队参加，不叫乌兰牧骑巡回演出，叫乌兰牧骑式的演出队巡回演出。四个队（抽出队员）组成两个队，一个是鞍山市歌舞团曲艺队和翁牛特旗乌兰牧骑组成一个队，一个是大连市歌舞团小分队和巴林右旗乌兰牧骑组成一个队。这个小分队在 1970 年和我们单位有一点关系，他们过去知道翁牛特旗不错，特意来翁牛特旗学习乌兰牧骑形式，回去以后就成立了一个乌兰牧骑小分队，到海港等地去演出，所以在辽宁省也是有名的。我们原来分的演出区域是辽南，后来因为大连歌舞团到我们这儿来，我们曾上大连歌舞团演出过，所以我们就改成辽西，辽西片是我们，辽南是巴林右旗和大连歌舞团小分队。然后我们就进行了全省巡回演出，我们是从 1 月份开始集训，5

月 20 日开始正式演出，我记得最清楚，5 月 20 日到沈阳审查节目后，就开始演出。演出的时候，每一个队都在沈阳演 7 天，共同演 7 天。

刘锦山：这是 1974 年？

孙普：1974 年。1974 年之前还有事情，咱们一会儿再说。演出是在沈阳老北市剧场和工农兵剧场，我们两个队轮换，你在这儿演完这几天，我们再上那个剧场演 7 天。他们是 5 月 21 日演，我们是 5 月 20 日演，20 日那天在工农兵剧场搞电视台现场直播，那个年代不叫辽宁电视台，叫沈阳电视台，只有市地级才能够看到他们的节目，别的地方看不到，当时就是那个条件。后来我们开始到各个盟市演出，最后一个点是昭乌达盟，昭乌达盟演完之后，结束演出。由文化处处长仉振元老师带队，协助带队的还有艺术馆的胡藻文老师和我们指导员朱绍贤。朱绍贤老师已经调走了，调到我们旗党校当校长，我们演出时旗政府又把他借回来，让他代表旗政府带着我们出去，是我们队的带队。然后还有鞍山市歌舞团的谢新太老师，谢新太也是鞍山歌舞团的带队，当时是鞍山市文化局的一位领导，他是副带队。我们每到一个市都是演 7 天。我们到的第一天是看当地文化单位、文艺团体给我们演出，第二天开始就是我们演，晚上演出，白天有 3 天的时间下乡。

我们全省巡回演出回来以后，整个节目换了，全部换了辽宁式的节目，我们学了很多，回到当地，咱们当地百姓一看，挺好。那个年代，当地都是蒙古族歌舞，我们当时学了很多相声、二人转、评书，回来以后老百姓、观众看了感觉非常新颖。当时我们学了二人转《女队长》，那时候我演的，还有单出头[①]。当时演出的那些演员按现在来说都是艺术家，像单出头，前一些日子我在地方电视台还看过，现在那些演员是辽宁省有名的艺术家了。还有王印全老师是刘兰芳老师的丈夫，王印全老师是说快板的。我们这一次去还成立了一个创作组，王印全老师是我们创作组的组长，因为每到一地都要创作出一个节目来。

1969 年我们回去，到 1974 年全省巡回演出这段时间，翁牛特旗乌兰牧骑有

[①] 单出头，一个人一台戏，一个人可以扮多种角色，是一种表演艺术形式。

几件事情是值得回顾的。一是下乡种地。1970年的时候我们粮食不够吃，乌兰牧骑是吃粮本，我们是按照轻体力劳动每个月35斤指标，但是35斤也不够。后来没办法，指导员朱绍贤老师就说，咱们能不能到牧区种地去，不耽误工作；我说可以吧。我们到海拉苏的敖包诺尔大队，跟他们商量，他们说我们这儿地有的是，你们随便种，你们想种多少？我们说有三四十亩就够了。他们有一农业队，在海拉苏镇的边上离镇不远，四五公里，就这么一个地方，有一个农业队，说那个地方的地不少，我们划给你们30亩地种水稻。我们就开始劳动，5月我们开始种水稻，社员一天打30米的稻埂子，埂子打完以后得放水，放水以后再插秧，那时候不插秧，那时候都是漫撒籽，随意撒，还没有现在的种田技术。我们一上午就打了30米的埂子，下午要练习、排练，晚上还要学习。因为当时定的我们5月二十几日还要参加全市文艺会演。就这样，我们几天就把活干完了。

干完了还要接着干，为什么呢？给生产队劳动。给生产队劳动以后，生产队就给你记工了，你们今天打了30米，今天打3个30米就是3个工，等到我们走的时候，生产队有我们的100多个工。以后这一夏天我们都不去了，干啥？稻田的管理全是生产队给管，用我们的工和生产队换，到秋天我们再去割稻子。第一年打了一万多斤稻子，但是粮食打出来以后，怎么办呢？我们当时自己有食堂，一个是补助队员，每一名队员分了二三十斤，这就可以拿到家里去了；还有剩余一部分搁在食堂；还剩一部分我们就放在海拉苏的粮站里面。那个时候我们大部分都是独身，成家的很少，就这二三十斤给谁呢，有的就给成了家的、住在街里的、家里人口多的，同志之间就分了，相互帮助了。我们这

图3　1970年秋天，孙普（左）在海拉苏苏木的包冷嘎查和牧民一起收玉米

图4　1972年，翁牛特旗乌兰牧骑和农民一起参加劳动（右一为孙普、左一是乌兰牧骑的朴顺实）

样一共种了三年多时间，后来又种了一年糜子，糜子就是用来做牧区的炒米。那个时候因为生产队的地成了水浇地，我们给人家还回去了。这是一件值得回忆的事，我们翁牛特旗乌兰牧骑的一件大事。

　　再一个就是1971年，我们翁牛特旗乌兰牧骑学习"红九连"，开展整建党。翁牛特旗乌兰牧骑在成立的时候只有一名党员，后来就指导员是党员。指导员必须是党员，但是组织关系不是在宣传部就是在文教科，乌兰牧骑本身没有支部，也没有发展党员，1971年以前乌兰牧骑没有发展过一次党员。1971年，我们老指导员就开始琢磨，想开展学习"红九连"，开展整建党。"红九连"是井冈山走出来的部队，国防部认定的英雄部队。后来指导员到书店去找到一个学习"红九连"的小册子，这样就把"红九连"的一些政治建军的经验拿到乌兰牧骑，用当时的话就是搞政治建队。当时特别是我们开展"一帮一，一对红"，互相谈心这个活动，在那个年代来讲确实起了很大的作用。开展整建党，给旗委打报告，旗委非常重视乌兰牧骑整建党，旗委当时就派了朱嘉庚，他当时是革委会宣传组组长，那个时候叫革委会宣传组，用现在的话就是旗委宣传部，他是宣传组组长。还有武装部的张志信，那时候都有军代表，张志信是武装部的。张志信、朱嘉庚和我们指导员朱绍贤老师，他们三个人成立一个整建党的领导小组，由朱绍贤任组长。

从1971年3月开始，整个过程朱嘉庚老师都跟我们在一块儿，我们下乡他都跟着去。这个阶段，政治学习也抓得非常紧，一些积极要求入党的写入党申请书，第一批发展了三名党员，我是其中一个，当时有宋正玉老师、姜桂环和我，我们三个。我们当时在下乡种地，离海拉苏很近，在农业队。10月17日，班车司机路过我们那儿，他长按喇叭，我们就知道这是有事，

图5　20世纪70年代，翁牛特旗乌兰牧骑党员合影（前排左起宋正玉、姜桂环；后排左起乌国政、支部书记朱绍贤、孙普）

我们就跑到班车前，师傅说告诉你们指导员明天必须回去，去乌丹开会，明天早上我发车，到这儿来停一下。我们入党是10月10日批准的，当时入党还得旗委副书记签字，入党志愿书签完以后旗里通过了，就差一个入党宣誓的仪式了。指导员寻思不行，明天早晨6点以前党支部必须成立，必须为这3名党员举行入党仪式，否则的话我开会以后回来不知道要有什么变故。当时乌国政老师正好在家里，离我们劳动那儿15公里，就派两名队员去找他，告诉他明天早上4点以前必须返回来，连夜返回来。他们回来了我们在夜间搞的宣誓，成立的党支部。我们三个党员入党宣誓以后，四个党员就成立支部了，又选了支部书记，是指导员，当时宋正玉老师和姜桂环两个同志任支部委员，我们四名党员嘛，党支部成立后又成立团支部。

翁牛特旗乌兰牧骑从那以后就开始了党的建设，就再也没有削弱，逐步加强了。现在当然我已经退休很长时间了，没有做过详细的统计，但是从那时到现在，在翁牛特旗乌兰牧骑入党的党员不下几十个了。现在有的已经是副厅级干

图 6　1973 年，翁牛特旗乌兰牧骑在下乡途中（前为孙普）

部、处级、副处级干部，所以翁牛特旗乌兰牧骑也是培养人才的一个摇篮。那个年代在乌兰牧骑，我们积极要求入党的时候，那真是想干出一点事业来，有的时候真是想做一点事，还不想让别人看见，当时都是做无名英雄。

三、艰苦岁月的友谊，不忘初心的坚守

刘锦山：孙老师，您 30 多年基本没离开过乌兰牧骑，回顾这些年在乌兰牧骑的成长经历，哪些是您最为难忘的？

孙普：我们开始种地的时候，每天早晨自己做饭，做完饭以后下地。轮班做饭，今天是你，明天是他，早晨的饭都是指导员做的，指导员做小米饭、咸菜条，当时我们也艰苦。我们自己有马车，但是马到夜间就得喂，每天早晨指导员我们俩偷偷地起来，指导员做饭，我就喂马；他把饭做好了，马我也喂好了，这个时候队员才起来。剩下的时候晚饭和午饭轮着做，当时男同志也轮，轮到我，我从小也没做过饭，所以没办法，今天要轮我，我就跟女同志商量，你替我做饭，我去干活；指导员也说了，你不会做饭，你找人替，但是这个班是你的。

现在回想起那个年代，我们非常艰苦，但是那种幸福感也非常强，同事之间的关系也是非常融洽。我说一句题外话吧，2015年，我们老队员自发搞了一次聚会，和咱们现在搞同学聚会一样，一共是40多人。有一些小队员就问我，孙老师我就奇怪，你们这些老队员感情怎么这么深呢？我说因为啥呢，知道吗？因为我们那个时候是在艰苦的环境当中大家一块吃苦，互相之间都没少帮助过。我们那时候一个队员如果没有衬衣，别人要是有两件，都会把自己的衬衣给他。我们那时候在单位是自己挑水吃，都抢着去挑水，"三九天"特冷，井离得特别远，为了争着去挑水，头一天晚上要把扁担藏起来，你明天想挑找不到扁担，这扁担我藏起来了，明天我拿着扁担去挑水。那个年代我们是在艰苦的环境里，有一次下乡，到一个点就走了51个小时，一名老队员把准备回家给他老母亲买的月饼都拿出来给大伙儿吃了，为啥呢？没饭吃，51个小时在沙窝子里没吃没喝的。

我说那个年代的艰苦生活，你们都不知道。我们一误车就误到二半夜才走到嘎查，有的时候本来今天下午就能到这个嘎查，晚上就能演出，但是误了车走不了，等我们把车辆弄出来之后再到嘎查，已经是二半夜了。我们有一次在白音塔拉误了车，到嘎查二半夜了，没有办法，就找村长；村长一看这都二半夜了，上哪去？人家找他的老伴儿给我们做饭，做的小米饭，熬点菜，大伙吃。吃完以后，住宿都半夜了上谁家去呢？农村生产队有一种条山炕，就是一个大屋这么长的炕，就在这屋将就一宿。我们那时候下乡都带行李，反正男的女的就把行李一打，和着身这么一睡。书记说明天早晨咱们再安排吧。那时候的生活就是这样的。我们过河过不去，河水深，必须得过，那是男的背着女的，女的拽着男同志，我说也得过，把车扔在这，留两名队员看着车；我们到了公社以后都二半夜了，公社干部把屋子撬开让我们进去，公社有几个干部，不管谁的衣服都给我们换上，因为我们顶着大雨赶到，身上衣服都湿透了。我们那样艰苦的生活现在哪有，现在都是大轿子车，没有这种情况了，我们那个时候就是这样过来的。

我们是怎么下乡的，你知道吗？我们穿着棉袄棉裤下乡，再穿着棉袄棉裤回来。现在到东部的白音塔拉，一个半小时就能到，那个年代，老解放车得走10个小时，绕到赤峰县过去，现在我们有穿沙公路，那时候没有公路。有的时候我

图 7　20 世纪 70 年代，翁牛特旗乌兰牧骑涉水去草原（左二为孙普）

们的老同志说起来非常苦的时候，眼泪都在眼眶里，但是那时候不觉得苦。像我们在沙窝子里，在沙漠里出不去，也没有那种灰心丧气，还是非常乐观的。我们51个小时误在沙漠里那次，朱嘉庚老师也跟着下去了，正好18个人。待着没事，我们在沙窝子里走不了，我们就唱《十八棵青松》，我说正好咱们也是18个人，咱们也是18棵青松，那个年代的样板戏《沙家浜》里的《十八棵青松》。那个年代不觉得苦，苦是苦，但是不觉得那么地了不起，队员的思想都是积极要求进步的。

　　乌兰牧骑无私奉献的精神，我给你讲几件事情。宋正玉，一说就肯定知道了。宋正玉和朱嘉庚是在全国巡回演出中认识的。在全国巡演的时候，朱嘉庚是一队的秘书，本来宋正玉和朱嘉庚完全可以留在呼市，宋正玉不干，非要回来乌兰牧骑工作，后来他俩就结婚了。结婚有了孩子以后，孩子出生一个月，就把孩子放在一个奶母家，就是保姆，这个保姆住在呼市的郊区，朱嘉庚当时在内蒙古文化局，他是文化局秘书处的。1969年，我们为"九大"准备演出，朱嘉庚老师还在呼市，这个时候上面要把宋正玉调到内蒙古去，昭乌达盟委书记周明知道这事了，当时我们在赤峰集训，周明说宋正玉不能调走，得把朱嘉庚调来。他和内蒙古文化局联系，就这样把朱嘉庚调过来，调过来以后带着孩子，孩子都两三岁了。从赤峰坐班车到乌丹，宋正玉老师看到自己2岁的儿子来了，就抱抱吧，跟儿子说我是你妈，孩子都会说话了，第一句话说你不是我妈，不认识。我在之前写的材料里说过，过去就是这样，孩子生下来就不管了，以后见面时说你不是我妈。

还有1974年的全省巡回演出，我们是年前就在赤峰东大营集训，我爱人当时怀孕，集训的时候她怀孕6个多月，到5月正好是临产的时候。我们是5月11日到的沈阳，日子怎么记这么清楚呢？我们儿子是5月13日出生的。我们在驻地一个亲戚都没有，怎么办？如果不去，队员就缺人了，另外当时我是副队长，节目都已经排成了。不过那个时候我也年轻，根本就没有把这事当作一种特大的负担，我爱人也说走就走吧，把我岳母接来了，岳母在离这150公里的林西县。我11日走，八九日回去就换换衣服，我岳母来了以后说你走吧，放心吧。当时旗武装部有一个叫关宝武的副部长，把我们送到沈阳，我在沈阳又买点东

图8　翁牛特旗乌兰牧骑在牧区的勒勒车旁练功

西，让他给捎回来。我们走的时候，我爱人当时是乌丹三小老师，到了沈阳，指导员问我："你爱人有消息了吗？"我说："没有呢。"几天后，乌丹三小郝景芝老师给我写了封信，说儿子出生了，怎么怎么的，挺好的；等回来我才知道，我们走的时候，指导员以党支部的名义找了那个时候的三小党支部，跟他这么说的，我们是有任务走的，孙普要走，他爱人要生孩子家里没有人，在这个阶段咱们以支部的名义委托你们单位给予照顾。我爱人在临产的时候，三小的老师像对待自己家属似的，排的值班表，女老师一个个轮，这天是你的，那天是她的，回来以后我非常感动。那个年代就是这样的。

1988年我家盖房子，现在叫城中心，那时候还是郊区，一公里之内没有人家，我盖了4间房。盖完房子后一年，1989年我下乡，正好我爱人调到档案局，到赤峰市集训40天，我也下乡，我就把俩儿子一个15岁、一个10岁，扔在家里，没办法，怎么办呢？我就把米和面给我们单位的大师傅，给他留了一些钱，他每天给两个孩子做饭，他们爷仨吃饭；每天这三顿饭吃完了以后，他们哥俩再骑车，老大带着老二回去，整整40多天。那时候没有电话，我每到一个公社，中午一点钟左右，我就往乌兰牧骑单位打电话，我临走的时候把电话放在了一楼的走廊上，离食堂近，每天中午打电话，每到一个公社就打个电话问孩子们在家里咋样。有一次打电话，大儿子说："爸，没事快回吧。""怎么了？""咱们家新盖房前面的平台塌了。"什么叫平台，就出去门之后有一个台阶，这么高的平台，头一年盖的，可能底下砸的地基不怎么好，一下雨，水渗进去了。我说平台塌了没问题，你们俩没事就可以，后来说没事，我说那行，啥事没有，你们俩回去以后把大门一插就睡觉。早上老早起来，小闹钟一上，早餐的时候找大师傅孙大爷吃饭，中午吃完饭好好休息，然后去学校念书。

有一天晚上很晚很晚了，我爱人从赤峰回去，找的车，她惦记，老是不放心两个孩子，到家已经十点钟了，怎么喊大门也开不开；她没办法，就跳墙进去，跳进院墙去以后敲门，孩子就开门了，他们俩在南卧室。我们那时候还有一个北卧室，那个时候是我们两口子住的，那个门怎么也推不开，后来终于推开个缝一看，天棚抹的白灰掉地上了，门被挡住了，开不开了。那个年代盖房子就是土方法，放上秫秸、高粱秸，再抹上泥，再抹上白灰。等我下乡回去一看，非常害怕，我说这也是幸运，如果是儿子住的那间屋，假如说夜间出这个事，拍不死也吓够呛，这么厚的泥要是都掉下来，有生命危险倒不可能，但是肯定要出事。然后我说没关系，就这样吧，这事已经过去了，啥事都没有。我接着下乡，我一到乡下就病了，夜间把我送到旗医院。第二天就发大水，我们家那个院全都进水了，就那样我们家里头和单位队员都没有告诉我，都不告诉我，我就在医院一直住院。回到家之后一看这院怎么这样啊？大家说水就差这么一截没进你们屋，为啥？因为我那平台这么高，全仗着那个平台了。

那个年代都不考虑个人怎么样。后来正好"八一"，西拉木伦河水上涨，整个昭乌达军区的部队都调过去了，抢险以后乌兰牧骑要去慰问。我说我跟着去，我们文化局刘福成局长说你不行，你没有出院呢。我说我必须去，我不去不行，我说舞台演出，又有灯光又有扩音，没人管。下乡时灯光、扩音都是我管的，农村就是一个灯点着就不用管，扩音我一个人做就得了。我说这次不一样，它在舞台上，我说我得去。刘局长说不行你去吧，演完了以后你必须给我回来，我说那行吧。后来我就去了。

乌兰牧骑一个叫莫德格的，她演话剧蒙古语戏《赖宁》的时候，其中的动作就是跳，这么高的服装箱子，我们搭成假山似的，然后她往下一跳把脚崴了。我在下面看怎么和他们原来的动作不一样呢？她当时就疼得不行了，但仍坚持演。那时候后面就一个幕布，我在幕后面问你咋了，她说没事。那咋着也得演啊，后来就这么演完了。第二天下去，我们到牧区找酒给她揉。我们一晚上演两场，一台蒙古语戏、一台歌舞，要是不演蒙古语戏的话那就只能演这一场歌舞了，我说明天咱们就改变原来的计划，就演歌舞，蒙古语戏别演了。《赖宁》是朱嘉庚老师创作的，他是汉族人，他创作后找人翻译以后我们特意搞了一个蒙古语的《赖宁》，是儿童话剧，但是大人也特爱看，朱老师戏写得不错，喜剧成分很多，赖宁是少儿英雄嘛。最后她说我坚持，必须演。我说那继续演，咱们重排吧，你从山上跳下来的动作给你改了，只能这样了，别的没办法，你可以走，但是你不能跳了。就这样坚持了半个多月才回来。

那个年代我们的队员都是这样的，没有说像现在有一点毛病我这可了不起了，我腰疼得不行了、腿酸得不行了，没有。我们有一个队员，他是舞蹈演员，最后到什么程度呢？吃饭吃不进去。吃饭就吐，那时候我们也不知道他这是怎么回事儿，我说你这是啥毛病呢？他说没事，坚持。他主要是跳舞蹈，而且他舞蹈大跳、蹦的动作比较多。我说个别动作我给你改一改，这个动作原作者是这么跳的，但是今天必须得改，暂时将就了，否则你再这么演下去，也够你受得了。他说没事。还有一个演员叫哈斯陶娅，她是舞蹈演员，但是我们演蒙古语戏的时候她也要演，嗓子哑得说不出话来。要搁现在，有的人那可能说我不能演出了。我说那咋办呢？她说孙老师，我说不出话来那我也得演，我就做一些改动，我有台词我就上话筒跟前说，那你就要把场记给我动一动，当时没有现在的无线话筒。我说那可以。我们的队员那个年代就是这么过来的，没有一个考虑首先应该给我什么样的待遇、我首先应该要有什么，他首先想到的是，怎么样为牧民演出。像这些事，在翁牛特旗乌兰牧骑可以说是太多了。

四、党委政府的重视，事业发展的基石

刘锦山：1969年昭乌达盟划到辽宁省。什么时候又划回来的？

孙普：1979年7月1日。1976年"文革"结束。当时，呼伦贝尔盟划到黑龙江、哲里木盟划到吉林，我们这划到辽宁省。昭乌达盟在1979年7月1日又重新回到内蒙古。

在20世纪60年代末70年代初期，内蒙古经济条件比较差，用土话说咱们是经济条件赶不上去，而那个年代辽宁省是非常富的。所以1977年，咱们从一辆大马车换成解放牌汽车，那是辽宁省给的，当时昭乌达盟就给了两台。那时候乌兰牧骑没有钢琴，辽宁省给配的钢琴，配的电影机，叫8.75电影机。原来都是点汽灯，又给配了发电机，我们下乡点一个500瓦的灯泡，那200瓦能带一个小扩音器，搁一个喇叭。在这之前我们根本没有扩音器、没有喇叭、没有话筒，只有汽灯，就干演。另外我们到牧区演出，那时候观众也非常少，就是一个

舞台，假如说舞台这么长，观众两人一排还没有坐满呢，有的地区观众就这么多。到 80 年代了，人也多了，为啥？80 年代牧区好一点了，交通工具也好了，有摩托车、有三轮车，这样的话几十里地以外听到信就能来，早前就是勒勒车，一匹马。70 年代，到一个嘎查演出，也就附近一两个嘎查来观看，一个嘎查有的就十几户，三四十个人。我们到牧场去，有的时候就一户，观众只有三个人四个人，这也都演了。

刘锦山：您是哪一年担任的队长？

孙普：1984 年 5 月我回去任队长，一直到 1998 年退休还兼任党支部书记。党支部书记几年改选一次，其中有一届我没有当选，因为我们班子人少，我就跟局里说能不能从我们党员当中选别人担任支部书记，我能轻快一点，有时候党务会议可以让他替我去。文化局领导说行，你们安排人吧。后来过了一年多以后，那位书记又成了副队长了，又让我兼任支部书记，就这样一直到我退休。1994 年我担任文体局副局长以后，旗委领导说，你是提到文体局当副局长了，但是你的主要任务是抓乌兰牧骑，你的队长职务不能给你免了，你的任务就是把乌兰牧骑抓好。因为翁牛特旗政府历年来对乌兰牧骑是非常重视的，所以在我退休之后，和我们老指导员朱绍贤老师合写了几篇文章，其中有一篇题目是《党委重视

图 9 1986 年，翁牛特旗乌兰牧骑为北大庙村农民演出

是乌兰牧骑发展的关键》。党委重视，我简单举几个例子。

1971年我们学习"红九连"，开展整建党以后，乌兰牧骑在社会上的影响逐渐增强，1976年全旗各行各业都在学习乌兰牧骑。旗委就发了一个文件，转发乌兰牧骑先进事迹的经验材料。这一转发不要紧，各行各业都请乌兰牧骑去做报告，后来把这事跟旗里反映，说这样不行，都来找；旗委一听，说这是好事，现在就把它变成旗党委的事，以后谁再找你也不去，我们给你安排，给你们排出表来，跟各个单位说好了，各个单位就按系统来，别一个小单位也找，小单位不让去了。明天是财贸系统，后天是工业系统，再后来是交通系统，按系统来，让他们到俱乐部去听。另外有几次人代会政府工作报告都提到乌兰牧骑的工作。翁牛特旗乌兰牧骑之所以发展成现在的程度，翁旗党委政府是非常重视乌兰牧骑的，在关键时候都把乌兰牧骑的工作放在重要的位置。

1992年，翁旗的财政收入是1800多万元，我们下乡根本就没有补助。我就直接找旗长，有的时候这个月的工资还不够，不只是我们单位，而是全旗的经

图10　1987年，孙普在翁牛特旗春节晚会上指挥乐队

济条件都是这样。当时旗长说，一到12月31日，我日子就过不去了，都找我要钱，我没有办法。就那样我每年一找旗长，旗长说我最少要给你们挤出3000块钱来，你拿这3000块钱下乡去。我说行，3000块钱我想办法使用。他说那你咋够呢？我说我在过去一个地方演一场，现在我一个地方演两场。他说那咋说呢？我说我节省路费，主要是汽车要加油，过去我一天走一个地方，现在我两天走一个地方，演两场，我就省油了，就够汽油钱。等我这一圈转回来，我今年的任务完成了，也够我汽油钱了。旗长说这是个好方法。

1994年，我找旗长，队员有的都30多岁、40多岁了，舞蹈演员都不行了。我直接找旗长汇报工作，老队员分流怎么办？都岁数大了，他们不走，新的进不来，新的进来了，但是这些老队员怎么安排？我汇报完了以后，旗长就那么听。完事了我就寻思，给你汇报这么长时间，怎么不说话。我说就这么个情况，我就汇报这些情况。他说别的不给你解决，人的事你现在拿出6个人，这6个人我负责安排出路，你可以进来12个人，这12个人你去选，选了以后咱们再说怎么办。这些事都是他亲自安排的。安排队员时有的单位说不行，旗长亲自做工作。有两个分到企业，旗长说我给你安排两名乌兰牧骑的队员，不单单在你这儿，车间还不能去，在你厂子里，看看哪个岗位给安排安排。在当时的情况下，旗里是非常重视的，书记、旗长都是非常重视的。

在20世纪60年代时就听老同志讲，旗长重视乌兰牧骑。20世纪70年代，我们春节很少回家，大年三十都下乡演出。有一年上山嘴子乡演出，离我们有18里地。18里地，因为是马车，走了将近两个小时；大年三十天挺冷的，我

图11　1992年12月27日，孙普在翁牛特旗乌兰牧骑建队35周年队庆会上发言

图12 1997年，内蒙古经典舞蹈《顶碗舞》创作者宋正玉再次表演《顶碗舞》

们演完以后再坐上马车回来。有一年我记得最清楚，我们回来以后就告诉食堂在家做点饭，那时候哪有现在包饺子啥的，酸菜放点肉一炖就吃。指导员说好吧，想办法弄点酒吧，咱们回来的时候喝。我们回来以后，没想到旗委副书记郭光明在食堂和大师傅唠嗑，我说郭书记你来干吗？他说：你们下乡了，我不来？我来接待你们，和你们过过年，你们半夜都没有回来，大年三十没在家，我在家里来看看你们。大伙儿高兴，吴甫汕老师就说那咱们晚上喝酒。那时候没有酒啊，酒少啊，说喝吧，吴甫汕老师一口酒也没喝，指导员拿的酒叫薯干酒，白酒，老指导员一口也不喝，说喝了酒就过敏。后来郭书记说我必须跟你喝，说咱俩喝，你输了你吃酸梨，我输了我喝酒。事儿好像是乐子事儿，就说旗里领导在这种情况下，大年三十的夜间，能上乌兰牧骑等队员回来，不管饭好饭坏我要和你们一块吃饭。类似这样的事比比皆是。

我们乌兰牧骑跟政府就是这墙那院儿，旗长、书记、副旗长有时下班到乌兰牧骑推门就去了，到这屋看看怎么样，你们现在干啥呢？就来看这个，所以当时旗里领导包括到现在也是非常重视的。尽管那时候大家的经济条件非常困难，政府和党委始终把乌兰牧骑的事业作为翁牛特旗的事业。有很多事都是让乌兰牧骑去做。用旗里的话说，有些事我们开会解决，有些老百姓不理解会议精神，老百姓不去办，那就得你们去说，干啥呢？你们把它编成节目去说。所以领导重视乌兰牧骑，其中一个原因是乌兰牧骑的重要作用，我个人是这么理解的。

五、忆往昔笔耕不辍，为今朝奉献不止

刘锦山：孙老师，您退休后做了些什么事情？

孙普：退休以后，特别是最近两年，从2011年我开始学电脑。

刘锦山：那您也不简单啊。

孙普：原来不会。2011年为啥学电脑呢？因为翁牛特旗乌兰牧骑出了一个《乌兰牧骑志》，让我写乌兰牧骑大事记。因为我原来有一个习惯，好记日记，不管有用没用，我每天都记，现在我也坚持，比如说今天回去，我就记我中午坐车到赤峰接受采访。最近有人问：孙老师，翁旗乌兰牧骑走了多少嘎查，你能统计吗？我说这个统计不全，但是我能统计出一些，靠我的日记。要写大事记我就开始学电脑。写大事记有这么一个优点，有的时候一天才写两行，但这两行要通过翻资料翻出来以后才能写上。我一开始是手写，写完以后文化局找一个打字员给我打，打出来我一看有不少错字，错字不是人家打字员错了，而是我钢笔字就让人家认为是那个字，我一看说不行，我得学。我跟我儿子说你教我，他说你就是打拼音，打完以后我不会调格式，他说格式不会调你就先放着，我回来帮你把格式调了。有几次你就会了，这是一件事。

图13 1998年，孙普在内蒙古文化厅为翁牛特旗乌兰牧骑举行的"全区乌兰牧骑首创试点单位"挂牌仪式上讲话

学电脑以后，我开始做了两项工作。我对乌兰牧骑是有感情的，退休这些年我没忘乌兰牧骑，始终在做的有两件事情。一是搜集乌兰牧骑资料和照片，不管在哪，只要有，我就搜集。我这个事感动了一些老同志，他们就说你愿意要，我那儿有照片我给你。乌国政老师听说了，后来说我那有底片我给你吧。我看老爷子给我的底片不错，99张到照相馆都把它洗出来。除了搜集照片，再就是搜集一些乌兰牧骑的文章，像乌兰牧骑的书，大家都知道了，朱嘉庚老师知道了，不管跟我有关没关的，只要有书保证都给我一本，他认为我好要这个东西，只要上面有写乌兰牧骑的事儿他都给我。全国巡回演出回来的汇报提纲和汇报材料，这是历史，只有朱嘉庚老师有，朱嘉庚老师说，孙普要这个，行，我给你复印一份。就是这些老同志知道我有这个习惯，确实都非常支持我。前年海拉苏建立一个乌兰牧骑纪念馆，整个资料都是我提供的，照片、资料就是我一个人的；实物是包永泉提供的，还有多方面征集上来的。那个时候我给他一本日记，我说

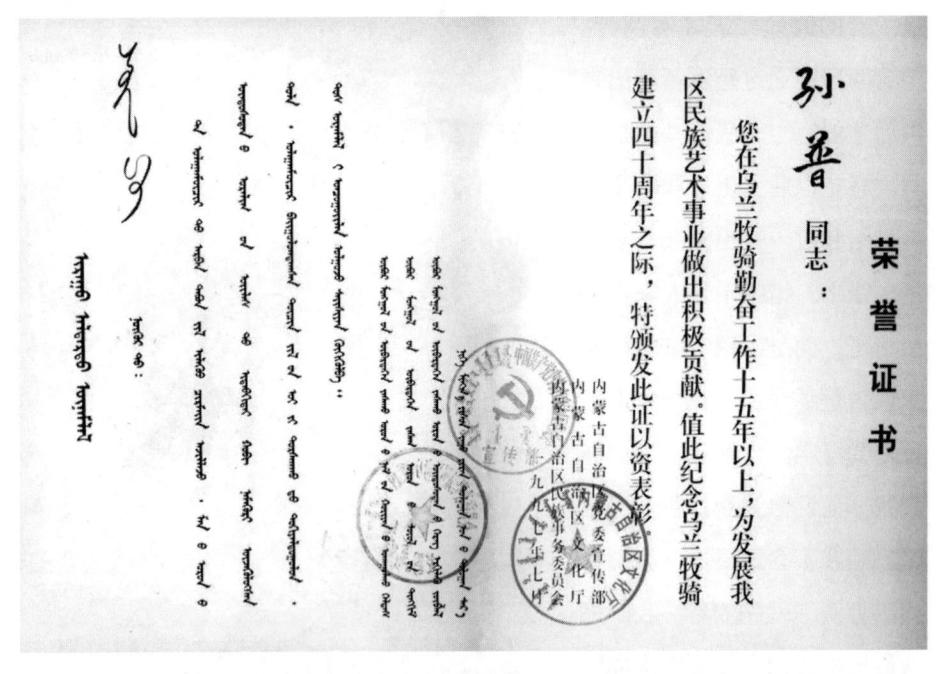

图14　1997年7月，因为在乌兰牧骑勤奋工作15年以上，为内蒙古自治区民族艺术事业做出积极贡献，孙普荣获内蒙古自治区党委宣传部、内蒙古自治区民族事务委员会、内蒙古自治区文化厅表彰

我日记挺多,我给你一本,你就展出。我把日记翻开,这一篇是干啥、咱们到这儿演出多少场、演出啥、观众有多少、行程多少里,我这都有记录。让他们一看,这是乌兰牧骑的日记,这是我的日记,我说给他们一本做一个实物展览。这是我做的第一件事。

图15 退休后的孙普

第二件事,我从2013年开始写回忆录。回忆录中个人的部分,像家族史很少。主要写我在文化馆、我成立文化队、我在学习时期的事儿,现在我写了14万多字,但是乌兰牧骑部分占了8万多字,全是故事,一个个小故事。其中有个故事,题目叫《强渡老哈河》,第一句话我就写了,强渡老哈河并不是强渡大渡河,你不要认为我是强渡了大渡河,但是也是很值得回忆的。还有一个故事叫《路闯"三关"》,这一天我们闯了三道关,最后我们在半夜顶着雨到达海拉苏公社。像党支部的成立,学习"红九连",开展整建党,一个故事接着一个故事。这些故事现在没有全写完就搁下了,我把乌兰牧骑这部分打印出来了,给我们老指导员朱绍贤老师看。老指导员没有鼓励我,说你这写得不行,事儿倒是说了,但是文笔不行,你写得不详细,你想干啥啊?我说我就想写下来。老指导员说如果你想出版,就要写得详细点儿。

2017年习近平总书记给乌兰牧骑回信以后,有几件事我都参与了。最近内蒙古要出一个长卷,写乌兰牧骑,各乌兰牧骑都要写。前两天在市文化局一起开会的时候,市文化局乌力吉局长就说了,各个乌兰牧骑都有些困难。他说你们翁旗那里,把任务都给孙老师,让这老爷子回去写。我现在写不好,但是事儿我能给它们说出来,我能把这些事的过程说出来,这样的话,这几年我没有太闲着,只要有工夫我就想起这些事来。我为啥要写回忆录呢?这是我给《乌兰牧骑志》

写大事记的时候受到的启发。写大事记就这么一条，4月25日去格日僧苏木演，4月26日到什么地方，只能这么写，大事记就一句话，或者再长一点。但是在我回忆录里这就是一个故事，哪些人参加了、怎么个过程、什么演出、谁上节目我都写上了。所以经过这件事以后，这些东西我没给别人，有几个人找过我，我提供给他们一部分，为啥呢？比如说现在辽宁省的宋国锋，他们要搞个话剧叫《乌兰牧骑恋歌》，前些日子找过我；我说这我可以提供给你，这就是乌兰牧骑艰苦奋斗过程中的一些小故事，对你们创作可能有一些启发，但是我的条件是你不能给我外传。我说你们是为了乌兰牧骑，我也是为了乌兰牧骑。

这些年我没事就想这个，我每天出去锻炼走路就想这件事，回去我要怎么写。都在电脑里写，电脑里能修改，错了就可以改，不像钢笔，钢笔写出来以后再改就不好改，所以这样把我打字技术也锻炼了。再一个搜集照片，最近又有一

图16 退休后的孙普在整理搜集到的乌兰牧骑资料

图 17 2012 年，孙普（左六）退休十多年后重返草原牧民家和牧民唠家常

个新的方法——微信，只要微信号里有乌兰牧骑的照片，只要我发现别人发的，什么订阅号里的，我都保存在电脑里，电脑里专门有《乌兰牧骑》文件夹，就是乌兰牧骑照片大全。现在我们家里，我老伴儿、我孩子都非常支持我。两三天以前，我儿子回家吃饭说，老爸你这东西我在看，挺好，这些东西你给我一份，我给你保存起来；我说不用，等我老了都给你保存。儿子原来不太理解，没啥事你干那个干啥，现在他们也都理解了，非常支持。

刘锦山：这就是记录历史。

孙普：现在我老伴儿也做这个，说这儿有乌兰牧骑的照片，我这微信上有，给你发过去。我说行，你给我发过来。昨天我看直属乌兰牧骑有一个画册，很薄很薄的，五六页，有一个照片挺有意思，我好像没有见过，我就扫描在电脑里了。我有个扫描一体机，也学会了扫描，这个挺好。

刘锦山：您用故事的形式记录乌兰牧骑历史，或者一些情况，实际上这种形式非常好。咱们以前比较早的史书如孔子修订的《春秋》，它都比较简单，类似

图18 2017年11月24日，孙普参加翁牛特旗委召开的学习习近平总书记给乌兰牧骑回信的座谈会

大事记那样的形式，有时间，比如说哪一年发生一件什么事，简单的十几个字，但是这样就缺乏细节，别人要了解事件的前因后果，了解不清楚，所以后来就有人给《春秋》做传，给它解释，详细地阐述事情的经过，有《左传》《公羊传》《穀梁传》，那里面的情节就非常生动，故事比较长，这样后人一看，原来《春秋》上记录的一句话，后面有那么多的很曲折的情节、人物，这对了解事情的前因后果非常有帮助。您前面写乌兰牧骑大事记，后面又写故事，实际上故事对了解乌兰牧骑的历史也非常有帮助。

孙普：我说完这件事以后，有些老同志挺重视，从去年到现在我没有时间。有几个任务：最近内蒙古要出乌兰牧骑长卷，有几篇文章，要我写一篇；另一个是要写乌兰牧骑队史，这个写完以后，到5月份基本就完稿，我就琢磨按照老指导员说的要求，把我这回忆录从头到尾修改修改。一开始我不会写，我想写回忆录，怎么写呢？原来想写个几十万字，像写小说似的从头到尾进行，后来我在网上查，看人家回忆录是怎么写的、有几种写法，后来发现这个方法不错，一个题目讲一个故事。

刘锦山：对，这样好写。

孙普：对，好写，就采取这种方法。

刘锦山：孙老师，非常感谢您接受我们的采访。谢谢您！

莫德格

辽远旋律对天唱

采访时间：2018 年 4 月 28 日
初稿时间：2022 年 6 月 24 日
定稿时间：2023 年 7 月 24 日
采访地点：赤峰市图书馆"赤峰记忆"拍摄现场
版　　本：文字版

莫德格速写

　　莫德格　蒙古族，1963 年 2 月出生，中共党员，大学文化。翁牛特旗乌兰牧骑原指导员、队长，著名蒙古族歌唱家。1977 年 8 月参加工作，翁牛特旗乌兰牧骑一级演员。曾获 1995 年内蒙古第二届"草原金秋"歌曲大赛专业组民族唱法演唱一等奖，演唱的代表曲目有《辽阔的草原》《褐色的鹰》《芹菜花》《柏树枫》等。多次被内蒙古党委宣传部、文化厅，翁牛特旗委、政府等评为"先进个人""优秀工作者""优秀共产党员"。

　　刘锦山：各位朋友，大家好！今天是 2018 年 4 月 28 日，这里是赤峰市图书馆"赤峰记忆"拍摄现场。今天我们邀请到的嘉宾是翁牛特旗乌兰牧骑原队

图1 莫德格（左）接受"赤峰记忆"采访

长、翁牛特旗文化广电体育旅游局群文股股长莫德格老师。非常欢迎您，莫德格老师。

莫德格：谢谢刘总，谢谢。

一、乌兰牧骑招了个"小猪倌"

刘锦山：莫德格老师，首先请您介绍一下您的家庭情况和工作情况。

莫德格：好。我是1977年考入翁牛特旗乌兰牧骑的，是一名蒙古族长调独唱演员。我们家孩子多，7个孩子中有6个姑娘，1个男孩儿，我排行老五。我父母是牧民，因为家庭困难，就没有让我念书，从8岁开始就干活。我还照顾着两眼都看不见的奶奶，来回接送我弟弟上学。

刘锦山：您家乡是哪一个苏木？

莫德格：翁牛特旗阿什罕苏木十条胡同嘎查。

刘锦山：那您考入乌兰牧骑是哪一年？

莫德格：考入乌兰牧骑是1977年的8月，是乌兰牧骑的副队长锁柱发现我的，我俩是一个村的，我叫他叔叔。当时也没有车，交通特不方便，也没有马，他们就骑着驴招演员来了。翁旗东部牧区4个苏木他都转遍了，没有发现一个嗓子好的，招了半个多月一个也没有相中。那时我放了3年猪，我是"小猪倌"。（笑）整个村一共是60多户，每户几头猪，一共是300多头猪。

刘锦山：轮着放？

莫德格：不，就是整个村里的猪都放，一群，就像放羊似的。一开始我不愿意放，一个姑娘家，你说放猪多不好听。说是放马、放牛、放羊羔多好听，是吧？当时我们家困难，你要不放猪也没有别的活干。第一年不愿意放，我爸说家里面这么困难，吃不上喝不上的，你弟弟三四年级也不用你接送了，该当劳动力干活挣工分了。要不十几口人就靠我爸一个人，吃饭就是个大问题，我说那就放吧。每天天一亮我就到十条胡同的井跟前开始嚷：撒猪啦！就开始招呼各个户主把猪放出来，送到井跟前；我点着数，数够了，就撵着上山去。一开始猪不听话，拔腿就跑，谁都撵不上，骑马都撵不上。第二年就开始习惯了，猪也挺听话的，只要是有水的地方，撵到那儿去以后，它一拱就是一天。后来锁柱老师说，嗓子这么好，她咋放猪了呢？他媳妇儿说他们家困难，就她爸一个劳动力，吃喝都顾不上。一年的学费是两块多钱，我爸也供不起，孩子太多；孩子当中最听话的就是我，说不让上学就不上学了，大家都认为女孩儿上学也没有啥出息。

有一天晚上，也没有电。锁柱老师来我们家，说看狗。我们家连火油灯都点不起，后来天黑了，我放猪回来以后，正好那天晚上煮苞米碴粥，我姐、我爸他们劳动完回来都吃完饭了，就我自己在那儿。那时候三间土房，外屋一边有一个灶火，我就在灶火跟前蹲着，拿一碗粥在那儿吃。我们家有一只大黑狗挺厉害的，狗就叫，我跟我妈说来客人了，我妈就训我，来客人你还往屋里跑啥，点灯吧。当时是摸黑，点不起，一斤火油是三毛五，我们平时就不敢点。后来点灯了，我妈说是你叔叔嘛，我说哪儿来的叔叔，她说是在乌兰牧骑唱歌跳舞的。当时我都不知道啥叫乌兰牧骑。叔叔说哪一个是放猪的，用蒙古语问。我妈说地下站着的。我当时才这么高。

刘锦山：那年几岁了？

莫德格：那时候我13岁，天天在外面，晒得可黑了。我爸和我妈老两口是民间艺人，会唱长调。当时谁家一举办婚礼就邀请我爸我妈他俩唱歌去，当时也不给钱，给什么呢？一对吃饭的碗，或者是新茶杯，唱完了歌就拿一对碗回来。我发现唱歌挺好的，也想学一段，我也想去唱歌，挣两个碗去。我姥爷也是一位民间艺人，嗓子也挺好的。我姥爷教给我妈，这首歌的歌名叫《芹菜花》，是一首长调。后来我爸我妈他俩一有婚礼就去唱，我就偷偷跟着我妈他们去了。我就学着，只学了一段《芹菜花》。

图2　幼年时的莫德格

锁柱叔问我会唱歌吗？我说会。当时我什么也不怕，也不紧张，让我进屋唱，我就唱了一段《芹菜花》。唱了以后锁柱老师说，呀，这嗓子，我转了20多天都没碰过嗓子这么好的。锁柱叔对我爸说，明天早上让你家老五丫头就跟着去吧，我相中了。后来我爸说我没上过学，也没有文化，她去了以后我们家没有挑水的，没有照顾她奶奶的，挑水、做饭、洗衣服、背柴火、捡牛粪，一切都是老五的事。我妹妹上学，我弟弟上学，我大姐、二姐、三姐都结婚了。我们家7个孩子中，文化水平最高的就是我四姐，她念了九年级，那年正好考大学。

第二天天一亮，锁柱叔就抱着两个大打瓜来了。锁柱叔过来就说，走吧，我来领你家"小猪倌"来了，我相中她了，就让她去乌兰牧骑唱歌去。我爸说那可不行，她去以后，我们家就不能吃饭了，啥都靠她呢。后来到底也没让走。我四姐正好在那一年考大学，她是大学苗子，学习特好，她是九年级，70年代九年级就考大学了。当时是半个月放一次，一次3天假，过了几天她就回来了。我爸就说，那天后院的锁柱叔来了，相中你妹妹了，说她嗓子好，让她去乌兰牧骑唱歌。我姐说是吗，有这么好的机会吗？我爸说，嗯，相中了，锁柱叔说他转了 20 多天没找到一个，那天来了就相中了，非要领她走，我没让，她走了你还考大学，家里就没人干活，没有劳动力了，不能走。后来我姐说，我妹妹多可怜啊，都没上学，那我就不考大学，我出来劳动，让她去。我爸说你说好了，你想通了？我姐说我想通了。

我姐就走了，离我们苏木有 20 多里地，下午就把行李背回来了。我爸说，你要是不考大学出来劳动，那太好了，那就送你妹妹去，但明天也走不了啊，连车票钱也没有，手头一分钱也没有，那咋整？我姐说，走！上大队借钱去。我爸说我们家欠饥荒，许是你借得着？我姐说借得着。我姐领着我去，她在道上骂我，就为了你，我不考大学了，我又带着你上大队去借钱，借钱就为了送你去乌兰牧骑唱歌去。我说，你看我也不愿意去，你自愿的，你又埋怨我，又骂我，又打我，你还这么说我，我也没有不让你考大学，是吧？我们俩就打起来了，我挺犟的，就回来了。

我四姐晚上很晚了才回来，借了 20 块钱，真借来了。因为第二天早上走，五点半就起来。鞋子露脚丫子的，衣服都是补丁，我们家那会很困难。我二姐刚结婚，就把我二姐结婚那一身衣服借来，当时衣服是凡尔丁的，蓝色的。我二姐那么大个子，我穿上裤子长，她给我往上弄，还总是掉，又拿针缝上了。鞋也大，前面塞一点棉花。我四姐就说走吧，四姐领着我就上后山了。也没有驴车，就走着去，去了以后一看，班车上那么多人，我头一次见班车，说班车还是有人开的啊？这么一问，我四姐告诉我别乱说话。那时候班车车票才 6 毛钱，当时我们家到旗县是两个半小时，路也不好走。六点坐上车，没有走一里地就晕车，一直吐，后来到地方下车以后，四姐就领着我上乌兰牧骑。

进乌兰牧骑院以后，看见乌兰牧骑那几个姐姐那么漂亮，穿得那么好看，又白净。进去以后锁柱老师等着我们。当时的局长叫黄凌云。我啥也不知道，像小傻子似的一站，黢黑黢黑的。当时是水泥地，没有木地板，有小队员和几个老师，十几个人，我就看着她们真漂亮，给我的感觉像天女下凡，看着特开眼。

锁柱叔问我俩没吃饭呢吧？我姐说没吃呢。乌兰牧骑当时是大锅饭，正好他们那天烙白面饼，炒茄子，就给我们吃了。这么大的白面饼我吃了四个，吃了四个还想吃，我姐踩我脚说别吃了，我说我没吃饱，我姐说中了，别让人笑话，晚上吃。后来有人给我介绍说这是黄局长，我就说黄局长好；这是队长，我就说队长好。唱歌吧。站起来就唱，我就会唱那一段，也不害怕。黄局长说，这嗓子真好，中了，终于找了一个独唱演员。你是放猪的吗？猪倌呗，我说是。后来我四姐就把家庭情况都给那些领导说了。我四姐挺厉害的，汉语、蒙古语都挺好的，她念了9年书，就因为我没考大学，在家干活。我有今天，都是我四姐给的机会。

二、第一次登台演出

刘锦山：莫德格老师，您进入乌兰牧骑后的学习生活情况是怎样的？

莫德格：有一位唱歌的女队员叫鲍玉玺，也是乌兰牧骑老队员，队里就让我跟鲍老师学歌去。第二天队里就告诉我姐，你回去吧，把她留下，试用期半年，要是好就给她转正了，你给她拿行李去吧。我姐就哭着说她啥也不懂，把她扔这儿丢了咋整，出去让车撞了怎么办？她考虑事多，我就什么也不懂，在那儿高兴的，真好，又吃白面，又吃大米的，非常高兴。后来我姐说我陪她两天再走，锁柱老师就说那行，她就又住了两天。

第二天早晨，一个叫希·乌日图的，他是副队长，准备骑自行车带着我去老师家。早晨乌兰牧骑吃大锅饭，蒸的馒头。他拿这么大的纸给我包着，那时候也没有塑料袋，就用报纸包了四个馒头，告诉我不能吃老师家的饭，中午吃馒头吧，晚上再接你去。乌日图老师骑自行车带着我。我没坐过自行车，上车以后，我在后面就吐，坐自行车还晕车，只要坐带轱辘的就晕车。后来老师说你咋了，我说晕车了，老师说那走着去吧。就抱着四个馒头走着去老师家。老师家的孩子当时才四个多月。去了以后乌日图老师介绍，这是我们新招的小队员莫德格，嗓子可好了，你给教两首歌吧，看学什么。后来就说你中午别做饭了，她带了馒头呢，你俩就喝点水，吃点馒头，晚上我再来接她。老师说行行行，你走吧。后来乌日图老师把我放下就走了。

我就学唱歌，我记忆力特别好，一天学了两首歌。前面学的一首歌是长调，后面学的一首歌是短调。《牧民歌唱共产党》，上午就学完了。吃完饭，鲍老师说你真聪明，你看我学好几天才学会一首。我谱子也不会，歌词也不会，就死记硬背，人家告诉"啊"就"啊"，告诉"呃"就"呃"，啥也不懂，没上过学，一上午学会了。鲍老师说你站起来唱吧，我站起来就唱。让我坐也不坐着，不敢使劲唱，孩子中午睡觉了。中午吃完饭，老师让我歇一会，邻居都回来了，可能住的是家属院，中午休息不能唱歌。让我睡觉，我说我不睡，我在家白天从来没睡过，一直干活。她就问你们家几口人，家庭情况，和我唠嗑。当时都是两点上班，一点半人们就走了，老师的爱人也上班去了。老师就说你学得这么快，这么聪明，再学一个吧，就学了第二首歌。那一天就学了两首歌。

晚上乌日图老师又骑车来了，问学得咋样？鲍老师说她太聪明了，嗓子也好，真好，学了两首。乌日图老师用蒙古语说那么聪明吗？鲍老师说这孩子可聪明了，可得好好培养，这嗓子真好，后天演出，别让她走了，明天上午再给她巩固巩固，再忘了呢。乌日图老师说那也中。她爱人晚上没回来，值班呢，我就在他们家住了一宿。老师根本就不让我吃那馒头，说我们家做大米饭，你快吃大米饭吧。我说单位老师说了，不让我吃你们家饭。她训我，用蒙古语说没事的，明天我给你解释，明天把馒头再拿回去。

当时也没有电话。第二天乌日图老师又骑车来了，说还要彩排。那就回去吧，第二天就回去彩排。第三天晚上给人代会、政协演出。让我报幕，自己报名字，让我上去以后介绍自己，"我叫莫德格"。我以为是让我介绍歌的名字，我上去以后站在那儿，用蒙古语说《牧民歌唱共产党》，下面就乐了。

我在俱乐部第一次演出，就给人代会、政协委员演出，那么多人，470人，300多个代表、100多个委员。唱完以后观众就鼓掌，下台后，都还说还让我上去呢。我说我不会了，就会那两首歌，别的不会了。老师说上去吧，上去以后把第一首歌前面的长调再唱一遍就下来。我说我不上去了。老师说上吧上吧，我就上去了。他们鼓掌，下面还嚷嚷再来一个，有用蒙古语嚷的，有用汉语嚷的。后来有位老队员，她是报幕演员，上台介绍我的情况：这是我们单位新招来的，叫莫德格，是放猪娃，今年她13岁。底下人一下子就轰动了，农村牧区的代表多，回去后说乌兰牧骑招了一个小猪倌，嗓子真好，天籁之音，不知道声音从哪儿传来的，都震耳。那时候音响设备也不好，也没有无线话筒，就是有一个有线话筒，好长的绳子。全旗传开了，乌兰牧骑来了一个小猪倌。

演出结束后，那些老师就开会了。开会说草布道负责教莫德格唱歌，吴飞负责教莫德格压腿、练功，培养一专多能的演员嘛。他们几个就说锁柱招这么一个演员，这么点个子，掉地下也找不着，黢黑黢黑的，你说她能成吗？后来，草布道老师教我唱歌，教我谱子；乌日娜教我歌词。他们都是1973年来的。乌日娜、吴飞、白旭文、白丽杰，就他们五六个，都是1973年的兵。他们几个人都有任务了，早晨五点到六点，草布道，你领出去让她练嗓子，学简谱；然后七点到八点，乌日娜教文化，首先要教蒙古语、汉语，把自己的名字学会了、父母的名字写好了。就把时间都排好了。

当时那些老师真把我当成自己的孩子一样，有的比我大五六岁，有的比我大三四岁。我就开始学，不怕苦不怕累，教一句学一句，死记硬背。我说小时候没上过学，没用过脑子，现在该动脑子了，可能记得快。（笑）天天学。我们那时候也没有钢琴，没有像样的排练室，特别简陋，土房子，女队员是一铺炕，男演员是一铺炕，两个炕，就两间屋，一个食堂，我们吃大锅饭。

来这儿一个多月以后，就给我发工资了，我挣工资了，一个月挣18块钱，这把我高兴的，终于挣钱了。18块钱能花完吗？挣这么多钱。长这么大我连5块钱都没看见过，我们家那么困难。每个月给我妈他们捎回5块钱，他们就买油盐酱醋，家里觉得挺好的；18块钱剩13块钱，一个月大锅饭是10块钱；剩3块零花钱。一天一碗瓜子5分钱，人家老师们中午睡觉，我不睡，门口有一个卖瓜子的，5分钱一碗，我中午在俱乐部门口水泥台上一坐，一中午嗑一碗瓜子，正好嗑完也到点上班了，小孩儿嘛。

我平时帮着老队员洗衣服、做饭、挑水、扫院子。我是1977年到乌兰牧骑的，1978年开始年年被评为劳动模范。当时没有双休日，只有星期日休息。他们都出去看电影、搞对象，我不知道上哪儿，一到星期日就一个人没有。男宿舍的炕单、床单都拿出来，洗了一排又一排，洗完了，叠完了，放到那儿。晚上给他们烧炕，男老师、女老师的被窝都给他们焐好，晚上睡觉，特别是冬天，都特暖和。

从1977年开始学文化，学乐谱，一直唱歌，后来又让我学了一种乐器——扬琴。乌兰牧骑都是一专多能，我和大伙一样，也压腿、跳舞，也上群舞。

后来在这些老师的培养下，加上我自己的努力，一直唱到1984年。我净碰上贵人了，中间还有一个转正的事。1978年的8月，劳动人事局给了我们10个指标，乌兰牧骑算我需要转正的才8个。后来老师们写材料，他们就激动地哭了，终于转正了。你看1971年、1973年来的都没有转正，我是1978年来的，这五六年他们都没有转正，因为没有指标，我来了之后时机多好，半年就直接转正了。后来那几个老师，包括锁柱老师就说，把你父母名字告诉我们，我不说，当时父母的名字不让说，说了就是不孝顺。我就不告诉，多犟。

就不说那咋整？还得填表，后来队里到底给我四姐去了电报，当时写信慢嘛。发电报问父母叫什么名字，赶紧拿电报发过来。还得去红山水库发电报，我姐姐就害怕了，发了电报第二天就去了，说咋了，出事了？老师说转正，你妹不说父母的名字，打死她也不说。后来我姐问，你咋不说呢？我说小时候告诉我不让说，说父母的名字不好，她说要给你转正，我说不知道啥叫转正。给我转正了以后，又剩了2个指标，一共10个指标。有一个大师傅叫尹树生，给师傅也转了，反正来了指标了，这才9个，又给人事劳动局退了一个。

转正以后就是天天学习。我这时眼泪可能都哭干了，我父母咋没让我念书？学东西太难了，天天找别人，多困难，背那些东西天天哭。后来学多了以后容易忘，忘了就问老师，问一遍中、两遍中，再学不会我就着急，自己就哭。老师也没骂你，哭啥啊，着急的。

三、不愿离开乌兰牧骑的"傻子"

刘锦山：当时的学习困难确实很大，后来又发生了哪些事情？

莫德格：1984年的8月，文化厅赛厅长，赛吉日乎，他老家是巴林右旗的，他到赤峰市开会，去北五旗县必须路过乌丹，就那一条线，不像现在有高速。我们局长知道以后，就把他留下，中午安排吃一顿饭。正好1984年内蒙古艺术学校开设一期干部培训班，专门给乌兰牧骑培训。那个通知早下了，通知下了以后文化局一看，那时候文化局和乌兰牧骑都在一起，这边一个屋子是局长的屋，这么一拐弯是我们队长的屋，这两个就是乌兰牧骑的宿舍，排练室在外边。小莫德格应该去这个培训班，但是她文化水平不高，连高中文化也没有，文化程度好才能录取。说我去不了，去不了就去不了吧。

于维平老师中午就在大众饭店招待赛厅长吃饭，正好在乌兰牧骑对面二楼，最好的房间。吃饭就说起来了，说是今年内蒙古艺术学校办个干部培训班，乌兰牧骑咋一个没报名？他说有一个条件合适但是没上过学，独唱演员，嗓子特别棒，唱得好。后来赛厅长说那把她叫来我听一听。当时没有电话，于老师打发了一个服务员小王，说上乌兰牧骑找个人，叫莫德格，这时候她肯定是在台阶上坐着吃瓜子，你就说队长叫你上大众饭店来一趟。王姐来了以后就说队长找你，在大众饭店，让你去。我把瓜子都扔到那儿，没吃完就去了。

去了以后赛厅长问我，你叫莫德格吗？我说嗯。没上过学啊？没有。你为什么没上过学？我们家困难。放羊还是放啥的？放猪的。猪倌？小猪倌呗。嗯。后来说你唱歌吧。唱完，赛厅长说你们怎么不送啊，这么好的嗓子，送吧，非得要那个文凭吗？把专业给她指导指导。我那时候20岁。他说你愿意去吗？我说愿意去。那时候文化厅说了算，正好赛厅长也分管艺校。艺校的正校长是王树学，唱美声的；副校长是唱长调的宝音德力格尔老师。赛厅长就直接去了艺校，说翁牛特旗有一个特殊的演员，让她报名，她只能进修专业，她没上过学，自己名都不会写，考试也没有用，破格录取，就培养她唱法，唱长调的。后来两个校长就同意了。

图3 1985年暑假，莫德格（左）在巴彦淖尔盟乌拉特后旗与大姐合影

后来是8月24日来信的，说莫德格可以报名内蒙古艺校进修班。我是8月二十几日去的，各旗县、各盟市乌兰牧骑队员都去了，那个班最后录取了17个人。

1984年的9月，我就去进修了，正好是17名老队员，都是乌兰牧骑的队员，有的结婚了，有的没结婚，我是岁数最小的。去了以后感觉上学真好，我这一辈子头一次迈入学校大门。当时学政治、语文、唱歌等，政治、语文用蒙古语上课，哪有蒙古语的班，都是和汉语一块儿，学员汉族的人多。那两年我当了进修班班长，老早起来打洗脸水、扫院子、扫走廊、搞卫生；我又当班长，又在那儿入的团，那些老师非常好。后来我上课的时候，宝音德力格尔老师说我嗓子太好了，都拿我这个嗓子演示，让我唱美声的、民族的，短调、长调。王树学老师一上课就说，把小猪倌找过来，找过来听听课。他是唱美声的，副校长宝音德力格尔是唱长调的。只要这两个校长一上课，我别的课就不去了，就来听课，就给他们做示范。

毕业以后，那两年嗓子好，就在呼和浩特歌舞团、内蒙古歌舞团天天唱合唱。合唱团的田老师说我嗓音唱短调也中、长调也中，我就天天参加合唱队去。他们一演出就把我调到那儿去，相中了。团长查干图勒老师毕业以后就想把我留在那儿，留到内蒙古歌舞团，都定下了。我说我不能忘了翁牛特旗乌兰牧骑培养了我，我不能留到这儿。人家乌兰牧骑不招我，不送我来学习，我能有现在吗？我能忘本吗？不行，我不能留。你学得这么好了，你在这儿多有前途，你回去以后有啥前途？后来歌舞团的白团长就给我们单位写信，说要我。我们局长就给我写信说：你要在那留下，你把那两年的工资都退回来。我说我不留，我不能忘本，我这两年学习不全靠你们培养吗？我得回去。我得回报我们乌兰牧骑的领导，回报我们家乡的父老乡亲，我得回去为人民服务。我就回来了。他们说我是"傻子"，能留到这儿都不留，别的演员好几个都留下了，呼伦贝尔盟的、兴安盟的。

四、回报人民，回报乌兰牧骑

刘锦山：莫德格老师，您再谈谈回来以后的发展情况。

莫德格：我1985年当选市政协委员，政协委员5年一选，我连任4届市政协委员。我对乌兰牧骑的感情是非常深的。我爱乌兰牧骑，爱唱歌，爱为人民服务。我原先受父母的影响，自己天生有一副好嗓子，又有后期的培养。乌兰牧骑那时候的条件是太困难了，没有车，没有灯，下乡演出，我们八九个人，演出的时候就是一个铁丝一拉，中间就一个点柴油的汽灯，演完下台两个鼻孔黢黑黢黑的，汽灯是棉花做的捻，柴油就是冒烟。就那种条件下，我们没有一个人说艰苦、说工作不好。就在那种困难当中，跟这些老师学了不少东西，没有这些老师的培养，没有翁牛特旗乌兰牧骑，就没有我的今天。

回来以后，就带乌兰牧骑下乡演出。结婚第三天下乡，也没有度蜜月，都没有那个概念。我是1987年7月1日入的党，一直比较严格地要求自己。翁牛特旗乌兰牧骑是一个有优良传统的单位，半军事化管理，早点名，晚集合，从1957年成立一直到现在，60多年一直没有丢掉，没有丢掉翁牛特旗乌兰牧骑的光荣传统。那些老师都是一代一代传承下来的，对我们就像对待自己的孩子似的培养，我们对这些老师也都是像对自己父母一样尊重。在学校我是优秀团支部书记，我当了两年的团支部书记，当班长，后来回来又入了党，1991年10月11日就被任命为乌兰牧骑副队长。

当了副队长以后我就更加严格要求自己，一个观众也用心去唱，观众多少都一样用心。在工作、学习上，领导在与不在也是一样严格要求自己，这么多年来一直是这样的。我结婚的时候家离乌兰牧骑有将近10里远，就一个平房，不管下多大的雨、下多大的雪我也没有请过假。

老天爷既然不让我上学，但是有这么个好的机会我必须要把握，回报人民，回报乌兰牧骑。当时下乡比较苦，背着行李，一天3毛钱补助，一斤二两粮票，留给人家牧民，牧民不要。牧民和乌兰牧骑的感情一直是鱼和水的关系，特别好，牧民就一直把我们当成自己家人。

1998年10月28日，我被任命为乌兰牧骑队长。我当了副队长以后，随着社会的变化有时候进行商业性演出，有点收入，给孩子们搞点福利，买点白糖、买点奶粉之类的。当了队长以后，我领一帮队员，就在南戴河演了3年，南戴河有一个万博文化城，其中有一个成吉思汗宫，需要有民族特色浓点儿的演出，我带着乌兰牧骑到那去演出，一演就是半年。那时候演出工资不高，也是敬酒唱歌，我们这边工资才100多块钱，不到200块钱；那头一个月给1500块钱。我带队员去了3年，还管吃管住，改善了队员们的生活条件。

那时候乌兰牧骑是平房，二楼就一直建不上，我就想哪个单位要是让乌兰牧骑去敬酒唱歌，我就提条件，要不把我们的楼房盖上，要不把我们的暖气接上，不然我们就不去演出。当队长之后财政情况也不太好，通过各方面领导介绍，到自治区发改委要了30万元。自治区发改委有条件，给你们30万元旗里必须配20万元，这50万元完全可以把小二楼建成了，后来乌兰牧骑的二楼建上了，暖气也接上了。乌兰牧骑的院儿一下雨全是泥，我就想改造一下大院。有一天路源公司的周总请我们唱歌，那天雨很大，我说我们院车都进不去，别说是我们出去了。他开车去的，我说我们有个条件，你们出人工、水泥、沙子，给我们硬化地面；后来周总答应了，第二天就派了20个人，把我们乌兰牧骑院里抹成水泥地。就这样一点一点把乌兰牧骑的住处改善了，演出车解决了。现在乌兰牧骑的条件是非常好的，是全市里面硬件最好的。

我在孩子8个月的时候就下乡了。那时候下乡，乌兰牧骑不只表演一首歌、一段舞，还演话剧。赤峰歌舞团用汉语排的《赖宁》，我们队员过去学，学了翻译成蒙古语，演出了。正好孩子8个月，断了奶，我就带队员下乡了，下乡两个半月。我走前孩子刚刚会爬，等我下乡70多天回来以后，孩子都不认识我了，一抱她就哭。当时一说乌兰牧骑来了，跟过年一样，新媳妇儿、小媳妇儿都把过年的衣服穿上了。乌兰牧骑一演就演4个小时，一台歌剧，一台歌舞，演4个小时，再接着演电影。那时候进牧场特别不容易，没有公路，全是用马车给拉进去的，成宿演出。现在条件越来越好了。

2002年是乌兰牧骑成立45周年，我又去布赫委员长家请求题词。巴厅长（达·阿拉坦巴干）领着我，还有乌国政局长，带着我们局长和我一共4个人去的。布赫委员长热情地接待了我们并给乌兰牧骑题了词，我们在他家待了一个多小时。

2002年9月让我当指导员兼党支部书记，上面派来了一个张队长。我一直干到2013年年底。2012年招了一批演员，主持和声乐共11个都是正式工，舞蹈演员全是合同制工人。后来我到文体局群文股工作，分管群众文化，下去辅导广场舞。现在我的学生有300多个，有打工的，有正式考入的，培养了不少学生。

刘锦山：您的一级演员是什么时候评的？

莫德格：1995年10月，我参加了自治区举办的第二届"草原金秋"专业歌曲大奖赛。那时候我正好在南戴河，我们当时的局长是姚局长。姚局长接到这个通知以后就没给我报名，说去了也不可能得奖。说到这件事还有一个小故事，那时正好巴厅长路过翁牛特旗，我们是9月回来的，回来以后问我怎么没有报这次比赛？我说落下了，文化局没有给报。你有盒带吗？我说有。他说，给我拿上，回去之后我问问能补吗，复赛虽然都定下来了，但是我回去找找评委，要可以的话给你报名，你就参加。又碰上贵人了。我就把盒带交给巴厅长了，没过10天给我通知说可以去参加，预赛结束了，可以参加复赛。我就去了。

去了以后，其他选手都是提前去的，还有十几个人的民乐队，合乐都完事了，第二天就开始复赛了，我也不认识他们。巴厅长说我给你找个马头琴，你练吧。他在艺校给我找了一个小伙子叫乌拉，他刚刚学马头琴，大概知道哪个调是哪个调。他问我唱什么，我唱《辽阔的草原》F调。他说F调拉在哪？我说钢琴我知道哪块是F调，马头琴我也不知道。他说我找吧，他就找F调，就这样合了两遍，第二天就参加复赛。就这一首歌《辽阔的草原》一共是15个人唱，全

图4 2009年春节期间,莫德格在故乡

图5 2010年春节期间,莫德格(左)一家三口在翁牛特旗乌丹镇

是长调,一听别人有庞大的乐队跟着,我就一个马头琴,人家唱得真好,我想我没有什么希望了。我就在文化厅文化招待所住,去了就感冒了,晚上输着液参加比赛。一看决赛名单还真有我,那时候还是有实力吧,运气也好。抓阄吧,我跟3号有缘,复赛是3号,决赛又是3号。

决赛第一个上场的是个男孩儿唱《走马》,第二个叫陶娅。我是3号。他们都拿话筒唱的,我说长调不拿话筒,我就跟玩似的去参与参与,重在参与,去看一看,那也是学习嘛。我说师傅我不拿话筒,能不能给我一个带杆的话筒,师傅说行,给你放这儿了。我早上五点多钟跟门诊说我明天上午九点比赛,早上你能不能早点来给我输液?你这嗓子哑了还能比赛吗,中中,我明天来。第二天早上大夫六点就来给我输液,输到七点半,化妆,打车到剧场,又抓到了3号,上台了。这么多年我不紧张,我从来不紧张,就唱。唱完第一段下面就鼓掌,我心想这是唱砸了起哄呢?唱完第二段"过门"的时候,我的专业老师领着那么多师妹师弟就上来了,埋怨我没告诉他们,给他们介绍说这是我的学生,你们师姐。同样唱《辽阔的草原》,复赛的时

图6　2010年夏季，莫德格出版演唱专辑《美丽的家乡翁牛特》，图为在翁牛特旗玉田皋乡拍外景

候是15个人唱，决赛是8个人唱。唱完了就鼓掌，掌声越来越热烈，我的分数最高，拿了一等奖。

　　拿了一等奖回来之后就破格评了三级演员。当时整个赤峰市在自治区还没有个人能得专业一等奖呢，我是第一个，那是1995年10月7日。我们老师第二天摆了8桌，把师弟师妹全部叫来，说这是我进修班的学生；回来之后乌局长又在烤鸭店摆了4桌庆功；回旗里后，分管的局长、旗委书记看我拿着景泰蓝的奖杯和荣誉证书，他们才知道得了一等奖。

　　回来以后职称五年报一次，够条件就可以报。有这么个奖，中间又得了市里的奖，到北京、沈阳还得了不少奖，这样也够报二级演员了。2010年的4月又报了一级演员。2007年的第七届少数民族会演当中我得了一等奖；2007年10月自治区和蒙古国联合办的一个国际长调比赛，我得了优胜奖。回来看人事局申报一级演员的条件，可以报，就把满足一级演员条件的材料都弄齐后上报了，2011年通过了。那时候的职称是评、聘两条线，够条件可以评，回来等着聘。

莫德格：辽远旋律对天唱　　**213**

图 7　2012 年 1 月 11 日，莫德格演唱专辑《美丽的家乡翁牛特》首发式

刘锦山：2011 年评的是一级演员。您现在还演出吗？

莫德格：演，我们队里的重要演出还是我来。

刘锦山：您现在能唱几句吗？

莫德格：可以。那我唱第一次给人代会演出的妈妈传给我的《芹菜花》。（唱）

刘锦山：非常好。

莫德格：这么多年在这些老师的培养下，我短调、长调，汉语的、哪个民族的都能唱。王树学老师拿我嗓子做实验，美声也让我唱，短调也让我唱。

刘锦山：您天赋也好。

莫德格：蒙古族长调必须有天赋，它不是后天培养的。我现在是自治区级非物质文化遗产长调传承人。

刘锦山：那您以后艺术上、工作上还有什么打算？

莫德格：我一直想多培养蒙古族长调演员，可以留给后代，弘扬民族文化，把长调代代传下去，也是一直寻找条件好的传承人。现在乌兰牧骑条件那么好，我也是长期给他们上课，也讲过去我们这么多年的经验，给乌兰牧骑的小队员一直传，一直上课。没什么事唠嗑的时候，我就把一代一代老队员的优势、传统讲给他们听。

刘锦山：好，莫德格老师，非常感谢您接受我们的采访。祝愿您艺术青春永驻！谢谢您！

莫德格：好，谢谢你们！

吴恩

不忘初心得始终

采访时间：2018 年 4 月 28 日
初稿时间：2022 年 6 月 24 日
定稿时间：2023 年 10 月 24 日
采访地点：赤峰市图书馆"赤峰记忆"拍摄现场
版　　本：文字版

吴恩速写

　　吴恩　蒙古族，1969 年 2 月出生，中共党员，二级演员，巴林右旗幸福之路苏木人。中国音乐家协会会员，内蒙古音乐家协会键盘学会理事，赤峰市音乐家协会理事，赤峰市音乐文学学会翁牛特旗分会主席。

　　1980 年，就读于内蒙古艺术学校，学习钢琴、手风琴等音乐理论专业。1987 年，到翁牛特旗乌兰牧骑参加工作。1996 年 10 月至 2012 年 11 月，任翁牛特旗乌兰牧骑业务副队长。2012 年 11 月，任翁牛特旗乌兰牧骑队长兼党支部书记。

　　在担任翁牛特旗乌兰牧骑副队长的 16 年里，分管单位的业务工作。为了抓好业务，兢兢业业，一丝不苟，狠抓了队员的业务能力和专业培训，十几年来培训的新队员有三四批 100 余人，许多队员后来成为乌兰牧骑的骨干演员。2012 年，担任翁牛特旗乌兰牧骑队长职务后，为了全面提升演艺水平和质量，把创作和队员培训作为突破口，狠抓了艺术创作和演员素质提升，并取得了非常显著的成果。

在创作方面，2012 年，创作编排了一台大型的歌舞节目，在翁牛特旗乌兰牧骑庆祝建队 55 周年时献给了广大观众。创作了好来宝《歌颂家乡翁牛特》《家乡赞》，创作了歌曲《远方的亲人》《花谢了还会开》《龙之歌》《我的家乡翁牛特》《草原啊我的母亲》《父母》《我的马头琴》《60 岁的阿爸》《春雨》《阿嘎藤花》《契丹热土》《兄弟姐妹一起走》《情暖龙乡》《心爱的故乡》《草原红》《月亮就停在那里》《和谐乌丹》《爱的回归》《醉美翁牛特》等，在多年的艺术创作中，创作歌曲、器乐曲、舞蹈曲 100 余首。

曾任翁牛特旗政协第八、九、十、十一届委员。1996 年被旗委、旗政府评为"民族团结先进个人"，2005 年被旗政府系统党委评为"优秀共产党员"，2006 年 7 月当选为中国共产党翁牛特旗第十二次党代会代表，2016 年被内蒙古自治区党委宣传部评为"三下乡先进个人"。

刘锦山：各位朋友，大家好！今天是 2018 年 4 月 28 日，这里是赤峰市图书馆"赤峰记忆"拍摄现场。今天我们邀请到的嘉宾是翁牛特旗乌兰牧骑现任队长，二级演员吴恩。欢迎您，吴恩队长。

吴恩：您好。

一、艺校求学岁月

刘锦山：首先请您给大家介绍一下您的家庭情况和工作情况。

吴恩：好的。我老家在赤峰市巴林右旗幸福之路苏木，我在那儿出生的。我从小就很喜欢艺术，从小就说一些小相声之类的节目，也愿意唱歌。我们那地方是半农半牧地区，东面是牧区，西面靠着一个农场，有 3 个队。

我父亲叫宝音孟和，是军人。他在新中国成立前上的是乌兰浩特的军官学

图1 吴恩（左）接受"赤峰记忆"采访

校①，学的是军事学。他们在当学生的时候起义，把日本教官给消灭掉以后，就参了军。他参加了辽沈战役。后来跟着38军南下，到了辽宁省彰武县。当时不是学习苏联嘛，后来认识的我妈妈。

我妈妈叫常凤篮，是辽宁省彰武县伊拉麻村人。蒙古语里"伊拉麻"是啥呢？桑树的意思。当时我爸爸是连长级的，骑着高头大马，就这么把我妈娶了以后，1958年他们在上海，后来回到了内蒙古。回到内蒙古先是在赤峰，从赤峰到我们旗，后来到幸福之路，在那儿生的我，小的时候是这样。

后来我爸爸发现我对音乐和艺术挺感兴趣的。1980年《内蒙古日报》登了一则广告信息说艺校招生，他想我的儿子能不能试一试，就给内蒙古艺术学校②校长写了一封信，说我的儿子挺喜欢音乐，能不能行？当时学校就回信了，而且是包玉山校长亲自回信，说你的儿子可以考试，到1980年暑假的时候，7月10

---

① 伪满洲国兴安陆军军官学校，1934年7月成立，原址设在吉林省双辽县郑家屯满蒙公所，1935年8月1日迁至内蒙古乌兰浩特市城北罕山脚下。1945年8月，军官学校一批青年军官和学生举行起义，杀死日本教官。起义官兵后被编入内蒙古人民自治军骑兵第一师。

② 即现在的内蒙古艺术学院。

日，你来赤峰考试，就这么把我带来赤峰考试。当时我是个白丁，"白丁"什么意思呢？在我们意识当中就是从来没有训练过，没有熏陶过，只是对这个感兴趣。当时用钢琴，我头一次见钢琴是什么样子，我也是头一次来赤峰，当时连巴林右旗大板都没去过。当时我是十来岁，挺新鲜的。到赤峰市以后通过初试、复试，还就考上了。

当时我们校长包玉山老师，还有钟国荣老师让我们听音，"啊"（唱），听，"啊"（唱），后来说这是两个音，我就听出来了。再三个音，我也听出来了。唱首歌吧，我就唱了首《嘎达梅林》，"南方飞来的小鸿雁"，还行，不跑调，然后拍拍节奏，还可以。当时内蒙古艺术学校办了个幼儿园，就跟附小似的，他们当时的理念是想要从娃娃抓起。

1980年到了学校以后，我们还有阿姨，就专门照顾我们起居，晚上睡觉时让我们进被窝，还给我们洗衣服什么的，早晨把我们叫起来。当时我们10个孩子，来自5个民族，鄂温克族、鄂伦春族、达斡尔族、蒙古族、汉族，就是少数民族比较集中的一个班。现在看来他们都成才了，非常

图2　1957年10月，吴恩的父亲宝音孟和摄于杭州西湖

图3　吴恩（左三）五兄弟合影

厉害。当初我的同学三宝①，就是我们学校的代表者，他现在是咱们中国一流的音乐人，就是从我们预备部出来的；还有"零点乐队"成员朝洛蒙，我们几个都是从小一起长大的；还有自治区的"黑骏马组合"也是从我们班出来的。内蒙古艺术学校当时招生确实是千里挑一的。当时一个老师只能教一个学生，不允许有两个学生，别看我们年龄小，享受的是研究生待遇，当时我们都不知道。每天早晨五点半把我们叫起来以后，送我们吃饭；吃完饭以后马上上课，上完课以后中午让睡觉；晚上练一个小时琴以后，十点关灯；关灯以后让我们进了被窝，阿姨就走。每天早晨五点半老师准时来敲门。

图4 在内蒙古艺术学校学习时留影（前排右一为吴恩）

　　我的钢琴老师叫陈晓音，最早是她妈妈莫嘉琅老师教我，是我们内蒙古第一代上海音乐学院的高材生，支边过来的，这些老师特别好。我第一天进校就特别自卑，因为有阿拉腾奥勒老师的孩子，还有我们校长的儿子，最次还是乌兰牧骑队长的儿子。人家小时候从五六岁开始弹钢琴，拜厄、车尔尼599和849，我连钢琴都没见过，去了以后压力太大了。从那以后到现在，我从来不跟别人说我在艺术上有什么成就，我说没法跟我们同学比，我这辈子根本没赶上，等我下辈子、等我儿子，三代努力也许行，因为他们是天才，他们父母本身是搞艺术的。我能进内蒙古艺术学校非常不容易。我们10个人一开始学钢琴；1982年学器

---

① 三宝，本名那日松，1968年6月5日出生于内蒙古自治区呼和浩特市，祖籍内蒙古科尔沁左翼中旗，中国音乐制作人、曲作者、指挥。

图 5　1982 年 7 月，内蒙古艺术学校预备二年级师生留念（中排左二为吴恩）

图 6　1987 年，内蒙古艺术学校手风琴专业师生留念（后排右一为吴恩）

乐；再后来我就选了手风琴，学了5年。7年以后，1987年就毕业了。

刘锦山：相当于没上过普通的小学、中学？

吴恩：我就是用蒙古语念了四年级。后来我跟别人开玩笑说我是小学本科，艺校学习7年以后就算是毕业的。我的小学同学上高中的时候，我已经中专毕业参加工作了。

二、永远的乌兰牧骑

图7　初到乌兰牧骑的吴恩

刘锦山：吴恩队长，请您谈谈您参加工作后的情况。

吴恩：毕业了以后我们当时还分配工作，就分配到翁牛特旗乌兰牧骑。当时就到赤峰市人事局报到，人事局科长说你到翁牛特旗乌兰牧骑，你们老家是巴林右旗的，离赤峰也近，离大板也近，都是90公里，你去吧，拿着这个报到。我就拿着去报到了，那是1987年的7月。去了以后当时孙普是队长，报到后就开始第一次下乡了。当时不了解翁牛特旗乌兰牧骑是怎么回事，也不知道翁牛特旗乌兰牧骑是自治区两个试点单位之一，后来才知道我们单位是有光荣传统的；而且乌兰牧骑的四项任务①，还有乌兰牧骑的精神，都是翁牛特旗乌兰牧骑创造、实践、传承下来的。我还当了16年副队长，2012年以后我才当队长。

---

① 内蒙古自治区人民委员会于1957年9月批转的《乌兰牧骑工作试行条例》明确规定乌兰牧骑的四项任务：一、通过各种文化艺术活动，向广大人民群众宣传马克思列宁主义、毛泽东思想，进行共产主义教育；二、普及与工农牧林业生产和群众生活有关的科学技术知识和卫生常识；三、辅导群众业余文化艺术活动；四、编创、翻译演唱材料和宣传材料，搜集整理当地民族民间艺术遗产。

图 8　吴恩（前排左二）初到乌兰牧骑时参加排练

到了乌兰牧骑以后，又进入一个新的家庭。翁牛特旗乌兰牧骑培养了我，也锻炼了我，因为我们的宗旨就是到最基层的地方去。当时下乡我们单位还有一辆卡车，那个卡车就是军队的大卡车，大鼻子解放车。我们自己在上面搭帆布棚子，把行李一搁，上面搁两张凳子，两边一坐人，我们就下乡了。一下乡就是好几个月，因为当时不像现在交通这么发达，都是沙窝子路，有时候车陷进去挖车就挖好长时间，好多的地方也不通电。

乌兰牧骑为什么那么受欢迎呢？当时基层群众文化生活特别贫乏，所以我们去了以后他们真的把我们当成自家人。有一句话说"玛奈乌兰牧骑"，意思就是"我们的乌兰牧骑"；还有"玛奈呼和德"，就是"我们的孩子"。乌兰牧骑跟牧民和农民群众就打成一片，"他们来了就和我们自己的孩子一样"，这个话就是从我们翁旗乌兰牧骑传出去的。现在75支乌兰牧骑都是这么称谓，乌兰牧骑是"玛奈乌兰牧骑"，"玛奈乌兰牧骑"是我们的乌兰牧骑，就跟自己的孩子一样，"玛奈呼和德"。我已经在翁牛特旗乌兰牧骑31年了，从18岁到这儿，正好今年50

图 9　翁牛特旗乌兰牧骑下基层演出

岁了，我也学到了好多。

以前是服务、宣传、辅导，还有演出，现在到我们这代还有创作和创新，还有传承翁牛特旗乌兰牧骑的光荣传统。尤其是 2017 年 11 月 21 日习近平总书记给苏尼特右旗乌兰牧骑回信以后，给了我们非常大的鼓励。信不单单是给苏尼特右旗一个乌兰牧骑写的，是对整个乌兰牧骑为基层人民群众服务的肯定，这给了我们很大的鼓舞。为什么我们现在叫"红色文艺轻骑兵"呢？"红色"代表我们宣传的是党的方针政策。乌兰牧骑成立的时候，苏尼特右旗乌兰牧骑是纯牧区，翁牛特旗乌兰牧骑是半农半牧地区，两个试点单位，当时我们是昭乌达盟，所以成立乌兰牧骑，主要是为看不着文艺的较偏僻的农村牧区宣传党的政策和丰富他们的文化生活。一开始乌兰牧骑的工作是以宣传为主的，对我们这代来说，要把主要工作放到创作上来，文艺工作者的中心任务就是创作，作品是一个文艺团体的立足之本。所以说我们现在的乌兰牧骑除了全心全意为人民服务，还要提高专业素质。

图 10　2016 年，参加慰问消防救援人员（前排右一为吴恩）

图 11　2017 年，参加《情暖龙乡》节目录制（左二为吴恩）

图12　2017年，翁牛特旗乌兰牧骑工作会议

　　2017年11月25日，自治区党委副书记、自治区主席布小林亲自到翁牛特旗乌兰牧骑来看望我们，当时对我们鼓舞非常大，因为主席没有把我们翁牛特旗乌兰牧骑忘记。苏尼特右旗乌兰牧骑是1957年6月17日成立的，我们是6月25日成立的，是当时的两个试点单位。当时苏尼特右旗乌兰牧骑是布赫委员长亲自抓的点，布赫委员长当时是自治区文化局副局长，他主抓这个点。布小林主席来到翁牛特旗乌兰牧骑看望我们，人家从呼市坐飞机到赤峰，旗委、旗政府都没有去，直接就上翁牛特旗乌兰牧骑。当时我们的队员都激动得哭了。

　　刘锦山：前面我们采访其他的乌兰牧骑队长，了解到过去很多乌兰牧骑队员都是直接从牧区、农村，当然也有从中学招过来的，大多数是没有受到正规的、专业的艺术培养和训练。像您这种经历到乌兰牧骑的应该不多吧？

　　吴恩：不多。

　　刘锦山：您以前在内蒙古艺术学校学习，也算一所专业的艺术学校，然后到了乌兰牧骑工作、生活了这么多年，您感觉跟其他队员之间有什么互补，或者有

图 13　2017 年，布小林看望翁牛特旗乌兰牧骑

图 14　2017 年，布小林（前排中）看望翁牛特旗乌兰牧骑（前排左为莫德格，前排右为孙普）

图15 2018年,翁牛特旗乌兰牧骑队员合影

什么不同的地方?

吴恩: 因为乌兰牧骑有地区的限制,尤其是像我们现在必须招本地的队员,99%的队员都是从我们牧区招来的,初中或者小学刚毕业,我们把他招进来以后培养"一专多能",让他们跳舞、学乐器,都是我们自己培养,这样以后他有当地的感情。尤其是现在从专业学校毕业的学生一般都到旗县级单位,去基层文工团的是越来越少了。现在我们乌兰牧骑需要做好政治化、军事化,还有本土化、专业化和一专多能化。乌兰牧骑为什么要短小精悍?队伍短小,节目多样,轻便灵活,好为人民群众服务。所以我们必须培养这些孩子们"一专多能",既能跳舞,又能唱歌,又能演小戏、小品,这样的演员应该是台柱子。

随着时代的不同,我们现在的演员技能越来越单一了,比如说学校毕业的,学舞蹈就是舞蹈,学器乐就是器乐。本来翁牛特旗乌兰牧骑成立时候就6个人,现在我们46个人还不够用,为什么呢?单一技能的演员多了。还有一个,从体制上来讲,其实干工作的就是30多个人,正式编制18个人,再加上20个聘用合同制的,正好38个人在工作。

从国家到地方都重视乌兰牧骑,上次自治区人大来了以后,我也想我当了一任队长,能不能解决这些孩子们将来改行出去的问题,他们到四五十岁的时候就要下岗了。我们是每5年签一次合同，前5年是从2012年到2017年，从2017年到2022年的时候正好是10年。10年以后他们合同到期就是下岗，能用的我们留下来，不能用的就留不下来，所以这是很残酷的。对于文艺团体来说机制还是很好的，它能出能进，必须是年轻化，但是对个人来说是很残酷的。如果从国家的角度来说，正式职工能不能多给我们一些指标，这样以后他们可以转行，在40多岁的时候，他将来有一个归宿。我现在就想这个事，最近也上火，牙疼得实在了不得。后来我跟队员说，只要我当一天家长，就会像对自己孩子一样培养，大家伙把最年轻的时候都献给乌兰牧骑事业了，等到老了以后他们没有保障，我也着急这个事情。

从2019年开始，内蒙古人大要制订《内蒙古自治区乌兰牧骑条例》，乌兰牧骑到底是什么性质？提高到什么级别？现在全区乌兰牧骑都是股站级，属于事业单位，假如我们不是第一级拨款单位，旗的资金不能直接到账户上，资金不充足也许有时候就会耽误演出。国家、自治区要想把我们提到正科级单位，这样我们将来有发言权和参与权，全旗的文化事业我们可以直接参与，这倒是非常好的事情。我估计将来我们乌兰牧骑事业会越来越好的。

刘锦山： 您刚才实际上提到了一个很重要的问题，像乌兰牧骑这样的文艺或演出单位，员工、职工可能到四五十岁的时候就面临转岗、分流。如果说人老不流动，对乌兰牧骑本身来讲就没有发展的活力，可能越走就越困难了。

吴恩： 老龄化，就成了敬老院了。

刘锦山： 对。但是您刚才也提到，作为一个单位来说，吐故纳新，有进有出这是非常好的。但是对这些年龄四五十岁的职工来讲，如果转岗的时候没有提供一个很好的出口或者说出路，也是比较残酷的。翁牛特旗乌兰牧骑在过去60多年的发展过程中，引领风气之先，做了很多创新，比如机制方面，包括用人这方面，也采取了一些措施。刚才您介绍说职工年龄结构还比较合理，有很年轻的，19岁的，有些乌兰牧骑职工的年龄可能比较偏大一些，所以这方面我觉得也挺重要的。那之前转岗的同志们最后都去了哪些单位？

吴恩： 2012年以后去的单位主要在文化系统，图书馆、博物馆还有文化馆、体育中心。因为我们现在是文化局下面的二级单位，我们局有五六个二级单位，现在是混岗用了。他们15个人就调到这几个单位去了，调走以后，还有其他问题，比如图书馆，要求有知识、有文化，或者是最起码文化程度还可以。而我们的队员都是从小学来的，文化程度不是太高，一时半会还适应不了图书馆的工作；如果去文化馆还可以，把文化馆工作搞得非常好，他们下乡以后，群众不知道他是文化馆的，就知道他是乌兰牧骑的，所以工作还好开展一些，还在他专业之内，因此，调到社区和文化馆非常好，还算有经验。这样以后我们的四项任务，演出、服务、宣传、辅导，他们承担了一部分辅导的工作，我们再承担一部分，这样就会好很多。

以后怎么发展？对我们来说，尤其我从小搞艺术的，对乌兰牧骑感情也特别深，应该怎么办？后来我们就成立了好几个乡镇业余乌兰牧骑，比如说海拉苏镇乌兰牧骑、白音塔拉乌兰牧骑、阿什罕乌兰牧骑，还有格日僧乌兰牧骑，这样我们定点去辅导他们，下乡以后我们又有同台演出、又有互动性、又有观众性，还有欣赏性。

现在的社会跟以前不一样了。以前不通电，闭塞，我们去了以后就跟过年一样，电视、网络这么发达，小孩都拿着手机。所以我们想我们现在的任务，既然

图16　业余乌兰牧骑在演出

图 17　海拉苏镇牧民乌兰牧骑巡回演出

图 18　翁牛特旗乌兰牧骑同牧民乌兰牧骑合影

我们是红色宣传队，必须得把党性体现出来。我们挑选演员也是这样，要"又红又专，一专多能"，而且是德才兼备这样的孩子我们要；如果你做人都不行，我们的队伍不能要你这样的。因为我们主要是宣传党的政策，我们的水准不一定要跟大的团体比，要比肯定差得很远很远，但是必须有一颗热爱国家、热爱党的心。

我们招聘演员都是从牧区招的。我们必须传承老的爱护小的，小的必须尊重老的，把单位当成家一样，这样才能把单位搞好；上班以后你是个领导，下班以后你必须像父母一样，要关心他的生活，关心他的成长。从翁牛特旗乌兰牧骑出去的，有正厅级的、副厅级的干部，改行了以后到别的单位都是好手，因为我们时间观念特别强，肯吃苦耐劳。县处级的干部就出了5个，科级的干部出了6个，从我们单位出了不少领导人才。因为我们走在前沿，本身就是宣传党的政策，有这方面的经验，一代一代这么传下来。

这样家长把孩子送到乌兰牧骑以后非常放心，有安全感。我们有书记，有副队长、队长，还有组长等，都关心他们的生活。我们有自己的宿舍，有自己的食堂，经常关心他们生活到底怎么样。

刘锦山：过去乌兰牧骑实行半军事化管理，现在的管理模式和以前一样吗？

吴恩：现在也是。我们现在最大的一个特点是，还没有丢掉每天早晨早点名、中午签退、下午签到、晚上签退的铁的纪律，半军事化管理。如果说今天谁迟到了10分钟，在细节问题上我们必须说，是因为你耽误了大家10分钟，你必须感受一下，必须把这个事儿在细节上跟他说清楚。因为文艺团体不是好带的，尤其是对于时间观念而言，时间观念就是军事化，说六点半走你必须是六点半走，落下了的就自己想办法去。

还有就是除了国家规定一年的正式假，要是累计有15天旷工，那咱们就甭说了，直接开除；如果说你有事，你必须请假，你没请假就是旷工，旷工扣3天的工资。事实上我们也实行扣工资，他们就知道这样不行，来真格的了，这跟自己的收入待遇有关系了，做这么几次就好了。

文艺团体没有一个铁的纪律是不行的，这边演出那边你马上等着，因为你不到，它不能往下走。所以说你如果不好好排练、彩排，你能演出吗？根本不行，散摊子绝对不行，所以我们非常严格。比如说我们坐车，上车以后年轻的就往后坐，老的往前坐，特别小的，让他往前坐也行，需要照顾。所以让他们从小知道尊老爱幼，这是必须的，乌兰牧骑必须体现这个东西。如果你要是迟到早退，因为你一个人耽误了大家伙的时间，那是不行的。这样时间长了以后我们都有些神经质了，要今天六点半走的话，我们这一宿四五点就醒了，根本就睡不着，时间长了以后就养成军事化的管理。现在的孩子都爱睡懒觉，晚上不睡早晨不起，在我们单位不行。因为我们说走就得马上走，你必须先到，先到还得搭台子，现在是灯光音响，跟以前不一样，搭台子是一个很繁重的工作，大家伙都在干活，你啥也不干行吗？这就告诉他了，一代一代人就是这么干下来的。我当时跟他们也说，等你们到我这个年龄的时候，你们就知道应该怎么去做人，艺术家不先学做人，你怎么能当艺术家？

要把我们演员的素质搞上去，文艺团体，人才是第一位。还有体制，体制改革了以后就有机制了吧？将来能不能在工资待遇上有不同的机制，不要吃死工资，我干也是这些钱，不干也是这些钱，就没有动力了。如果把体制改革了以后就有机制，机制下边就出人才了，有人才肯定见了效益。我们想这样的理念还是对的。为啥聘用制是个好事呢？这样才能年轻化，你干得好，我就高薪聘请你，你干得不好，你就少挣或者是不给你，这样他有个压力、有个动力，他才有干劲，人都是这样的。现在文艺团体都是这样的，光凭一个人就把工作干好，其他人没激情，5年以后他们面临下岗，如果我不给他们打足了气，他就不给你好好干了。比如说跳舞，这个动作不使劲也行，使劲也行，他就不用自己的真情来做了，因为搞艺术的都是感性的东西。我就鼓励他们，你们好好去干工作，只要干好了工作，国家不会忘记你的。从我的角度来说转正的指标肯定要给干得好的，现在就灌输这个，因为指标少嘛，肯定会给好演员。一个文艺团体没有一个两个出名的好演员，这个文艺团体就是平平常常、一潭死水，必须培养人才，还得把他培养出去，"走出去，请进来"。这就需要资金的投入，虽然艺术不能用金钱来衡量，但是如果没有资金投入，艺术是很难坚持的；而且一代人的努力不行，要靠好几代的人共同努力。

三、打造特色文化品牌

刘锦山：乌兰牧骑经过60多年的发展，过去成绩也是非常大的，贡献也是非常大的。在新的历史、新的条件、新的背景下，很多方面肯定有些新的措施、新的办法来促进它进一步的发展。您刚才介绍翁牛特旗乌兰牧骑在原创作品方面，包括队伍管理、体制和机制方面做的一些创新，我觉得非常好，非常有意义。因为过去我们是计划经济时代，后来是市场经济时代，乌兰牧骑面临的生存环境都有变化了，包括人们的思想观念可能也有些变化了，所以这种探索也是非常重要的。我觉得习近平总书记给乌兰牧骑回信，肯定对乌兰牧骑发展具有非常大的促进作用，但同时可能也提出一个问题，我们在现在这样的条件下，怎么样进一步把乌兰牧骑的精神发挥好？把乌兰牧骑的事业推向更好的发展阶段？所以最后一个问题请您谈谈，未来这几年翁牛特旗乌兰牧骑做些什么，有哪些大的规划和措施？

吴恩：习近平总书记给我们回信了以后，我们觉着如果干不好这些，对不起党，对不起人民。全国人民向乌兰牧骑学习，学习什么？就单学这种工作态度那行吗？所以说我们压力非常大，习近平总书记回信以后，我现在有时候就是整宿睡不着觉。我从2005年开始自己出去学习，前任队长也说我得学习作曲，因为单位没有作曲的了，创作力量不行。以前我们老一代的乌兰牧骑队长也好，队员们也好，节目比较多一些，到我们这一代我们必须要有自己的东西；如果创作上不来，没有地方文化，就没有发展。你不能跟人家学，你学习鄂尔多斯的"嗒……嘀嗒……嘀嗒……嗒嗒嗒嘀"，那不是你的风格，你得拿出我们昭乌达的风格，最起码拿出翁牛特旗本土的东西。为什么要培养本土的演员呢？到你这儿来以后，你的文化跟别的地方不同，这才是你的强项，所以说我们要创作自己的东西。

从2012年我当队长以后主要抓创作，这些创作在自治区获了不少奖。现在赤峰地区我们有 9 支乌兰牧骑，会演中我们就占了上风，有我们自己的东西，有我们自己的风格，尤其翁牛特风格，从服饰上、音乐上、舞蹈动作上、器乐上，你必须有自己的风格，人家来看以后说，这个地方就是这样。我们的东西给人家演绎，一看跟别人是不同的，它才是个正儿八经的东西，"越是民族的，就越是世界的"，你要是老跟着别人的风格走，那技术再高也不是你本土的东西，立不住。从 2012 年到 2018 年，我们的思想就是把自己的创作搞上去。

刘锦山：您刚才谈了在原创作品创作方面，这几年下的功夫比较大？

吴恩：对。

刘锦山：您是搞作曲的。在乌兰牧骑您除了作曲，其他方面还有什么工作？

吴恩：还有编舞。

刘锦山：这几年比较有影响的原创作品有哪些，给我们介绍一下。

吴恩：比较有影响的舞蹈是《八骏赞》，是男群舞，2012 年 6 月，获得了自治区"五个一工程"奖；还有一个舞蹈《我的马鞍》，2014 年 7 月，获得了华北五省区表演二等奖。2017 年 7 月 17 日至 22 日，在巴林右旗大板举办的第七届全自治区的乌兰牧骑艺术节，我们也获得了不少奖项。我们翁牛特旗是《顶碗舞》的发祥地，就是朱嘉庚老师的老伴儿宋正玉老师创作的，她在翁牛特旗乌兰牧骑是第二代的队长，我们继承了《顶碗舞》，《顶碗舞》是我们翁牛特旗的看家本领。如果有空的话看看我们的《顶碗舞》，我们又加了男同志的顶碗，以前都是女同志顶碗，后来在音乐、节奏、风格上我们又更新了一下，所以《顶碗舞》在自治区获了三等奖。还有一个《绣》，2017 年 7 月我们获了创作二等奖，也是一个舞蹈。

图 19　2012 年 6 月，《八骏赞》荣获内蒙古自治区"五个一工程"奖获奖证书

图 20 《八骏赞》剧照

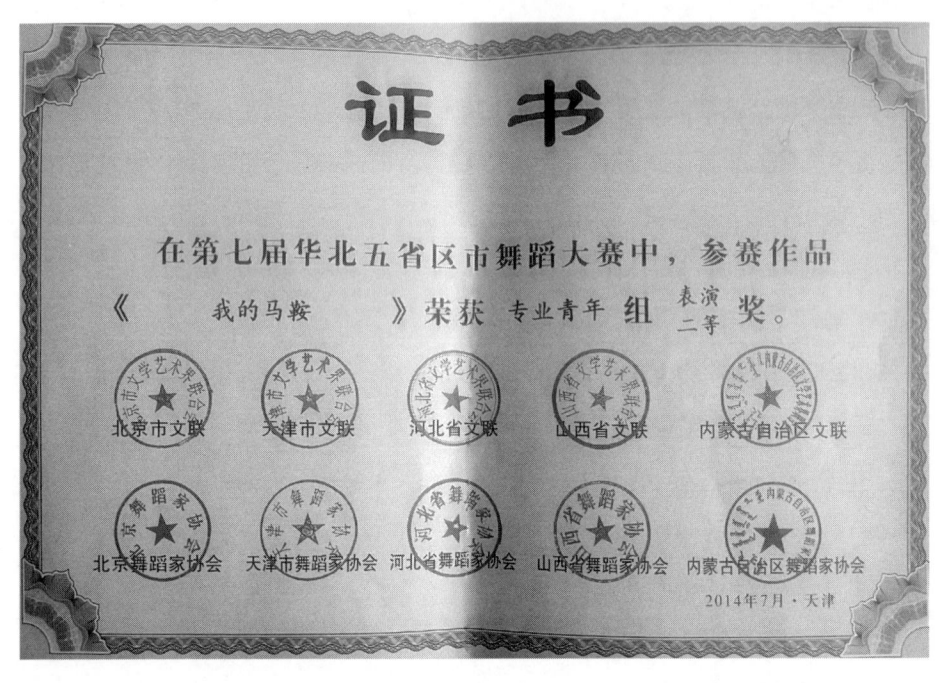

图 21 2014 年 7 月,《我的马鞍》荣获第七届华北五省区市舞蹈大赛专业青年组表演二等奖

图 22 《我的马鞍》剧照

还有我作曲的《爱的旋律》，是一个二重唱，获得了三等奖。我们集体获了一个银奖。以前我们参加会演没有这么好的成绩。

在赤峰地区如果说搞创作的话，我们翁牛特旗乌兰牧骑自己的东西，绝对是"老大"级单位了，没问题。现在我们创作可以说是非常好的时候，有作曲、配器、舞蹈，还有好来宝，就是说书类的，现在也搞得特别好。不能忘记以前的传统，而且还要发展，这些年我觉得我们还是有一定成绩的；以后还是要努力搞好创作，有自己的东西，这样艺术团体才能立足。

现在规划是这种情况。因为乌兰牧骑以歌舞为主，亦歌亦舞这种传统，再加上好来宝，再加上喜剧小品，小的东西为三五分钟、五六分钟，一支舞也就四五分钟、一首歌三分半钟到四分钟。为什么要这样限制呢？人的注意力也就是三分半钟到四分钟，所以说必须到这儿，但是这都属于小的节目。后来我们想，翁牛特旗有一首民歌叫《诺恩吉雅》，这首民歌已经传遍了世界，人们都知道它，但是好多人不知道这首歌出自翁牛特旗乌敦套海，现在哲里木那头已经类似注册式的，人家出书了，这已经是哲里木民歌了，其实是我们的。

诺恩吉雅远嫁林东的这个故事只有翁牛特旗人知道，这是我们的歌，这是我们家乡人。对于民歌来说，要是没有当时的文化底蕴也不行，翁牛特旗这个民歌非常好，后来我就想把它打造成一个歌舞剧、舞台剧，这样以后就不是小打小闹了，对它们进行一次大的投入以后，演10年、20年，甚至100年。你看外国的《罗密欧与朱丽叶》演了好多年，经久不衰，咱们不能花几十万元做一台晚会，第二天就解散。我们现在搞本土的东西，你到了翁牛特旗，你必须看《诺恩吉雅》，《诺恩吉雅》是翁牛特旗一个品牌。

现在文旅合在一起了，尤其现在我们文化和旅游是一个局，这种趋势下，旅游得有文化，对吧？如果就图看个景，看完了人们就走了，我们把文化融入进去，翁牛特旗这个地方不但是"玉龙之乡"，它还是"诺恩吉雅"的故乡。

刘锦山：不但景色美，而且有故事。

吴恩：对，我们把它搬到舞台上，人们来到这儿以后，我们有一个舞台剧，让人们了解翁牛特旗当时的情况。诺恩吉雅是清朝第十五代敖汉王爷官布扎布的姑娘。当时我们翁牛特旗归敖汉，现在的翁牛特旗高日苏、阿什罕、大兴农场、套海苏木那块，以前是归敖汉王的地方，到1947年才划给了翁牛特旗。那个姑娘确确实实生在翁牛特旗。所以说这首民歌，你也别说是敖汉的，我也别说是翁牛特旗的，她的故乡是我们翁牛特旗，因为这是她土生土长的地方，就在那儿，当时的敖汉王府就在翁牛特旗，所以说我们打造这个是有根有据的，还能拉动当地的旅游经济。

我跟三宝说，我现在就这么想。他说那行啊，咱们大制作一下，找一个好的剧本，因为我们写剧本是不行的，乌兰牧骑写剧本不是强项，找一个名家给我们策划策划，旗委政府或者国家艺术基金能不能资助一下。如果我们能够立得住的话，我想搞一个永久性的。不能把资源都浪费在一台晚会上，一台晚会花好几十万元，明天就解散了，解散了以后就什么都没有留下。所以让我们全体38名演员，在台上的演员都有活干，年龄大的就让你演爹、演妈，大家伙都有事儿干。尤其是牧区特别喜欢看戏剧、歌舞剧，因为蒙古族人从骨子里对文化、艺术非常感兴趣，从老到少对这玩意儿感兴趣。觉得你又会唱歌、又能射箭、又能骑马，而且又能摔跤、又能说诗，这是了不起的人，几百年就是这么传下来的，所以他们愿意看，我们这样又有观众，还能成为拉动当地经济的一个有益团体，也许还能给当地财政上增加点收入。

刘锦山：打造文化品牌。

吴恩：对，打造文化品牌。必须把它打造成真正的东西。要没有一个故事背景，你瞎想也不行，对吧？我们就想打造这个。旗里面好像对我这个想法还挺感兴趣的。

刘锦山：现在进展到哪儿了？

吴恩：现在正在往上报。从我们到文化局，从文化局到分管旗长，分管旗长再跟大旗长[①]汇报，大旗长再跟书记报告。只能等信儿吧。想搞这么个东西，如果能成立，我们就大张旗鼓地做。

刘锦山：这个素材也挺好的。

吴恩：因为这首歌特别出名。一个姑娘远嫁，是一个悲惨的爱情故事。现在我们士气高涨，应该好好把工作干好。

---

① 大旗长，即旗长。旗是内蒙古自治区的行政区划单位，相当于县。

李宝祥

草原艺术著华章

采访时间：2018 年 4 月 29 日
初稿时间：2022 年 6 月 24 日
定稿时间：2023 年 7 月 24 日
采访地点：赤峰市图书馆"赤峰记忆"拍摄现场
版　　本：文字版

李宝祥速写

  李宝祥　汉族，1945 年生于内蒙古赤峰市巴林左旗林东镇，毕业于内蒙古大学地方史志专业。曾任巴林左旗乌兰牧骑指导员、赤峰市群众艺术馆馆长、赤峰市艺术创作研究中心主任、赤峰市民族艺术研究所所长等职。2001 年被评为研究馆员，并被聘为内蒙古自治区群文系列副高级职称评委会主任和文化部群文系列正高级职称评委。现为中华文化促进会会员，北方草原音乐文化研究会副会长，国际亚细亚民俗学会会员，中国少数民族音乐学会及中国傩戏学研究会理事，赤峰市非物质遗产专家组组长等。

  50 余年致力于对草原文化艺术的研究和红色革命文化的追寻。出版两部草原文化研究专著《漠南寻艺录》《草原艺术论》，先后获内蒙古自治区社会科学专著类二等奖、内蒙古自治区"五个一工程"奖及文化部艺术科研成果三等奖；红色革命文化专著《烽火草原鲁艺人》，获赤峰市委宣传部"五个一工程"文艺精品奖,以此为题材创作的话剧《热土》在全国产生强烈反响;文集《寻觅·守望·放歌——李宝祥草原艺术研究与创作文集》,在内蒙古学术界产生一定反响。创作一部音乐作品《契丹组歌》。在《人民日报》《光明日报》《中国文化报》《人民政协报》《内蒙古日报》等省级以上报刊发表百余篇论文、散文、随笔、人物特写及舞台艺术作品,曾获内蒙古自治区乌兰牧骑优秀论文奖、社会科学奖、"五个一工程"奖及文化部群星奖。作品入选《乌兰牧骑优秀作品集》《乌兰牧骑经典剧(节)目名录》并出版发行。因参与国家大型民间文艺集成志书的编纂,成绩突出,多次受到表彰,并被破格评为"优秀编审",被内蒙古自治区文联及民间文艺家协会破格授予体现终身成就的"民间文化杰出贡献奖",被东北三省一区群艺馆、群文学会授予"学术精湛、德艺双馨专家"荣誉称号。

刘锦山:各位朋友,大家好!今天是2018年4月29日,这里是赤峰市图书馆"赤峰记忆"拍摄现场。今天我们邀请到的嘉宾是李宝祥老师。李老师曾经担任过巴林左旗乌兰牧骑的队长、指导员,也是内蒙古地区草原艺术的学科带头人,出版了六部专著。李老师您好,非常高兴您能接受我们的采访。

李宝祥:您好。

一、不忘初心,追寻鲁艺精神五十载

刘锦山:首先请您谈一谈您在巴林左旗乌兰牧骑工作的经历。

李宝祥:我先简单谈一谈我的一些经历。我是1966年被选入巴林左旗乌兰牧骑的,那时候乌兰牧骑全国巡回演出结束之后,根据自治区政府下文通知精神,各个旗县都要建立乌兰牧骑,巴林左旗乌兰牧骑也就成立了。进入乌兰牧骑以后,可以说我一辈子都在关注着乌兰牧骑的发展,一辈子都在研究着乌兰牧骑,和乌兰牧骑建立了一种难以割舍的情结。我在巴林左旗乌兰牧骑干了整整18年,就是在20岁和40岁之间,把青春年华都献给了乌兰牧骑,所以这一段

图1 李宝祥（左）接受"赤峰记忆"采访

历史是一生难以忘记的。

后来我调到巴林左旗宣传部工作一年时间。那时候的赤峰市文化局领导，觉得像我这样的乌兰牧骑队员，在创作上形成了自己的风格特色了，很难得，所以就通过曲折的道路，很不容易地把我调到赤峰市文化局艺术科，分管乌兰牧骑。因为我有将近20年的乌兰牧骑实践，所以写了很多有关乌兰牧骑的论文，像《乌兰牧骑的继承、创新与发展浅谈》《论乌兰牧骑的生命力》《对乌兰牧骑创作的思考》《乌兰牧骑存在的问题及对策》，等等，我大概写了20余篇论文，多次在内蒙古自治区乌兰牧骑的艺术节上作为重点论文来宣读。后来我又从艺术科调到艺术研究所。

刘锦山：当时应该叫昭乌达盟文化局？

李宝祥：1983年盟改市，已经改成赤峰市了，在赤峰市文化局艺术科大概工作了八九年的时间。因为那时候我是借调来的，我的编制在赤峰艺术学校，作为艺校的老师调来的，要是单纯调到文化局是不行的。我那些年先是在艺术科里工作，主持艺术科的工作，也没办法任我为科长。后来我就调到市群众艺术馆干了3年。

刘锦山：哪一年调到群众艺术馆的？

李宝祥：1992年调到市群众艺术馆，干到1995年。调到群众艺术馆对我来讲是名正言顺，编制都在那儿了，担任馆长兼党支部书记。那一段时间，我办了几件事情：一是抓全国的一个文化典型，就是元宝山区马架子村儿童文化园，后来成为第九个国家级试点单位，这是名牌了；另外一个就是元宝山区马架子村"金马驹"少儿艺术团有两个少儿节目，即《草原小骑手》和《小小摔跤手》，在1995年应全国妇联及文化部邀请同时进京，到中南海汇报演出，这在全国的村级节目里面是很难得的。那个时候还抓了一个群众文化的典型，就是我们元宝山区前进村的农民艺术团，也曾经在毛主席100周年诞辰的时候，应自治区党委宣传部、文化厅邀请，到呼和浩特市汇报演出。一个村级艺术团能到首府演出，那也是开天辟地的事，不容易。所以自治区党政领导看了以后也非常高兴，安排在全自治区的常委扩大会议上演出。

然后就是在市民族艺术研究所工作，在职期间我写了两部书，一部是《漠南寻艺录》，一部是《草原艺术论》。这两部书都有关于乌兰牧骑的内容，论证乌兰牧骑是怎么来的，乌兰牧骑怎么传承、怎么发展、怎么创新、怎么发扬传统……都谈了我的观点。我2006年退休，延期一年，因为主持的国家课题还没有结项，正高职可以延期。正式退休以后，到2018年有十一二年了，每一年一期，编了13期内蒙古自治区乌兰牧骑协会赤峰分会会刊《艺苑轻骑》，一期大概是10万字，总共是130万字。我们几个老同志，朱嘉庚、乌国政和我，我说这三个老头办一个刊物，没有办公室，没有电话，我们也不会打字，就是在这种情况下办起来的。

我觉得我这一生和乌兰牧骑建立了一种难以割舍的情结。特别是2017年11月21日，习近平总书记给苏尼特右旗乌兰牧骑队员的回信，我们看了很高兴，我觉得我们这些曾经把青春年华献给乌兰牧骑的人，也感到很光荣。回忆那一段历史，感觉很有价值。习近平总书记的回信不仅是给乌兰牧骑的，也是给全国文艺战线的，如何搞好文艺工作，在全国文艺战线也引起了很强烈的反响。但是对于乌兰牧骑来说，我们应当怎么做出回应，如何拿出实际行动来落实习近平总书记的讲话，是我们需要思考的。习近平总书记讲要大力弘扬乌兰牧骑的优良传统，努力创作更多"接地气、传得开、留得下"的优秀作品。乌兰牧骑的节目离"接地气、传得开、留得下"还是有一定的差距的，所以我也发表了我的一些想法，面对市领导、文化局领导，我也谈了，在会刊上我也这么写了，我说我们不仅仅为习近平总书记说乌兰牧骑是全国文艺战线的一面旗帜而高兴和自豪，我们更应该把如何落实习近平总书记的回信精神放到更重要的位置，要思考怎么使节目接地气，怎么传得开、留得下。这不仅仅是乌兰牧骑要思考的问题，也是各级党政领导、分管这方面工作的人需要做出回答的问题。从现在乌兰牧骑的整个节目上来讲，还是有一定的差距的。2017年我到巴林右旗参加第七届内蒙古乌兰牧骑艺术节，看了十几个乌兰牧骑的演出，我深感存在一定的问题。

刘锦山：李老师，乌兰牧骑从创建到现在已经有60年的历史，一些研究者也在研究乌兰牧骑诞生的背景和根源，为什么在内蒙古自治区出现了乌兰牧骑这样的事物和现象，而且后来影响和发展那样大。您刚才也介绍了您一直在关注、研究乌兰牧骑，请从您的角度谈谈乌兰牧骑的诞生有哪些原因。

李宝祥：今年3月，我接到一个通知，因为我是中国延安鲁艺校友会的特约研究员，他们让我参加延安鲁艺建立80周年纪念活动。鲁艺是1938年4月10日成立的。鲁艺校友会于1987年5月8日成立，这个会的一个重要的课题就是研究鲁艺精神如何发扬。所以我在琢磨，我怎么来写这篇论文，我不想就延安的精神做理论上的探讨，那是理论家的事，我只能从我们乌兰牧骑的实践，从我自己切身的体会来谈一谈鲁艺精神对乌兰牧骑的影响。

我谈的第一个观点就是饮水思源。我觉得内蒙古乌兰牧骑之所以60多年长盛不衰，主要的原因就是它是在鲁艺精神培育下成长起来的红色的文艺轻骑队。我1966年走进巴林左旗乌兰牧骑，可以说每一名队员都怀揣着毛主席的《在延安文艺座谈会上的讲话》，总结哪些地方做得不够、怎么改正，每一场演出都是这样。根据内蒙古地区地广人稀的实际，为满足人民群众多方面的文化生活需求,才有了乌兰牧骑,一队多用,以演出为主,兼顾辅导、服务、宣传,现在又加一个非物质文化遗产的抢救挖掘。演员"一专多能",节目小型多样,装备轻便灵活,这完全都是为适应内蒙古地区地广人稀的实际来搞的,也是完全按照毛主席讲话精神来创办的。乌兰牧骑下乡和农牧民群众同吃同住同劳动,不知有多少队员克服重重困难,春节期间不能和亲人团聚;不知道有多少队员为了工作,老人病故了都不能赶到身边;又不知道有多少队员,为了下乡演出、为了工作把孩子寄托给别人,孩子病危的时候也不能赶到身边;等等。我觉得乌兰牧骑是在全心全意为人民服务这个精神鼓舞下成长起来的。这是我讲的第一点。

第二点,乌兰牧骑对延安怀着一种敬仰之情。1965年,内蒙古乌兰牧骑巡回演出队一队到了延安,朱嘉庚在途中写了《草原儿女爱延安》,也表达了乌兰牧骑对鲁艺、对延安的那种眷恋之情。"延河的水啊延安的山,延安精神代代传;没到延安想延安,来到延安爱延安。"后来在乌兰牧骑全国巡回演出结束之后,周总理也学唱这首歌。后来在我们老队员相聚中,当年演出的这些人都要唱这首歌。

第三点,就我本人来讲,始终怀着一种敬仰之情,追寻着鲁艺精神。我对延安鲁艺这些节目,基本上能够做到耳熟能详;对延安一些鲁艺人的事迹,我还都读过。其中对我影响最大的有两个人。一个是音乐家马可,马可写了《中国民间音乐讲话》,还没到乌兰牧骑之前我就读了,从那里面了解各个民族音乐的丰富多彩,对我影响很大。另外一个人就是安波,到了乌兰牧骑以后,民歌在当时被当作"封资修",我从要焚烧的书里偷偷拿了一本安波编的《东蒙民歌选》,作为一名乌兰牧骑的队员、一名创作员,我竟不知道我的家乡有那么多的民歌,这让我感到非常羞愧。受马可、安波的影响,在乌兰牧骑的时候,我就很注意在深入基层演出的业余时间,深入民间采访,和民间艺人广交朋友,搜集好多他们演唱的民歌,搜集民俗风情。马可和安波这两个人的艺术实践对我的影响是很大的。

所以我在乌兰牧骑的时候有两点体会。一是生活是创作之源。按照现在来讲,就是要接地气,你必须要沉到生活的海洋中去,真正和农民群众打成一片,要表现出来一种激情,你自己本身要受感动,你自己不受感动,你没沉到生活当中去，那你写的作品就是苍白无力的。所以我在乌兰牧骑将近20年间创作了许多贴近生活的作品，这些作品有10余首参加辽宁省专业团体会演，这对基层乌兰牧骑来说是很难的了。我第一首作品是《姑娘我拉着小车上大坝》，这是我正式发表的第一首作品。我原来在乌兰牧骑的时候不知道发表作品，咱们不够那个水平，在乌兰牧骑写完了就拉倒了。

那这首歌是怎样发表的？是从我们那儿部队转业到黑龙江的一个人，他叫李向前，在林东我们曾经一起搞过业余文化辅导培训班，他转业之后给我来信说，李老师，你有什么东西吗，给我们拿来；我就把《姑娘我拉着小车上大坝》给他们了。黑龙江省很重视这首歌，因为"文化大革命"的时候就"八个样板戏"，生活气息浓厚的作品是很少的。（唱）"姑娘我拉着小车上大坝呀，嘿嘿呦呼嘿呦，上大坝呦，车上装着山一架，嘿嘿呦呼嘿嘿呦呼，山一架呦，姑娘我拉着小车上大坝呀⋯⋯"这歌很有生活气息，因为我参加过修建沙那水库，筑过大坝，觉得写男的可能不行，我得写女的，推着小车，很有生活气息。这个节目昭乌达盟文工团演了，黑龙江歌舞团也演了，电台也播了，这给我一个启示，就是生活中产生的艺术还是富有生命力的。那时候我还没有收音机，后来花了37块钱买了一个，我也听听。那时候个人不能署名。

另外就是我写的《庄户人为啥爱唱歌》，由辽宁人民出版社编入《山村新貌》（1973年）演唱专辑中。这首歌是反映农牧民发家致富的，写得很长，这时候能署名了。这首歌是40多年以前出的，我得了86块钱的稿费。

刘锦山：这个稿费不低了。

李宝祥：稿费不低了。当时责任编辑还专门把我叫到出版社，商量出书的事。创作的实践让我深深地体会到，生活是创作之源，民间艺术是艺术创作之根，要想创作，必须扎到民间艺术里面，创作才能丰厚。所以我受马可、安波的影响，就开始注重搜集蒙古族民歌、民间故事、民间传说等，下乡演出之余只要有机会，我就了解当地有没有唱民歌好的，说蒙古书、演奏马头琴好的，只要有时间就去采访。我在巴林左旗乌兰牧骑的时候，从创作角度进行民间文化的研究，写了很多的作品，像《巴林民歌内容与风格初探》《内蒙古草原——

民歌的海洋》《歌海行》，还有《采风散记——忆蒙古族民歌手阿拉坦格日勒》，等等。

我觉得我们生活在蒙古族、汉族杂居地区的人，搜集民歌必须注意两类民歌，一类是蒙古族民歌，另一类就是东北民歌，因为巴林左旗靠近东北，搞创作的人对这两种民间音乐都必须得掌握。掌握了这两种民间音乐，创作起来才能受群众欢迎。比如说从蒙古族音乐来讲，我以内蒙古东部区民歌为主，写了一个蒙古族婚礼音乐剧《草原新婚，侬和白乙拉》，翻译过来就是"草原婚礼好"，巴林左旗乌兰牧骑排了以后，没有达到我所要求的效果，但是我觉得这是我对婚俗传承的一种尝试。现在蒙古族婚俗，像鄂尔多斯婚礼等，大部分都是通过舞蹈来表现的，我是通过歌的形式来表现，而且是通过新娘家人考新郎蒙古语来体现民族团结，新郎是汉族，新娘是蒙古族。

另外，我还写了一个好来宝演唱《阿爸的喜事》。乌力格尔、好来宝在过去都是一个人说唱，人物时进时出，可以表演千军万马，没有具体固定的角色，但是我使其进入人物角色，多人来演，这就是在传统的基础上创新了。我那时候在左旗办了民歌、蒙古书、好来宝三代人传承班，记录了100首民歌、60首好来宝的曲调。我得把这些东西用起来，不仅搜集，我得用。好来宝的创新，一是从表演形式上进行创新，二是从音乐上进行创新。《阿爸的喜事》是我30年前的创作，现在我觉得还立得住，这个节目我们带到盟里演了，1978年我们的一台节目。刚才我说了富有浓厚的生活气息，因为我已经在基层创作、演出了多少次了，也比较熟练了，不同于其他乌兰牧骑，只有歌舞器乐。我就搞人民群众喜欢的表演唱、小戏、说唱类的节目，我不搞舞蹈，搞舞蹈搞不过翁牛特旗、搞不过巴林右旗，我得找我的长处，小型多样，这一点也符合现在对乌兰牧骑的要求。那个时候这个好来宝演唱要参加盟里会演，遇到一些阻拦，我要表达的东西，在昭乌达盟的会演中被评委否定了。后来让我给全盟的乌兰牧骑介绍创作方面的经验，我有一点来气，我恰恰不说我获奖的，我要说我没获奖的，我怎么编出来的，我连说带唱地表演。当时他们有人评论，说好来宝不像好来宝了，音乐上像西藏风格了，等等。但是我在会议上讲，京剧、现代戏一直采取互通的手法、移位的手法、节奏的变化手法，好来宝也要有变化。好来宝总得要变化吧，曲调流传了几百年，我要变化一下。

但是这首好来宝演唱的节目在赤峰没获奖。后来以我们队为主组成昭乌达盟代表队，代表辽宁省参加专业团体文艺会演，又任命我为队长，又把这个节目选上了；选了以后文化局领导让我改，我说我改不了，因为那是我和白连瑞精心创作的东西，你让我改，我改不了，你要改，你再找高人去。后来他们也没改，就代表乌兰牧骑参加会演去了。我的想法得到了辽宁专家评委的认可，他们说为好来宝创新方面做了很多工作，并且在粉碎"四人帮"一周年的时候，作为优秀节目为辽宁省党政领导演出，和辽宁的那些大腕儿，艺术类的、相声类的、曲艺类的那些名人同台演出。1978年还没有录像，咱们也不知道那是实况转播，当时赤峰根本没有录像的。这算是我艺术创新的一次成功的尝试。

我还写了很多其他作品，有反映牧区发家致富的表演唱《你呀，你呀，那木斯莱》等。以东北民歌为素材的，我写了一个《纳鞋底》，到现在还在演呢，去年的草原文化节，我的家乡巴林左旗碧流台镇农民业余演出队又把它带来了。我现在还能记住，虽然是40多年以前写的东西："日落西山红霞飞呀，红光铺地照山村儿，老姐妹几个心欢畅啊心呀心欢畅啊，满面春风走出家门呀走出了家门。来到了柳树下，摆下了板凳子儿，掏出了麻绳纫好了针呀，哧儿哧儿的纳底子儿，纳呀纳底子儿呀纳呀纳底子儿。"东北民歌风的，翁牛特旗的业余演出队也演了，松山区老年艺术团也演了，在全盟乌兰牧骑普及了。通过"纳鞋底"表现革命传统不能忘的精神。所以我说生活是创作之源，民间艺术是艺术创作之根。

另外我50年来一直追寻着草原鲁艺，终于算把这一段历史再现出来了，出版了《烽火草原鲁艺人》。话剧《热土》就是根据我这本书创作出来的。因为我觉得赤峰不仅要打造历史文化品牌，还要打造红色文化品牌，冀察热辽联合大学鲁迅艺术文学院那是一段鲜活的历史，是很有价值的、亮丽的一笔。为了写好这部书，我自费采访，到了鲁艺办学之地，发现一处处遗址都没了。第一个遗址在赤峰市原京剧团那地方，这个遗址没了，鲁艺首期办学就在这儿；后来因鼠疫迁址到喀喇沁旗新邱陈家地主庄园，这个遗址也没有了；后来由于日本制造的鼠疫蔓延到新邱，又迁到第三个地点，就是宁城县的那拉碧流天主教堂，这个遗址也没了。面对着一个个遗址的残垣断壁，我心中很痛啊，难道这一段历史就这样销声匿迹了吗？我们作为故乡人，不能把它忘记，一定要把这段历史再现出来。另外我查了地方志、文史资料等，对鲁艺的记载也只有寥寥几笔。我觉得作为生活在这里的老文化工作者，从乌兰牧骑走出来的人，我应该为家乡做一点实实在在的事、力所能及的事，所以我自费采访，终于把这本书出版了。在整个过程中，咱们于凤先局长很重视这件事，说这是一个品牌，我们要打造，一个是要出书，一个是要编话剧《热土》，另外要建立一个专题展馆。

现在从全国来讲，老一代的鲁艺人，大部分都离世了，活着的也都八九十岁了。年轻一代对鲁艺精神又缺乏情感，因为他没有经历过那个年代。鲁艺精神的弘扬发展，我们赤峰是做得不错的。所以我到了延安以后，我作为赤峰人，我把整个情况给他们讲，他们很振奋。当时有专家评价说，有两点我们不知道，一是乌兰牧骑是延安鲁艺精神培育起来的，这个我们不知道；二是在延安鲁艺之后还有一个草原鲁艺，草原鲁艺是属于延安鲁艺的分支，东北鲁艺的前身；另外通过李先生的发言，知道他50年来一直追寻着草原鲁艺精神，这让人很敬仰。研讨会上，他们所谈的都是延安当年的鲁艺老人的一些事、一些人，而鲁艺精神的传播这方面，没有人谈。研讨会后，延安大学一个博士生导师和一个研究生到延安宾馆找我，说李老师你谈的这个很重要，弘扬鲁艺精神这方面，我们想聘你为延安大学的客座教授，现在你是不是可以给我们讲几节课？我说我飞机票都订好了，他说那以后我们到您那儿去。最近他们可能要来，要找我谈鲁艺精神传播，找有关草原鲁艺的重要资料，他们还要搜集一下。我也给他们讲了，我说你们延安守着延安鲁艺这个丰富的资源，应该把它用起来。现在主要问题就是延安鲁艺的当代价值是什么？不仅是要回忆过去那些人、那些事，还要思考在当代全国文艺界起到一个什么作用，这是一个很重要的问题。所以在这方面他们也很欣赏我的观点，要继续合作，把这方面资料进一步搜集、整理。

二、殚精竭虑，草原艺术研究结硕果

刘锦山： 李老师，您这么多年，对乌兰牧骑的研究、关注非常多，这方面情况您也介绍一下。

李宝祥： 现在回想起来，我有近20年的乌兰牧骑生涯，把青春献给了乌兰牧骑，同时我也有收获。现在我之所以成为内蒙古地区比较有影响的一个草原文化研究学者，我认为在乌兰牧骑的20年是我草原文化艺术研究的播种期、耕耘期。刚才我谈的这些也是对我草原文化艺术研究做了一个很好的铺垫，打下了一个基础。1985年以后我调到市里这30余年，是我的丰收期、收获期。没有播种，没有耕耘，哪能有收获。所以乌兰牧骑这段历史，我不能忘记。去年，我回到故乡，搞了一次我的学术研究专著捐赠仪式。我的第五部专著《我的草原情——从艺五十年回眸》出版后，我想到家乡这片沃土，想到乌兰牧骑。因为我也不是什么官，给当地也带不来什么优惠的政策，我也不是大款，给当地带不来多少资金，我就是一个研究人员，我怎么回报家乡？我40岁之前基本上是在家乡度过的，所以我要搞捐赠仪式。当时我这个心愿得到了旗人大常委会副主任新巴雅尔同志的支持。

他为什么要支持我？这里面还有一段事。巴林左旗搞一次著名的民歌手阿拉坦格日勒的长调民歌比赛。阿拉坦格日勒是巴林左旗著名的歌手，参加过全国少数民族文艺会演，中央电视台曾做过他的专题"他从草原唱到北京"。他很多年前就去世了。他当年从北京回来以后办了两件事情：一是培养民歌手，这是中央领导对他的希望；二是他在东山上栽种了一片树林，给故乡留下了一片绿色。1965年内蒙古群众业余文艺会演的时候我还用笛子给他伴奏演唱，这老爷子，好端端的一个牧民民歌手，得了肝癌去世了。他代表内蒙古参加民歌会演唱的是《云青马》，所以我写了篇散文《飞奔吧！我的云青马》，在内蒙古报刊上、赤峰报刊上发表，赤峰电台编成配乐散文播放了。当时旗里要搞"阿拉坦格日勒杯"长调民歌比赛，新巴雅尔说资料都在李老师那，我们要搞比赛，得把他请回来，这样我俩相识的。我这么多年一直在为阿拉坦格日勒立碑奔走，民间艺人有这么大的贡献，我们应该给他立一个碑。一直到 2012 年，在新巴雅尔主任的努力下，旗政府同意给他立碑了。

在立碑仪式上，我跪在给阿拉坦格日勒所立碑的坟头边，我说阿老师，虽然我们语言不同，但是音乐却把我们两个人联系在一起，我多少年来呼吁为你树碑立传，多少次在不同的场合为你呼吁，今天终于实现了。我跪在他坟前，哭着讲的，我说你在九泉之下，也会感到欣慰的。我这一段话，给新巴雅尔的印象太深了，他觉得这么多年一个汉族人对蒙古族歌手能够有这么深的情感，非常难得，我们蒙古族人想办的事情都没办，所以他对我很有感情。

对我提出搞捐赠仪式这个想法，他说李老师我们要帮助你实现，我们把捐赠仪式好好给你搞一搞。最后在他的努力之下，捐赠仪式被列为巴林左旗那达慕项目之一。他们把齐·宝力高等都请去了，他的马头琴独奏曲就是在巴林左旗创作的，很出名。后来由巴林左旗委宣传部、旗文体局主办，草原传统文化协会承办，开了一次会。我当时把我的 5 本书捐赠给 13 个我认为需要的单位，像民委、文化局、宣传部、档案局、地方志办公室、乌兰牧骑、文化馆这些单位，我都给了，这也算是了却我的故乡情结。这个地方是我待了 40 年的故乡，我不能忘，没有故乡的一片沃土，没有故乡的民间艺人提供营养，我不可能走到今天。2017 年正是我 73 岁的本命年，完成这件事，我很高兴。

另外，去年也搞了乌兰牧骑老队员 51 年的聚会。因为其他的乌兰牧骑都搞了 50 年、55 年欢庆，巴林左旗乌兰牧骑始终没有搞。我们有一个队员是政府副主席，他积极操办，老队员张建民积极运作，我们终于把它办起来，大家从天南地北回来了，从北京、呼和浩特、沈阳回来的大概有五六十人。前两天我们在一起还研究，出了一个纪念册。通过这一次活动发现了不少过去的老照片，过去我就很不注意演出的剧照，刚才我说的《纳鞋底》《姑娘抡锤好气派》《庄户人为啥爱唱歌》等的剧照都找到了。很有意义的一件事，这也算是我的本命年又一件好事，我觉得挺高兴。没有巴林左旗，没有那些民间艺人，就没有我的今天。

近 30 年是我草原艺术研究的丰收期、收获期，经历了三次转型飞跃。正好乌兰牧骑协会让我写我是怎么走上草原文化研究之路的文章，我也在琢磨这个事，还没有动笔。不管是艺术创作还是理论研究，要不断地超越自己，不重复自己，也不重复别人。我第一次转型飞跃，是从形象思维的艺术创作转到逻辑思维的理论研究。因为我在巴林左旗，从艺术创作的角度研究民间文化艺术；我调市里以后主要是以研究为主了，不是创作了，我觉得这是一次飞跃。

第二次飞跃我觉得是突破创新，我由对一个地区的、个性的、个体的民间艺术研究转入对多地区、多民族、跨历史等的综合性研究，这就是《草原艺术论》的出版。第一个飞跃是《漠南寻艺录》的出版，是对内蒙古地区或者是赤峰个案的民间艺术进行的研究，没有整体的。《草原艺术论》是跨历史、跨地域、跨民族的综合性的研究了，这是很难的。承担这个课题的时候，内蒙古、赤峰的专家学者都有疑问，你能搞吗？中国历史上几千年的游牧民族，匈奴也好、突厥也好、契丹也好、满族也好，这都属于草原民族，你怎么进行研究？我通过参加各地的学术研讨会，有意识地和北方学者进行研究、交流，交朋友，没有这个基础，我不可能完成研究，因为西藏的、新疆的、吉林的都得建立广泛的获取信息的基础，掌握整个动态的信息，然后再实践，去切身体会，这是很重要的一点。

第三次飞跃，是我由对非物质文化、草原文化艺术研究转移到对红色革命文化追寻上。当我拿起了50年来搜集的冀察热辽鲁艺（简称"草原鲁艺"）的资料，另外就是访谈的那些人物，看了他们若干篇回忆录；当时正是2010年，2012年是毛主席《在延安文艺座谈会上的讲话》发表70周年，我想把过去50年搜集的资料整理起来编成一部书。作为文化工作者来讲，这也是一种责任。原来我想写回忆录，看到鲁艺的精神在当代传承、发扬，现在有一些淡薄了，就像作曲家秦咏诚谈的，他说我是鲁艺精神培育起来的，我为弘扬鲁艺精神已经喊破了嗓子。这是我为什么要转型的第一个原因。第二个要转型的原因，鲁艺精神不能泯灭于历史的长河中，应该让我们今天的人知道不要忘记过去，忘记了过去就意味着背叛，要不忘初心，要继承发扬我们的革命传统。第三个原因是我们不仅要打历史文化品牌，而且要打红色文化品牌，这也是创建文化大市、文化强市很亮丽的一笔。我觉得出于这几点，我要把冀察热辽鲁艺这一段历史再呈现出来，献给故乡。

我50余年从艺的经历，还经受了两种考验。一种考验是仕途，一种考验是物质。仕途方面我也不是没有机会，在市文化局工作的时候，文化局老一辈领导就想培养我当他们的接班人，但是我不想走仕途这条道；歌舞团、京剧团也曾经有人推荐，建议我去当个领导，我说我干不了。在巴林左旗的时候，我到了党委宣传部，但我也没有走仕途。要想干一件事情，鱼与熊掌不能兼得。我跟领导都谈过，我说现在仕途这条道上当科长和当局长有的是人乐意干，但是在研究这条路上人很少，我不想走仕途，我想走研究之路。

还有物质，有多少人劝我，说李老师你能不能把你掌握的这些东西变成财富，你不能轻易地拿出去，你到各地讲课也不能不要报酬，现在市场经济，哪有你这样的人？就拿一个死工资，你还自费出书，还自费跑采访。还有人劝我说，李老师，凭你在赤峰地区的威望，你完全可以办一个综合性的少儿培训班，不一定是你亲自教学，就用你的牌子，你可以聘请别人教学，现在都是少儿舞蹈、音乐单一学科的，综合的还是很少，你那个牌一往出亮，说实在的，你在赤峰找谁谁得乐意跟你干。我说我干不了那个，我的精力不行，现在国家给我工资，我也够生活。我不想走仕途，物质对我来讲，也没有什么吸引力，我就乐意搞这方面的研究，50年做这方面的研究。我们现在有一些年轻同志，在学术研究上很有前途，但是又顾这个又顾那个，都耽误。干一件事情没有一种精神是不行的。

我经受着这两种考验，凭的是两种精神。一种精神就是坚定不移、矢志不渝。确定了一个方向，就必须为此而奋斗、努力。我退休之前写了两部专著，退休之后写了4部专著，最近我在写《追寻烽火草原鲁艺》。6部一共300万字。没有一种精神，不坚持的话，是绝对不行的。我这个人犟，人家说头顶两个旋的人就犟，认准的事就是九头牛也拉不回。老伴心疼我，孩子也心疼我，说不要再写了，但是人既然活着就要有一点价值，平平淡淡，在家谈养生之道，玩玩乐乐，我觉得也没啥意思。现在我已经70多岁了，还没闲着。我最近接着《烽火草原鲁艺人》，又写了一部报告文学《追寻烽火草原鲁艺》，这是赤峰市文联、市委宣传部让我搞的，写成报告文学，将来参加评奖。我觉得一个人办一件事情办十年、办二十年总是会有所收获的，再笨也得有一点收获吧，这就是你坚持不坚持的问题。

其次就是笨鸟先飞，以勤补拙。我这个人笨，人家学一遍就能够记住歌词，我记不住；看一段书人家都能记住，我都忘了。学东西也慢，我不聪明，笨人就得下功夫，就得以勤补拙。别人用一个小时、一天完成，我用两天、三天完成；人家写一篇稿子可能一两个小时就写出来了，我可能写好几天。另外我也没有大学学历，根本就没有进过大学，也没有进过什么研究班，就是在实践中摸爬滚打出来的，我非常想到大学学习几年。我常跟朱嘉庚说，你是科班出身的，是上海戏剧学院的，我望而生畏。

我就有一个自学考试的学历，内蒙古大学地方史志专业，当时我觉得和我的研究对路，应该系统学学，听听人家的观点。我是43周岁那年，1988年报考的。当时内蒙古大学在市图书馆办班，每人交540块钱学费，图书馆的人交270元，后来给我优惠，也交270元，那个时候270块钱是我好几个月的工资。报了以后头两科考民族史和中国现代史。我已经离开高中将近二三十年了，这些东西也忘了，怎么办？我想这两门如果能过，我就继续，不能过就拉倒，因为我还是相信自己的，记忆力不行，但是理解力行。当时是内蒙古师范大学出题，题有点偏，有一些脱离课本的题，后来听说好多人不及格，但是我还都是八九十分以上，这两科的成绩给了我信心和勇气。当时我在艺术科主持工作，一天8小时的工作。每年4门课，我必须得一科一科过，所以四年时间，我是写东西最多的人。每年4门，三年12门功课，我全都一次性通过，平均每门85分以上，哲学分最低，76分，哲学老师说76分就不简单了，我们教哲学的老师也不一定能得到满分。

内蒙古大学开始办班时，一共有3000名学员，其中300名一次性通过，有30人成为优秀学员，我是其中之一。内蒙古大学邀请我去参加毕业典礼，我正好有工作离不开，去不了。后来我写了一篇《在自学考试的日子里》，我给他们汇报了。这三年，我把书都读烂了，它的大纲我也分析透了。早晨我要抢两三个小时的时间学习，下班以后我要抢两三个小时的时间学习，星期日节假日，绝对都得看功课。自学考试对我来讲也是一个锻炼。我再写东西，比如说内蒙古历史从古到今，我就知道了，内蒙古地理历史，内蒙古古代史、现代史，系统地学习了，对我的研究有帮助，所以我再写东西就有一个深厚的底蕴，能够把握得更准确。

那三年写东西还最多，毕业以后，我调到群众艺术馆了。我这地方酸的（拍右肩膀），贴风湿膏也不管用，后来有一个中医大夫说，你去检查一下吧；检查以后，大夫说是冠心病，让我住院，我觉得问题不大，没住院。冠心病不能累着，不能生气，抽烟喝酒就更甭说了，都得注意，什么也不能干了。回去以后，老伴儿不放心，又问医生，医生说必须得注意，你至少有冠心病的前兆了。实际上多少年我都处于透支状态，就是累的。我注意一点，吃点药，有几次在群众艺术馆心脏病发作，写《草原艺术论》的时候也发作了几次，吃饭都不行，但是我不在乎，我到现在也不吃药，也不喝酒，也不住院，就稀里糊涂的，吃药有副作用，乐观的心态很重要。现在很多人看我，说你这还可以，脑子还没有糊涂。我觉得这就是笨鸟先飞，以勤补拙，你得下硬功夫。

我写了6部专著，实际我集中突出了一个主旋律，就是弘扬草原文化艺术，弘扬乌兰牧骑精神，这是我书里的一个重点；第二我觉得我要发出声音，为民族民间艺术呼吁，为民间艺人呼吁，为民间艺术走出去做工作；第三我表达了一种心愿，让我们故乡的草原文化艺术走出草原，走向全国，走向世界，在传承发展这方面做出我们的努力。

三、服务家乡，传承和弘扬草原文化

刘锦山：昨天我采访了翁牛特旗乌兰牧骑原队长莫德格，她是内蒙古非物质文化遗产代表性传承人。乌兰牧骑在非物质文化遗产传承这方面，应该说也做了不少工作。您一直也做草原艺术、红色文化等等各方面的研究，请您谈谈乌兰牧骑与非物质文化遗产传承方面的一些情况。

李宝祥：我可以说是50年来一直从事非物质文化遗产工作，对这方面是很有感情的。乌兰牧骑这么多年的实践，也使我深深地体会到，乌兰牧骑是传承非

物质文化遗产重要的载体。从我们内蒙古草原地区来讲，不管是马头琴、蒙古族的民歌手，还是好来宝的艺人、乌力格尔的艺人，很多都是乌兰牧骑培育出来的。比如说阿鲁科尔沁旗乌兰牧骑有一个马头琴演奏艺术家叫吉格木德，赤峰的马头琴甚至内蒙古的一些马头琴艺术都是他传承的，现在他的学生成了内蒙古的大师了，甚至艺术院校都使用他的教材。另外，我们有好多的乌兰牧骑演员都来自牧区，很多的民歌都是从祖辈那里口传心授。像莫德格，她从一个放猪娃唱起，我认为她也是一个歌唱家，她出光盘的时候，我也给她写过序；像巴林右旗的乌云花，也是唱长调民歌的，1978年我当昭乌达盟乌兰牧骑代表队队长的时候，她就唱长调民歌《辽阔的草原》，现在她在办着长调民歌的传承班。现在唱得好的那些人几乎都在办着班，因为现在蒙古族歌手有市场需求，有生存的空间，人们就愿意学。从乌兰牧骑走出很多歌唱家，像金花、木兰、那顺等，还有好多曲艺家，有说书的、戏曲家，等等。

乌兰牧骑从某种意义上来讲，一是它要把外地的东西传进来，一是要把本地的东西扬出去，这是它的一个职责。本地的东西发扬出去，那就是民间文化、民间的艺术，土生土长的这些东西才有生命力。因为乌兰牧骑每年都要办班培训业余文艺骨干，一个是队伍成长的需要，另一个是当地文化生活的需要。每年办班就有很多的歌手，好来宝、乌力格尔等等说书的艺人。比如说巴林左旗乌兰牧骑还有一个莲花，她也是乌兰牧骑的，跟莫德格一样，乌兰牧骑参加全国艺术节的时候她是被选入的队员之一。阿拉坦格日勒是第一代参加过全国比赛的歌手；还有一个乌云格日勒，现在六七十岁，是第二代；到莲花，现在是50岁左右，这是第三代，另外还有最近参加全国民歌比赛的傲日其楞。所以非遗工作对乌兰牧骑来讲是很重要的，这是艺术创作上的需要啊。

我去年在巴林右旗举行的自治区乌兰牧骑艺术节期间，看了十几台各地的节目，都想张扬地方特色，都想表现地方风格，但从舞台呈现来讲，浅层次的东西多、表面化的东西多，深层次的东西很少。所以我有一篇文章讲，乌兰牧骑必须有自己的风格特点，必须注重对民间文化艺术的研究。你不从这里起步，你怎么能形成自己的特色？你净吃别人嚼过的馍、净学别人的剧目，那你有立足之地吗？我去年看巴林左旗乌兰牧骑的一台节目，我看了一下，演员都挺好，国家、地方也很重视，投入很多，但是唱的恰恰都是别人的歌；我给他们点评，我说演员唱什么样的作品，必须立足于民间文化土壤当中。所以我觉得非遗工作是乌兰牧骑非常重要的一个方面。现在非遗工作引起了各单位的重视，这么多年来我也是利用各种场合宣传非遗工作，比如我到各个乌兰牧骑，我就跟他们谈，我说现在内蒙古的乌兰牧骑，千台戏一个面目，加歌、加舞、加点蒙古族乐器，就这么个形式，特别是加点好来宝，或者加点长调。要突出自己的特色，百花齐放，一花独放不行。

这个问题怎么产生的？有两个方面。一是现在乌兰牧骑看上不看下，就是只重视上面的专家学者，不重视到基层向民间艺人学习，这是乌兰牧骑存在的问题。只请上面人来辅导、来编创，不到民间艺人那里汲取营养。我常常跟艺术创作的人说，搞音乐创造你了解多少民歌，你知道多少民歌，大部分的人对当地民歌可能略知一二，没有经过深入的研究，不像王洛宾那样对西北民歌能掌握到那个程度，你搞音乐创作怎么搞？编舞的人不深层次地了解当地的历史，那就是表面化的。现在民间艺人在乌兰牧骑心中的地位，我觉得好多没有提上来，这是一个很关键的问题。另外，乌兰牧骑下不去，作品是苍白的，往往搞会演了，几个人往那一堆，很多的节目不是从生活中来，这不行。现在咱们条件这么好，习近平总书记都给乌兰牧骑回信了，我们乌兰牧骑应该怎么发展、怎么创新？我多次写文章也都呼吁这些事。

作为从乌兰牧骑走出来的人，在非遗工作这方面，我自己有切身体会，也做了很多工作。赤峰市列入全国及自治区非遗的很多项目，实事求是地说，大部分是我研究、我发现的，以及基层同志摸爬滚打推出去申报的结果。如国家级非遗项目阿鲁科尔沁旗阿日奔苏木婚礼，1985年我就搞婚礼录像了，没有录像它能评吗？比如汗廷音乐，1988年我就写文章进行分析论证，在《中国文化报》头版发了。还有我的家乡巴林左旗也有几个成为自治区级的非遗项目，但有一个皮影戏项目，他们做了很多工作，却始终不能评为国家级的。后来他们来找我，我说全国来讲有唐山皮影、兰州皮影、环县皮影，咱们这个皮影必须增加草原的特色，在伴奏当中加上蒙古族好来宝、乌力格尔的曲调，必须在甩腔当中加上一些长调的东西，这样和其他地区的皮影就不同了，最后巴林左旗皮影戏在我的多方努力下成功入选国家级非遗项目。

雅乐在赤峰已经形成一个品牌了，但在自治区的申报一直不成功，原因是雅乐属于民间音乐还是宫廷音乐，属性没有定，所以通不过。后来我和评委说，民间音乐和宫廷音乐并没有一个明显的界限，宫廷音乐可能来自民间，经过宫廷乐师改编后为宫廷服务了，随着宫廷的解体，这些宫廷乐师又回到民间，又变成民间音乐了，所以它没有界限。说它是"雅乐"也行，说它是"十番乐"也可以，但是现在既然约定俗成叫赤峰雅乐，那就叫赤峰雅乐就得了。后来赤峰雅乐成为自治区非遗项目。现在"好德歌沁"、蒙古族秧歌也是自治区级非遗项目，我也做了很多工作。

除了我刚才说的两种精神，我还坚持一个原则，就是理论要为实践服务，要为现实的生产力服务，我觉得这不是空对空，我刚才讲的研究非遗项目，那也是一个面对实际的问题。作为从乌兰牧骑走出来的人，我的研究一是为当地打造文化品牌服务，我先后参与了克什克腾旗、喀喇沁旗、翁牛特旗、巴林左旗文化节的策划并撰稿，特别是我曾给故乡巴林左旗举办辽文化节开幕式写了《契丹雄风》，后因非典、地震，辽文化节没能按期举行，其中七首歌《契丹组歌》由内蒙古音像出版社出版。二是为农牧民生活服务。赤峰市社科联有一个"牧区经济发展"项目，邀我写一篇文化方面的文章，我写了《牧区经济与文化纵横谈》，3万字，这篇文章也在全国获奖了，获内蒙古自治区社会科学奖。党中央提出"三个代表"重要思想以后，我作为"三个代表"重要思想宣讲团成员之一，撰写了《与农牧民群众谈群众文化》，很受群众欢迎。还有为舞台艺术创作服务，搜集蒙古族乐曲，如蒙古汗廷音乐中一个作品，呼格吉夫把它编成《如意歌》，在全国获奖了；还有话剧《热土》等。

刘锦山：非常感谢您，李老师，谢谢您接受我们的采访。

后记

2018年6月,习近平总书记指出:"当前,我国处于近代以来最好的发展时期,世界处于百年未有之大变局,两者同步交织、相互激荡。"我们所处的时代,正是中华民族走向伟大复兴的时代,这是一个伟大的时代。大江南北,大河上下,城市乡村,各行各业,生机盎然、朝气蓬勃……这样的时代需要我们以专业的态度去认真记录。

伟大的时代需要伟大的记录者。在中华民族发展的历史上,曾经涌现过以孔子、司马迁、司马光等为代表的一大批伟大记录者,他们本着"究天人之际,通古今之变,成一家之言""为天地立心,为生民立命,为往圣继绝学,为万世开太平"的伟大理想和情怀,用自己的笔和心血书写、记录着时代的变化与发展,保存和传承了中华文化,使得几千年后的今天,我们仍然可以通过这些作品了解我们的祖先和文化,了解他们如何筚路蓝缕一路走来……

"赤峰记忆"就是这样一项记录赤峰地区优秀历史文化的口述历史数字工程。为保证项目的质量,北京碧虚文化有限公司和赤峰市图书馆抽调精干力量组成项目组。在赤峰市文化新闻出版广电局(现赤峰市文化和旅游局)指导下，本着"我们，为未来保存现在"的初心，项目组认真研究赤峰地区悠久的历史和灿烂的文化，特别是100多年来党领导赤峰地区人民群众为创造美好生活进行的波澜壮阔的伟大斗争，精心策划。从2016年到2022年，先后确立了文化、乌兰牧骑、非物质文化遗产、杰出女性、图书馆、文化旅游6个专题以及烽火草原鲁艺人、清格尔泰这两个特别专题，以便系统反映赤峰地区优秀传统文化、革命文化和社会主义先进文化。在此基础上，我们制定了《"赤峰记忆"人物遴选标准》，从思想品德、个人经历、社会影响、行业分布等多个方面对人物进行遴选，最终遴选出100多位奋战在赤峰市各条战线、有重要影响的人物。在生产环节，制定了包括前期沟通、拟定提纲、录制、视频剪辑、导出音频、音频转字幕、字幕初校、视频加字幕、视频校对、被采访者校对、终审、最终定稿等12个环节在内的生产流程，精心打磨，高质量完成了320多集5700多分钟的视频资源。

　　为使项目成果多样化呈现，满足人民群众需要，赤峰市图书馆决定对"赤峰记忆"项目成果进行二次挖掘和创作，编辑出版《赤峰记忆》图书。第一，项目组将不带标点符号的一行行字幕文字加上标点符号、划分段落、设置小标题，使其初步成为一篇篇访谈性文章；第二，对访谈初稿进行修改完善，在保证口述历史文本特点的基础上，将一些太过口语化、重复、啰嗦的字词和片段删掉，并配上与内容相关的图片；第三，将稿件发给每位被采访者进行审阅，被采访者审阅后的文章，最后由编委会再统一把关。另外，为增加本书的可读性，我们为被采访者增加了个人介绍，还为他们画了速写，放在每篇访谈内容的篇首；同时，还对一些难以理解的词语添加了注释。因此，与视频版"赤峰记忆"相比，《赤峰记忆》图书在内容上丰富了不少。

希望本书的出版，能够助力于传承赤峰市优秀地方文化，弘扬北疆文化，坚定文化自信，铸牢中华民族共同体意识。由于编者水平有限，书中难免有错漏之处，敬请读者朋友多多包涵。

刘锦山

2024 年 12 月 18 日